사랑의 심리학 101

사랑의 심리학 101

Karin Sternberg 지음
이규미, 손강숙 옮김

Σ 시그마프레스

사랑의 심리학 101

발행일 | 2016년 12월 1일 1쇄 발행

저자 | Karin Sternberg
편저자 | James C. Kaufman
역자 | 이규미, 손강숙
발행인 | 강학경
발행처 | ㈜ 시그마프레스
디자인 | 조은영
편집 | 이호선

등록번호 | 제10-2642호
주소 | 서울특별시 영등포구 양평로 22길 21 선유도코오롱디지털타워 A401~403호
전자우편 | sigma@spress.co.kr
홈페이지 | http://www.sigmapress.co.kr
전화 | (02)323-4845, (02)2062-5184~8
팩스 | (02)323-4197

ISBN | 978-89-6866-835-7

PSYCHOLOGY OF LOVE 101

by Karin Sternberg

ISBN | 978-0-8261-0935-4

＊ 책값은 책 뒤표지에 있습니다.

이 도서의 국립중앙도서관 출판시도서목록(CIP)은 서지정보유통지원시스템 홈페이지(http://seoji.nl.go.kr)와 국가자료공동목록시스템(http://www.nl.go.kr/kolisnet)에서 이용하실 수 있습니다.(CIP제어번호 : 2016028674)

 **역자 서문**

사랑은 참으로 우리 모두의 관심사가 아닐 수 없다. 사랑은 복잡한 세상을 살아가는 용기와 힘의 근원이 되기도 하고, 절망에 빠지는 계기가 되기도 하며, 어느 때는 단지 환상처럼 느껴지기도 한다. 게다가 사람에 따라 상황에 따라 또는 시점에 따라 사랑에 대한 사람들의 지각 또한 변화하면서 사람들은 사랑에 대해 한마디로 정의하는 것이 매우 어렵다고 말하곤 한다.

특히 남녀 간의 로맨틱한 사랑에 대해 잘 알고 대처하기가 쉽지 않은데 그 사랑의 주인공이 되었을 때 특히 그렇다고 말한다. "열 길 물속은 알아도 한 길 사람 속은 모른다."는 속담이 있을 정도로 복잡한 두 사람이 만나 더욱 복잡한 상호관계를 이루고, 또 그 관계가 시간이 지남에 따라 변할 뿐만 아니라 그에 대한 각자의 지각도 변화하니 사랑에 대해 설명하기란 정말 어려울 수밖에 없다.

이 책은 사랑에 대한 과학적이고 심리학적인 연구 업적과 사랑은 과학적으로 설명하기 어렵다는 세간의 편견에 의해 부추겨진 재밌는 일화를 담고 있다. 그리고 사랑의 본질과 사랑에 영향을 주는 여러 가지 개인 내적인 또는 외적인 변인에 대한 이해와 사랑의 시작과 유지 또는 도전이 되는 여러 가지 과정에서 실제에 적용할 수 있는, 최근까지의 연구 성과를 포괄적으로 소개하고 있다.

심리학자라도 사랑이라는 세분화된 주제에 대해 특별한 관심을 가지지 않았다면 이렇게 많은 연구 성과가 있었는지 알기 어려웠을 것이다. 그럼에도 세부전공을 망라해서 인간을 연구하는 심리학자에게 사랑의 심리학에 대한 지식은 필수일 것이다. 상담심리학을 전공하고 가르치는 나에게도 이 책은 크게 도움이 될 것으로 판단되어 번역을 결심했다. 인간관계론 수업이나 상담 장면에서도 도움이 될 것 같아 이 책의 등장이 여간 고맙지 않다. 그리고 개인적인 사랑의 경험과 그 주인공인 나 자신을 이해하는 데도 도움이 되는 책이다.

이 책은 심리학 전공자뿐만 아니라 심리학적 연구 결과에 관심이 높은 비전공자도 읽을 수 있도록 최대한 친절하고 쉽게 쓰였다. 자신에게 적용해 볼 수 있는 사랑의 척도, 사랑의 분류학, 읽은 내용을 이해하기 쉽게 도와주는 구체적인 사례를 제시하는 등, 독자들은 읽는 내내 자신을 돌아보고 생각해 볼 수 있다.

모쪼록 이 책이 사랑에 대한 심리학적 지식과 관련 연구에 대한 관심을 높이는 단초가 될 뿐 아니라 독자 모두 성숙하고 행복한 사랑을 이루어가는 데 도움이 될 수 있기를 기대한다. 이 책을 발굴하여 번역할 수 있게 기회를 주신 (주)시그마프레스의 강학경 사장님과 멋진 책이 되도록 수고를 아끼지 않은 편집부 이호선 선생님께 감사드린다. 그리고 독자들을 향한 감사의 마음으로 이 책의 마지막 줄을 인용한다.

"당신의 사랑에 행운이 함께 하기를 기원합니다!"

2016년

역자 대표 이규미

 저자 서문

수 년 전 상원의원 윌리엄 프록시마이어(William Proxmire)는 사랑을 심리학적으로 연구한 공로로 두 명의 심리학자 일레인 하트필드(Elaine Hatfield)와 엘렌 버샤이드(Ellen Berscheid)에게 '황금양모상(Golden Fleece)'을 수여했다. 그는 과학으로 이해될 수 없는 것들이 있는데, 사랑이 그중 하나라고 주장했다. 상원의원은 그들을 장난삼아 놀렸지만, 그의 장난은 연구자들이 단순히 그 상원의원을 따르고 있던 많은 사람들의 비난을 막아야만 하는 큰 대가를 치르게 했다. 하트필드와 버샤이드는 어떤 과학적인 자격도 갖고 있지 않은 상원의원의 말이 틀렸음을 증명해 냈다. 그들은 사랑에 관한 과학적 연구에 엄청난 기여를 하였으며, 미국심리학회와 심리과학협회라는 심리학 분야의 두 조직으로부터 가장 명예로운 상을 수상했다.

하트필드와 버샤이드의 업적이 없었다면 이 책은 나올 수 없었을 것이다. 그들은 많은 후속 연구자들에게 사랑의 과학적 연구가 실제로 가능하다는 것을 증명해 내었다. 이 책은 과학자들이 지난 반세기 동안 사랑에 대해 연구해 온 것을 읽기 쉬운 스타일로 보여 주고 있다. 이 책은 이론과 데이터 모두를 다루고 있으며 사랑의 심리학에 대한 기초 지식을 종합적으로 제공하고 있다. 이 책은 사랑이라는 주제에 관심을 가지고 있는 일반인과 학생들을 대상으로 쓰여졌기 때문에 누구든 이해할 수 있고, 심리학 과정을 수강하지 않은 사람들도 이해할 수 있다.

몇 년 전 나는 심리학, 사랑을 말하다(*The New Psychology of Love*, 2006)이라는 책을 공동 편집했다. 그 책은 사랑에 대한 폭넓고 다양한 접근을 기술하고 있는 정말 매혹적인 장들로 구성되어 있다. 그러나 그 책은 기본적으로 학자들을 위한 것이어서 사랑에 대해 알고 싶지만 개론서 정도가 필요한 학생들을 포함한 많은 일반인들이 접근하기에는 어려운 책이었다. '심리학 101 시리즈'의 편집자인 제임스 코프먼(James Kaufman)이 이 책의 집필을 제의했을 때 나는 보다 쉽게 접근 가능한 방법으로 새로운 사랑의 심리학을 보여 줄 수 있는 기회가 왔다고 생각했다.

이 책의 기본 주제는 과학적 연구가 사랑의 관계에 있는 우리 모두에게 도움이 될 수 있다는 것이다. 결과적으로 이 책은 이론과 데이터에 관한 것일 뿐만 아니라 이론과 데이터를 가까운 관계에 어떻게 적용하는지에 대해 말하고 있다. 과학적 연구에 기초하여 사랑의 관계에 대한 질문과 답을 제공하거나 온라인 데이트와 온라인에서 사람들을 만날 때 우리가 예측할 수 있는 문제에 대해 논의한다. 또 책에서 살펴본 연구를 현실에 적용했을 때 제기될 질문과 답을 제공한다. 따라서 여러분들은 **사랑의 심리학 101**이 얇은 책이지만 어떻게 과학적 연구가 여러분들의 삶 속에 개입하는지를 좀 더 분명하게 이야기해 주는 책이라는 것을 알게 될 것이다. 5장에서는 완전한 '사랑의 삼각형 척도(Triangular Love Scale)'를 제시하고 있고 여러분이 사랑의 관계에서 경험하는 친밀감, 열정, 헌신의 수준을 자세하게 분석할 수 있도록 할 것이다. 심리학적 이론에 기초하고 수많은 참여자들을 대상으로 타당화된 이 척도는 어떻게 심리학자들이 이론을 구성하는지를 보여 줄 뿐만 아니라 어떻게 이러한 이론들이 연구하고 있는 현상들을 과학적으로 평가할 수 있는 측정도구로 변환되는지를 보여 줄 것이다.

이 책은 사랑의 심리학에서 가장 일반적인 주제를 중심으로, 주로 이성애자에 대한 연구를 다루고 있지만, 동성애 커플들에 대한 연구도 일부 포함하고 있다. 이 책은 서로 상이한 종류의 사랑에 대해 기술하고 있는데, 즉 관계에서 성공을 이끄는 사랑의 종류와 관계의 실패와 관련된 사랑의 종류를 포함하고 있다. 특히 이 책은 관계에서 성공의 차이를 가져오는 요인들뿐만 아니라, 성격변인과 상이한 종류의 사랑과의 관련성에 대해서도 논의하고 있다. 이 책은 주로 낭만적인 사랑에 초점을 맞추고 있지만, 부모의 사랑이나 우정과 같은 다른 측면의 사랑에 대해서도 다루고 있다.

삶에서 가장 어려운 도전 중 하나가 관계가 제대로 작동하고 있는지를 알아차리는 것이다. 사랑에 대한 심리학적 이론에 대한 충분한 소양을 갖는 것은 그러한 목적에 도움이 된다. 사랑에 관한 이론들은 다양한 심리학적 관점에서 사랑의 관계를 분석하는 데 도움이 되고 그러한 관계가 당신이 추구하고 있는 사랑의 형태와 양을 당신에게 제공하고 있는지 평가할 수 있게 해 준다.

이 책을 쓰면서 즐거웠던 만큼 독자들도 이 책을 즐기기 바란다. 나는 내 인생의 많은 곳에서 사랑을 만난 행운아다. 나는 사랑이 있는 가정에서 자랐고 멋진 남편인 밥과 예쁜 세 쌍둥이 — 사무엘, 브리타니, 멜로디 — 가 있다. 나는 이 책이 출판될 수 있도록 내 인생 내내 지원해 준 나의 모든 가족 — 나의 부모님, 헬게와 브리기티, 나의 언니 페트라, 그리고 나의 남편과 세 쌍둥이 — 에게 감사한다. 내가 삶에서 사랑을 통해 행복을 찾았던 것처럼 여러분도 삶 속에서 사랑을 통해 행복을 발견하기를 기대한다.

차례

Chapter **8**

온라인 데이트

Chapter **9**

사랑과 성격

Chapter **10**

사랑의 위기 : Q&A

사랑의 심리학 101

1

시작 : 사랑의 본질

LOVE LOADING...

"사랑해." 존이 제인에게 말한다.

"사랑해." 제인이 존에게 말한다.

존과 제인은 결혼해서 영원히 행복하게 살기로 계획한다.

존과 제인은 헤어졌다.

"난 당신이 날 사랑하는 줄 알았어." 제인이 존에게 말한다.

"사랑했었어." 존이 제인에게 대답한다.

"하지만 사랑은 영원해." 제인은 존에게 반박한다.

"나에게는 그렇지 않아." 존은 대답하고 전화를 끊는다.

도대체 사랑이란 무엇인가? 사랑은 모든 사람들에게 동일한가? 아니면 존이나 제인처럼 사람들마다 다른가?

존과 제인을 포함한 대부분의 사람들처럼, 나는 기대했던 것보다 덜 성공적인 것으로 입증된 사랑의 관계에서 원치 않게 많은 시간을 허비했다. 그리고 마침내 나는 운 좋게도 내가 그동안 꿈꿔 왔던 사랑을 찾을 수 있었다. 이 모든 과정 동안 나도 다른 사람들처럼 사랑이란 정확히 무엇인가 하는 의문을 갖게 되었다. 사랑은 왜 그렇게 찾기가 어려운 것인가? 그리고 두 사람이 사랑의 관계를 지속하거나 그 관계가 실패로 끝나게 하는 것은 무엇인가? 이 책이 이러한 질문들에 대해 명확한 답을 주지는 못하더라도 그러한 질문들을 다룸으로써 답을 찾기 위한 먼 길을 갈 것이다.

사랑은 왜 중요한가

많은 사람들에게 사랑은 그들의 삶에서 가장 중요한 일이다. 우리 대부분은 원가족에 대한 사랑을 넘어서 더 많은 사랑을 원한다. 즉, 자신의 삶 속에서의 사랑, 여생을 행복하게 함께 보낼 사람을 찾는다. 다른 방향들, 즉 직업, 여행, 운동, 다양한 종류의 모험을 위해 노력하고 있는 사람들조차도 그들의 삶을 풍요롭게 하고 여러모로 변화시키기 위해 사랑을 갈구한다. 사랑은 자기 충족뿐만 아니라 미래 세대의 번식을 위해서도 중요하다. 적어도 인간에게 있어서 사랑이 없는 종족의 미래는 참으로 암울할 것이다. 커플들이 사랑이 결핍된 상태에서 아이를 낳았다면, 사랑 없이 자라난 아이들은 엄청나게 불행한 삶을 살게 되고 우리 모두의 미래는 위태롭게 될 것이다.

대부분은 아니지만 많은 사람들에게 사랑이 가장 중요할지라도, 사랑에 관심을 가진 사람들이 사랑을 연구하도록 항상 권장해 온 것은 아니었다. 예를 들어, 1974년 당시 위스콘신 주의 상원의원 윌리엄 프록시마이어는 미네소타대학교의 엘렌 버샤이드 교수와 위스콘신대학교의 일레인 하트필드 교수에게 황금양모상을 수여하면서, 사람들이 왜 사랑에 빠지는가에 대한 국립과학재단의 연구 지원은 국가의 세금을 깎아 먹는 일이라고 말했다. 프록시마이어는 삶의 현상을 이해하는 유일한 방법은 그것을 연구하는 것이라는 사실을 이해하지 못했다. 그는 정치인들이 달가워하지 않거나 종종 이해하지 못하는 연구를 하는 연구원들을 혹평하는 정치인들의 전통을 따랐던 것이다.

사랑 연구에 관한 접근들

사랑을 연구하는 데 '정해진' 접근법은 없다. 사랑에 관한 연구자들은 다른 시간과 다른 장소에서 사랑이 무엇인지를 이해하기 위해 다양한 접근법을 취해 왔다. 몇 가지 주요 접근법들을 살펴보자.

철학적 접근

아마도 사랑의 특성을 이해한 가장 최초의 접근은 철학으로부터 나왔다. 첫 번째로 유명한 철학자 플라톤은 그의 대화편 향연(*Symposium*)에서 많은 부분을 사랑에 대한 서로 다른 관점을 고려할 것에 대해 썼다. 예를 들어, 파이드루스는 어떻게 연인들이 그들의 사랑을 위해 자신의 목숨을 희생할 수 있는지에 대해 언급하고 있다. 그가 말하는 사랑의 유형은 자신의 안녕보다는 연인의 안녕을 먼저 생각하는, 희생하는 사랑의 유형으로 아가페(agape)라고 불린다. 파우사니아스는 사랑을 범속의 사랑과 천상의 사랑으로 구분하고 있다. 천상의 사랑은 지적이면서 지속적인 헌신을 하는 반면 범속의 사랑은 성욕에 더 이끌린다. 천상의 사랑이라고 하는 것은 몇몇 이론가들에 의하여 **스토르게**(storge)라고 불리고, 범속의 사랑은 **에로스**(eros)라고 불린다. 이러한 단어들은 오늘날에도 사용되고 있다.

철학적 접근의 가장 큰 이점은 플라톤, 아리스토텔레스와 같은 인류 역사상 최고의 지성 중 몇 사람이 사랑의 특성에 대한 이해를 제공해 주었다는 점이다. 이러한 지성들은 인류 역사에서 누구도 줄 수 없는 통찰을 제공해 준다. 그러나 몇몇 사람들은 이러한 접근이 사색적일 수 있는 한계를 지닌다고 주장한다. 어떤 사람들은 철학책을 읽는 것은 자신들의 주의를 끌기에는 너무 건조하고 지루하다고 한다. 물론, 그것은 책의 내용적인 면보다는 그것을 읽는 사람들에 대해 더 많이 말하는 것일 수 있다. 아마도 보다 매력적인 접근법은 문학으로부터 나온 것일 것이다.

문학적 접근

문학에서 사랑보다 더 주의를 끄는 주제는 없을 것이다. 제프리 초서, 윌리엄 셰익스피어, 에밀리 브론테와 샬럿 브론테, 그리고 제인 오스틴과 같은 영국의 작가들이 사랑에 관한 글을 썼다. 오노레 드 발자크, 빅토르 위고, 알베르 카뮈와 같은 프랑스 작가와 표도르 도스토옙스키, 레프 톨스토이와 같은 러시아 작가들, 가브리엘 가르시아 마르케스, 줄리오 코르타사르와 같은 라틴아메리카 작가들, 그리고 스콧 피츠제럴드, 어니스트 헤밍웨이, 토니 모리슨과 같은 북미 작가들도 사랑에 관한 글을 썼다. 몇몇 사람들은 논픽션 책에서 사랑을 배우는 것보다 위대한 작가들이 쓴 작품을 읽는 것을 통해 사랑에 대해 더 많은 것을 배운다고 느낀다. 가브리엘 가르시아 마르케스의 **콜레라 시대의 사랑**(*Love in the Time of Cholera*)

은 어떤 언어로 표현하든 사랑에 대한 가장 위대한 탐구 중의 하나이다.

문학은 사랑에 대한 우리의 이해에 커다란 영향을 끼쳤다. 셰익스피어는 적어도 사랑에 대한 서양식 사고 방식에 그 어느 누구보다도 많은 영향을 끼쳤을 것이다. 예를 들어, 로미오와 줄리엣(*Romeo and Juliet*)은 어떤 이유로 인해 서로 반목하는 양가를 거스른 사랑의 고통을 묘사하고 있는, 시대를 뛰어넘는 고전이다. 오셀로(*Othello*)는 사랑으로 불타오른 질투심이 재앙으로 되돌아올 때 어떤 일이 일어나는지를 보여 준다. 리어 왕(*King Lear*)은 한 가족이 사랑과 그것을 가장하려는 시도 양쪽을 경험하면서 어떤 일이 일어나는지를 보여 준다. 문학적 접근의 가장 큰 이점은 무한한 다양성으로 사랑을 보여 줄 수 있는 문학의 풍부함과 능력이다. 아마도 이러한 접근법의 가장 큰 약점은 문학을 통하여 사랑의 본질을 이해하는 것이 어렵다는 것이다. 사랑은 정확히 무엇인가? 또한 사랑의 유형은 무엇인가? 개별적인 작가들의 정확한 메시지를 확인하기 위하여 문학을 분석하는 데는 그 어떤 쉬운 지침도 없다. 더욱이 어떤 사람들은 의자에 앉은 채로(혹은 어디에서든) 사랑만큼 중요한 구성개념의 본질을 알아낼 수 있는지 물을 것이다. 그 결과, 일부 사랑에 관한 연구자들은 또 다른 접근법을 찾게 되었다. 하나는 우리가 사랑에 관한 '대중심리학(pop psychology)'이라고 부르는 접근법으로, 다양한 자격을 갖춘 작가가 쓴 자기계발서이다. 또 다른 접근법은 사랑과 사랑의 선행사건을 이해하려는 신중한 심리학적 시도이다. 이 장에서 나는 심리학에서의 초기 접근법을 검토할 것이다(Sternberg, 1987 참고, 이 장의 나머지 부분에서 부분적으로 그것에 관해 제시하고 있다).

문학은 사랑에 대해서뿐만 아니라 사랑을 약화시키고 심지어는 파괴하는 힘, 가정불화, 경제적 곤란, 양립 불가능한 삶의 목표, 질투, 자신의 분노 혹은 다른 부정적 정서의 통제 불능 등을 이해하는 데 도움이 된다. 이러한 일이 일어났을 때 오셀로처럼, 우리 중 많은 사람들은 자기 자신에게 가장 나쁜 적이다. 문학작품을 통하여 다른 사람들 속에서 우리 자신의 일부분을 발견하는 것은 사랑을 성공적으로 만들기 위해 우리가 무엇을 해야만 하는지를 배울 수 있을 뿐만 아니라 우리가 하지 말아야 할 것에 대해서도 배울 수 있도록 돕는다.

초기 그리스와 로마 신화의 대부분은 사랑에 관한 것이다. 몇 편은 인간들의 사랑에 관한 것이고, 몇 편은 신들의 사랑, 그리고 몇 편은 인간과 신들 간의 사랑에 관한 것이다. 이러한 신화들은 종종 운명의 역할을 강조했다. 운명은 실제로 사랑에서 중요한 역할을 한다. 그러나 여러분들은 이 책에서 우리가 사랑에 관한 한 자신의 운명에 대해 놀라울 정도로 많은 통제를 하고 있다는 것에 대해 배우게 될 것이다.

초기 심리학적 접근

강화이론. 사랑의 선행사건을 이해하기 위한 가장 초기 접근법 중 하나는 환경으로부터의 보상(그리고 처벌) 패턴을 통해 행동을 설명하는 강화이론에 기반을 두고 있다. 알과 버니스 롯(Al & Bernice Lott, 1961, 1974)은 사랑의 선행조건인 매력에 대해, 애초부터 좋아하는 어떤 사람이 정적인 강화로 작용하거나, 강화인자가 제공될 때 우연히 존재한 사람에 대해 느끼게 되는 것이라고 믿었다. 다시 말해서, 사람들은 그 사람이 보상을 가져다주기 때문에 혹은 그 사람의 존재 속에서 보상을 받기 때문에 그 사람에 대해 더 많은 매력을 느끼게 된다는 것이다. 그것이 바로 당신이 관심 있는 누군가와 데이트를 나갈 때 낭만적으로 세팅하는 이유이다. 즉, 그 세팅의 보상으로 잠재적인 파트너가 당신에 대해 긍정적인 감정을 증가시키기를 기대하기 때문이다. 이러한 관점에서 볼 때 이 장의 시작 부분에서 언급한 존과 제인은 아마도 함께 충분히 즐거움을 나누는 데 실패했고 그 결과 매력이 사라져버렸을 것이다.

제리 클로어와 돈 번(Jerry Clore & Donn Byrne, 1974)은 이와 관련된 모델을 제안했다. 그들의 모델은 본질적으로 사람들이 누군가에게 매력을 느끼는 것은 총 강화 횟수에서 그 사람과 경험한 긍정적 강화비율에 달려 있다고 주장한다. 다시 말해서, 개인의 긍정적인 경험뿐만 아니라 부정적인 경험의 횟수도 중요하다는 것이다. 그래서 당신이 파트너와 긍정적인 경험을 많이 했다면 그것은 좋은 일이지만, 만일 부정적인 경험도 매우 많이 했다면 긍정적인 경험의 보상 가치가 줄어들 수 있다는 것이다. 사람들은 종종 일관성이 없어서, 하루는 아주 친절하고, 그다음 날은 심술궂고 사려 깊지 못한 배우자에게 지친다. 부정적인 경험은 긍정적인 경험보다 더 우세할 수 있는데, 심지어 숫자상으로 긍정적인 경험이 더 많을 때조차 그렇다.

조지 호만(George Homans, 1974)은 이와 관련된 후속연구를 실시하였는데, 그는 사람들이 보상은 극대화하려고 노력하고 처벌은 최소화하려고 노력한다고 제안하였다. 그러나 그는 더 나아가 특정한 시점이 지나면 사람들은 한계효용을 경험한다고 지적하였다. 즉, 반복되는 처벌이 그런 것처럼 반복되는 긍정적 보상은 시간이 지날수록 효과성이 떨어지게 된다. 예를 들어, 만일 당신이 당신의 파트너에게 보석을 보상으로 주는 것을 좋아한다면 당신은 한계효용을 피하기 위해 계속해서 더 나은 것을 찾을 필요가 있거나 선물의 가치가 줄어들지 않도록 약간 다른 종류의 선물을 찾는 것을 선택할 수 있을 것이다.

일레인 월스터, G. W. 월스터 그리고 엘렌 버샤이드(Elaine Walster, G. W. Walter, & Ellen Berscheid, 1978)는 한걸음 더 나아가 공평이론(equity theory)을 제안하였다. 이 이론에 따르면, 관계에서 공평성을 정립하는 데는 네 가지 원칙이 있다. 첫째, 각자 최대한의 성과를 내기 위하여 노력한다(보상-처벌). 둘째, 커플은 둘 사이에서 일어나는 보상과 비용을 공평하게 배분하는 것에 대해 동의하는 시스템을 구축함으로써 공동의 보상을 극대화할 수 있다. 예를 들어, 파트너 중 한 사람이 집안일을 더 많이 하면 다른 파트너는 아이를 더 많이 돌본다. 그러나 만일 파트너 한쪽이 거의 모든 집안일과 아이 돌보기를 담당하게 된다면, 그 파트너는 공평한 관계를 박탈당했다고 느낄 수 있다. 셋째, 불공평한 관계라고 여기는 자신을 발견하는 파트너들은 스트레스를 받으며 관계에서 더 불공평하다고 느낄수록 더 많은 스트레스를 받는다. 마지막으로, 개인이 공평성을 박탈당했다고 더 많이 느낄수록 공평성을 정립하거나 재정립하는 일은 더 어려워질 것이다. 다시 말해서, 만일 당신이 불공평한 관계에 있다면 그 관계는 시한폭탄과 유사하다. 관계가 불공평하게 지속될수록 불공평하게 취급된다고 느끼는 파트너 쪽에서 좌절감을 느끼고 잠재적으로 그것은 터질 가능성이 더 높다. 만일 양쪽 파트너 모두

가 불공평하게 취급된다고 느낀다면 그 관계는 진짜 위험에 처해 있는 것이다.

공평이론은 단순한 강화원리를 넘어선 것으로, 전통적인 강화이론과 인지일관성이론이라고 부르는 후속유형으로 이행하는 것임을 증명하였다.

인지일관성이론. 인지일관성이론(cognitive consistency theory)은 사람들이 기본적으로 인지에 대해 심리적인 일관성을 유지하려고 애쓴다는 것이다. 인지가 일관적이지 않을 때 사람들은 일관성을 회복하려고 노력한다. 예를 들어, 어떤 여성이 배우자가 그녀에게는 잘 대해 주지만 그녀가 좋아하는 그의 직장 동료들에게는 잔인하다는 것을 알게 되었다면, 이러한 두 가지 사실이 불일치하다는 것을 감지하고 어느 정도의 일관성을 회복하기 위해 노력할 것이다. 예를 들어, 아마도 그녀의 배우자가 결국 그녀에게 그렇게 친절하지 않았다고 결정을 내리거나, 사실은 그녀의 배우자가 다른 사람들에게 잔인하게 하는 것은 불가능하므로 그녀가 잘못 알고 있었을 것이라고 결정하는 것이다.

프리츠 헤이더(Fritz Heider, 1958)는 균형이론(balance theory)을 제안하였다. 이 이론에 따르면, 관계는 사람들과 관련된 삼각형, 그리고 사람들에 대한 감정에 의하여 나타날 수 있다. 예를 들어, 앞에서 언급된 상황을 생각해 보라. 어떤 여성이 그녀의 남편과 긍정적인 관계를 유지하지만 남편은 직장 동료들과는 부정적인 관계라는 것을 알게 된다. 이때 세 가지의 관계가 성립이 되는데, 여성과 남편, 여성과 직장 동료들, 그리고 남편과 남편의 직장 동료들이다. 두 관계는 긍정적이다(여성과 남편, 여성과 직장 동료들). 헤이더에 따르면, 부정적인 것이 홀수로 존재하면, 즉 이 경우 하나 혹은 셋으로 존재하면 불균형적인 삼각형이 된다. 헤이더에 따르면, 하나의 부정적인 것을 가진 삼각형의 균형을 맞추기 위해서 그 여성은 그녀의 남편을 좀 더 부정적으로 바라보거나 남편의 직장 동료들을 더 부정적으로 보게 된다. 둘 중 어느 것이든, 그녀는 하나 대신 2개의 부정적인 것을 만들어 내어서 삼각형의 균형을 맞출 것이다.

헤이더에 따르면, 3개의 부정적인 것을 가진 삼각형도 불균형적이다. 만일 X, Y, Z 모두 서로에게 부정적으로 느낀다면, X와 Y, Y와 Z, 혹은 X와 Z는 세 번째와 대항하기 위한 동맹을 맺게 될 것이다("나의 적의 적은 나의 친구."라는 속담은 헤이더의 균형이론을 이해하는 데 도움이 될 것이다). 예를 들어, 이스라엘, 하마스, 그리고 팔레스타인 정부 당국 간의 현 상황은 세 국가 모두 서로 싸우고 있어서 불균형적인 삼각형을 보여주고 있다. 따라서 이러한 이유로 두 팔레스타인 단체가 결국 서로 동맹을 맺거나 혹은 이스라엘이 어느 한쪽과 동맹을 맺게 될 가능성이 있다.

인지일관성이론의 흥미로운 함의는, 만일 어떤 사람이 싫어서라기보다 다른 이유로 다른 사람에게 상처를 주었다면, 그 사람은 단순히 인지적 일관성을 위해 그 다른 사람에 대해 실제로 부정적인 감정을 느낄 수 있다는 것이다. 따라서 어떤 사람이 당신에게 예의 없이 대할 때 그 사람이 얼마나 예의 없는지에 대해서 강조하면 할수록, 처음에는 적대적이지 않았던 경우일지라도(예를 들어, 상대가 당신에게 부정적인 태도를 취했지만 그것은 적대감 때문이 아니라 단순히 업무 경쟁의 문제 때문이었을 수 있다) 점점 더 당신에게 적대적으로 대할 가능성이 크다.

임상적 접근

초기 임상적 접근은 앞에서 기술된 사회-심리학적 접근과는 사뭇 다른 입장을 취했다.

예를 들어, 지그문트 프로이트(Sigmund Freud, 1955/1922)는 사랑을 승화된 성욕으로 보았다. 다른 사람들과의 성적인 가능성은 사회적인 관습에 의해 규제를 받는다. 우리는 본질적으로 성욕을 보다 높은 차원에 두기 위해 노력하는 방법으로 상대를 사랑하게 된다. 짐은 이웃집 부인인 질과 성관계를 가질 수는 없지만 그러한 상황의 불가능성으로 인해 그녀를 향한 사랑의 감정을 가질 수 있다. 물론 프로이트는 빅토리아 시대를 살았던 사람이다. 오늘날의 짐은 그녀와 섹스를 시도할 수도, 심지어 사랑의 단계들을 생략할 수도 있다.

테오도르 레이크(Theodore Reik, 1944)는 사랑을 다른 방식으로 바라보았다. 사람들이 자신과 자신의 인생 둘 다 만족하지 못하는 데서 사랑이 생겨난다고 보았다. 우리는 우리에게 일어나는 일들로 인해 복합적인 불만족에 처했을 때 행복을 찾기 위한 방법으로 사랑을 한다는 것이다.

에이브러햄 매슬로(Abraham Maslow, 1954)는 두 가지 상당히 구별되는 종류의 사랑을 제안하였다. D-사랑과 B-사랑이다. D-사랑은 결핍된 사랑(deficiency love)으로, 사람들의 안전의 욕구와 소속의 욕구에 의해, 다시 말해서 우리가 우리 자신에게서 찾는 결핍으로 인해 발생한다. 연인을 통해서 우리는 자신에게서 부적절하다고 생각하는 것을 보상받으려고 노력한다. 매슬로는 D-사랑은 B-사랑, 또는 존재사랑(being love)보다 열등하다고 보았다. B-사랑은 자아실현, 즉 인간으로서 자신을 충족시키기 위한 사람들의 욕구에서 비롯되는 사랑이다. 실제로는 대부분의 사랑에서 두 가지 사랑이 복합적으로 나타날 수 있다.

도로시 테노브(Dorothy Tennov, 1979)는 사람들이 이른바 집착 혹은 광적으로 누군가와 사랑에 빠지는 경향은 주요한 방법에서 차이가 있다고 제안했다. 집착에 민감한 사람들은 강렬하게 누군가를 갈망하고, 그 사람에게 완전히 빨려 들어가기를 바라며, 그들의 생각으로부터 그 사람을 떠나보내지 못하는 문제를 나타내는 경향이 있다. 집착하지 않는 사람은 이러한 감정을 경험하지 않기 때문에 종종 그런 사람들을 이해하지 못한다.

언제 그것이 사랑인가

형태에 약간씩 차이가 있긴 하지만 내가 가장 많이 들었던 질문이다. "언제 그것이 사랑인가요? 저는 제가 _____을/를 좋아한다는 것을 알지만 제가 그를(그녀를) 사랑하는지는 확실하지 않아요." 이 장에 기술된 이론들과 특히 이 책의 뒷부분이 당신 스스로 이 질문에 답하는 데 도움이 될 것이다. 그러나 먼저 좋아하는 것과 사랑하는 것의 관계에 대해 생각해보는 것이 도움이 될 것이다. 이것은 간단한 것 같지만 결코 간단하지 않은 주제이다.

첫 번째 관점에 의하면 사랑은, 당신이 누군가를 아주 좋아할 때 나타난다는 것이다. 사실 사랑을 구성하는 상당히 높은 수준의 친밀감이 특징인 조건에 대해 차후에 논의하게 될 것이다. 그러나 일반적으로 그리고 대부분의 사람들에게 사랑은 극단적으로 좋아하는 것 이상이다. 실제로, 당신이 데이트하는 누군가를 매우 좋아하고 있음에도 왜 그와 (또는 그녀와) 사랑에 빠지지 않는지 궁금해 하는 자신을 발견할 것이다. 혹은 더 얄궂게도 당신이 그다지 좋아하지 않는 누군가를 사랑하고 있는 것을 발견하게 될 것이다.

두 번째 관점에 의하면 좋아하는 것이 사랑의 다음 단계라는 것이다. 사랑하는 것은 실제로 좋아하는 것과는 매우 다른 것일 수 있지만 좋아하는 것으로부터 생겨난다. 때때로 그건 사실이지만, 확실히 항상 그런 것은 아니다. 때때로 우리는 그 사람을 매우 잘 알기도 전에 누군가와 사랑에 빠진다. 우리는 그를 (또는 그녀를) 거의 알지 못하기 때문에 거의 그 사람을 좋아한다고 말하기 어렵다. 그리고 때로는 우리가 아무리 노력을 해도 사랑이 결코 뒤를 잇지 않는다는 것이다. 사랑은 좋아하는 것에 뒤따라올 수 있지만 그렇지 않을 수도 있다.

세 번째 관점에 의하면 좋아하는 것과 사랑하는 것은 실제 상호 간에 관련이 매우 약하다는 것이다. 관련은 있지만 별개의 구성개념이다. 한편으로는 이것이 사실일 수 있는데, 예를 들어 누군가를 사랑하지만 그를 (또는 그녀를) 좋아하지는 않는 자신을 발견하는 것이다. 다른 한편으로는 우리 대부분이 사랑하는 사람을 정말로 좋아한다. 그래서 좋아하는 것은 대개 사랑하는 것을 동반하지만, 항상 그런 것은 아닌 것처럼 보인다.

네 번째 관점에 의하면 좋아하는 것과 사랑하는 것은 본질적으로 겹치는 구조라는 것이다. 항상 그런 것은 아닐지라도 좋아하는 것은 대개 사랑의 한 부분을 구성하지만, 사랑하는 것은 전형적으로 좋아하는 것의

한 부분을 구성하지는 않는다. 이것이 바로 내가 이 책에서 취하고자 하는 관점이다. 좋아하는 것과 사랑하는 것은 같은 것이 아니다. 그러나 만일 우리가 그 사람을 좋아하지 않은 채 누군가를 사랑한다면 아마도 우리에게 문제가 생길 것이다. 더 이상 진전되지 않는 관계에 빠지게 될 수도 있고 혹은 처음부터 문제가 있었던 관계였을 수 있다.

사랑은 왜 그렇게 중요한가

사랑에 대한 다양한 이론들을 접하면서 누군가는 물어볼 것이다. 사랑이 왜 그렇게 중요한가? 왜 철학자들, 작가들, 심리학자들, 그리고 이외의 사람들이 이러한 현상을 이해하려고 노력하는 데에 그렇게 많은 시간과 노력을 바치는가? 이 장을 마치기 전에 왜 사랑이 이 사람들에게뿐만 아니라 당신에게도 중요한지에 대해 생각해 보자.

첫째, 이 책의 뒷부분에서 다루겠지만, 사랑은 진화론적인 측면에서 대단히 중요하다. 사랑은 인간의 종을 번식시키는 중요한 수단 중의 하나를 제공한다. 그러나 사랑은 사랑을 경험한 사람들을 이롭게 할 수 있으며, 특히 사랑은 사랑의 결과로 태어난 사람에게 이롭다. 더욱이 아이에 대한 부모의 사랑은 종종 부모들이 곁에 있게 만들고, 결국 유아들과 아이들이 책임감 있고 행복한 어른으로 성장하도록 하는 양육 환경을 제공해 준다.

둘째, 커플이 함께 있도록 하는 사랑의 가치는 아이들에게도 중요하지만 커플에게도 중요하다. 대개 결혼을 통하여 함께 지내는 사람들은 파트너를 찾긴 하지만 실패와 이별을 반복적으로 하는 사람들보다 더 행복하고 더 만족한 삶을 사는 경향이 있다. 그렇긴 해도 혼자서 살면서 혹은 결코 다른 사람들에게 완전히 헌신하지 않은 채 여러 명의 파트너와 살면서 행복한 사람들도 많다.

셋째, 거의 모든 사회에서 커플들이 함께 지내는 것은 경제적으로 유익하다. 사랑은 사회적인 생활뿐만 아니라 안정된 경제력도 제공한다. 반복해서 이별을 한 사람들은 종종(항상 그런 것은 아니지만) 함께 지내는 사람들은 피할 수도 있는 재정적인 부담에 처하곤 한다.

넷째, 많은 사람들이 젊었을 때는 사랑이 얼마나 중요한지 몰랐지만 나이가 들어감에 따라 사랑이 가장 중요하다는 것을 알게 된다. 직업이 도전과 보상이 될 수는 있지만 대부분의 사람들은 은퇴를 한다. 그들이 은퇴하면 다소 놀랍게도 이전의 동료들이 재빨리 그들의 곁을 떠난다는 사실에 직면한다. 그들이 엄청난 노력을 기울였던 일은 먼 과거의 일부분이 되고 만다. 많은 직업에서, 한 사람의 성과는 재빠르게 구식이 되어버리거나 그 사람이 은퇴한 이후 완성되지 않은 채로 남는다. 사랑하는 배우자나 가족은 나이가 들었을 때 행복을 제공해 주며 그 사람의 세상은 더 이상 일이 아닌 가족을 중심으로 돌아간다.

사랑은 우리에게 중요하고 오히려 나이가 들수록 그 중요성이 점점 더 증가하기 때문에 우리는 사랑이 무엇인지, 그리고 무엇이 사랑이 아닌지에 대해 이해할 필요가 있다. 심리학자로서, 나는 나 자신의 관계를 이해하는 데에 사랑에 대한 이해가 매우 가치 있음을 발견했다. 다른 사람 간의 상호작용의 특징은 심리학 연구를 통해 알게 된 사랑과는 빗나

가는 것 같았고 이러한 관계들은 예외 없이 실패였다. 그리고 마침내 내가 꿈꿔왔던 관계를 발견했을 때, 그것은 한 사람이 아니라 여러 명의 심리학자들이, 짧은 기간뿐만 아니라 한 사람의 일생 동안에 걸쳐 성공적인 관계의 특징이라고 발견했던 것과 매우 비슷하다는 것에 안도했다.

이 책에서 당신은 사랑과 사랑의 여러 측면에 대해 배울 것이다. 이 책을 읽는 것은 엄청난 모험이 될 것이다. 그 모험을 즐기기 바란다. 그러면 그것으로부터 당신의 인생에 이득을 얻게 될 것이다. 존과 제인처럼 끝나지 않기를!

사랑의 심리학 101

2

사랑에 대한 생물학적 관점

사랑의 생물학적 관점을 설명하는 이론들이 상당히 많이 제시되어 왔지만, 그것들 모두는 공통의 뿌리를 갖고 있다. 1859년에 찰스 다윈은 진화생물학의 기초로 널리 알려진 종의 기원(*The Origin of Species*) 이라는 책을 출판했다. 그의 책에서 다윈은 종이 자연선택이라는 과정을 통해 세대에 걸쳐 진화하고 발전한다고 주장했다. 동물이나 식물 또는 다른 유기체들과 마찬가지로 인간은 그들의 유전자를 다음 세대에 전달하기 위해서 번식을 할 필요가 있다. 그러나 유전자를 전달하는 것은 그렇게 쉬운 일이 아니다. 사람들은 항상 그들의 생존과 번식을 위해 도전해야 하는 상황과 문제에 직면했다. 실제적인 문제들은 시간에 따라 변화해 왔으며 자신과 가족의 생존을 가능하게 하기 위해 음식을 찾는 것, 가정을 꾸리기 위해 배우자를 찾는 것, 적으로부터 아이들을 지키는 것, 그외에 더 많은 것들을 포함한다. 사람들이 맞닥뜨렸던 문제들에 반응해 온 방식들 중 몇 가지는 다른 방식들보다 더 적응적인 것이었다. 다윈은 궁극적으로는 여러 세대에 걸쳐 진화한 특성과 특징이 가장 적응적인 것이었고, 사람들이 번식하고 생존하는 데에 가장 도움이 된 것이었다고 주장했다. 오늘날 인간의 생리학과 행동에서 발견할 수 있는 거의 모든 특징은 우리의 고대 역사와 우리 종이 과거에 직면했던, 어떤 경우 지금도 계속 직면하고 있는 도전에 대한 생산적인 반응에 그 뿌리를 두고 있다. 남성과 여성은 때때로 이러한 도전에 직면하는 방식이 다르다. 예를 들어, 남성은 잠재적인 배우자를 여성과 다르게 평가한다. 남성은 번식 능력을 대표하는 것으로서 여성의 신체적 매력을 더 많이 강조하는 경향이 있고, 여성은 남성의 자원을 모으는 능력에 더 중점을 두는 경향이 있다.

적응적인 특성들은 두 가지 방식에서 종에 도움이 된다. 첫째, 그것들은 개인과 그들 가족의 생존을 강화할 수 있다. 예를 들어, 강한 남성은 약한 남성보다 적으로부터 위협을 막아 주거나 큰 동물들을 사냥하는 것을 더 잘할 수 있는데, 이는 '적자생존'의 개념을 보여 주고 있다. 둘째, 적응적인 특성들은 개인이 성공적으로 번식하고 유전자를 다음 세대에 전달하는 데에 도움을 주는데, 이러한 현상을 '자웅선택'이라고 부른다. 자웅선택의 좋은 예는 사자의 갈기이다. 갈기는 수컷 사자가 사바나에서 신체적으로 생존하는 데에 도움이 되지 않는다. 갈기가 하는 일은 암컷 사자들을 유혹하여 그 수컷이 암컷과 짝을 짓고 생존이 가능한 새끼들을 가능한 많이 낳을 수 있게 하는 것이다.

종이 생존하고 번식하는 데 도움이 되는 특징들은 보통 신체적 특성이지만 그것들은 또한 심리적인 것일 수도 있다. 진화심리학은 그러한 기제들을 다루고 있다. 그것은 1980년대 초반에 처음 명성을 얻었다. 오늘날은 생물학적 관점에서 사랑을 설명하고자 하는 진화에 기초한 수많은 이론들이 있으며, 이 장에서는 그것들 중 몇 가지를 더 자세하게 다룰 것이다. 먼저, 우리는 성적 성향의 진화를 고려할 것이다. 이후, 우리는 의사결정 편향과 관련된 것으로서 사랑의 관점을 살펴볼 것이다. 그다음 애착의 관점에서 사랑을 살펴보고 마지막으로 누군가가 사랑에 빠질 때 뇌에서 어떤 일이 일어나는지에 대해서도 살펴볼 것이다.

성적 성향의 진화

데이비드 버스(Buss, 1988, 2006, p. 66)에 따르면, 사랑은 다음과 같은 기능을 제공하기 위하여 발전했다.

- 번식과 관련된 자원들을 드러냄
- 성적 접근을 제공함
- 성적 충실함을 신호함
- 짝의 보호를 통해 배타적인 관계를 촉진함
- 헌신을 보여 줌
- 성공적인 번식으로 이끄는 행동을 촉진함
- 부모 투자의 신호를 제공함

사랑은 여러 방면에서 인간을 돕는다는 가설이 제기된다. 먼저, 당신이 누군가와 사랑에 빠질 때 그것은 당신에게 그 사람과 성교할 기회를 제공하며 결국 당신의 유전자를 전해 줄 아이들을 가질 기회를 제공한다. 그러나 당신이 파트너에게 사랑을 보여 줄 때, 우리 사회에서는 당신도 관계에 헌신하고 있고 동시에 다른 누군가와 관계에 빠지지 않을 것이라는 신호를 보낸다. 당신과 파트너가 아이를 가질 때 사랑을 보여 주는 것 또한 당신이 아이들을 보살피는 데 헌신할 것임을 나타낸다. 사랑은 인간 역사와 함께 오랜 기간 진화했기 때문에, 진화론은 그들이 어디에 살고 있든 어떤 문화에 속해 있든 사랑은 모든 인간들이 공유하는 것이라고 주장한다. 그러나 모든 사람들이 완전히 같은 방식으로 사랑을 경험할 것이라고 가정하지는 않는다. 사랑은 성별, 나이, 그리고 문화와 같은 요인에 의해 형성될 수 있다. 중요한 것은 정상적으로 기능하는 모든 인간은 인생의 어떤 시점에 사랑을 경험할 성향을 갖고 있다는 것이다.

19세기 특정 집단에서는 낭만적인 사랑을 바람직하지 않은 감정으로 여겼고(그들이 사랑을 너무 음탕한 것이라고 생각했기 때문일 수도 있고 또는 사랑이 공동체의 목표를 성취하는 데 지장을 주는 것이라고 생각했기 때문일 수도 있다), 그래서 그들은 사랑을 금지하려고 했다. 이러한 집단에는 오나이다 족과 셰이커 교도들이 포함된다. 그러나 이러한 집단들 안에서 사랑을 제거하는 것은 불가능함이 입증되었다. 사랑은 모든 규제에도 불구하고 살아남았고, 사랑이 금지된 곳에서 연인들은 단지 숨어 있었을 뿐이었다. 다양한 나라의 사람들에게 그들이 현재 사랑에 빠져 있는지를 묻는 연구 결과, 응답자의 절반 이상이 질문 당시 사랑에 빠져 있는 것으로 나타났고, 더 나아가 사랑이 보편적인 감정임을 제안했다(Sprecher et al., 1994).

사랑이 보편적인 것처럼 보이더라도 남성과 여성은 그것을 다르게 경험하는 경향이 있다. 당신은 일상의 삶에서 이러한 몇 가지 차이점들을 알아챘을 것이다. 그것에 대해 생각해 보자. 당신이 믿기에 바람직한 파트너가 가져야하는 자질은 무엇인가? 당신은 반대의 성을 가진 구성원들이 같은 선호나 우선순위를 가지고 있다고 생각하는가, 아니면 그들의 선호가 당신과 다르다고 생각하는가? 당신이 어떤 선호를 가지고 있든 당신은 성별 간에 어떤 차이점을 확인했을 것이다.

앞에서 보았듯이, 신체적 외모는 여성들보다 남성들에게 더 중요한 경향이 있다. 진화적 관점에서 보면 이러한 경향은 이해할 만한 것이다. 남성들은 여성과의 성관계가 임신으로 가는 기회를 증대시키기를 원하고, 그러한 기회들은 여성이 더 젊고 건강할수록 커진다. 여성의 건강과 젊음에 대한 외적 단서에는 긴 머리, 균형이 잡힌 이목구비, 부드러운 피부, 그리고 큰 가슴이 포함된다(Sugiyama, 2005; Stone, Shackelford, & Buss, 2008).

여성들은 다른 문제에 직면한다. 그들은 각각의 임신에 아홉 달을 투자해야 하고 자식을 기르는 일을 하게 된다. 게다가, 그들이 번식 가능한 기간은 꽤나 제한적이다. 반면에 남성들은 늙어서까지 아이를 가질 수 있고 훨씬 더 높은 비율로 아이를 가질 수 있으며, 그들은 아이들을 위해 아홉 달을 기다릴 필요가 없다. 그래서 일반적으로 여성들에게는 아이들의 아버지가 높은 지위를 가지고 있거나, 그것을 얻어낼 수 있는 잠재적인 가능성, 야망, 그리고 근면성을 가지고 있는 것이 더 중요한데 왜냐하면 그러한 속성들은 그녀와, 아이들이 자라는 데 필요한 자원들을 제공해 줄 수 있기 때문이다(Buss, 2006).

물론 신체적인 외모는 여성들에게도 중요할 수 있다. 그것은 단지 평균적으로 남성들에게 중요한 만큼 여성들에게 중요하지는 않다는 것이다. 그러나 신체적인 외모는 여성들이 몇 가지 점에서 함께 가족을 만들고 싶은 남성을 찾을 때보다 단기간의 파트너를 찾을 때 더 중요하다 (Gangestad & Thornhill, 1977; Sugiyama, 2005).

인간 진화의 결과로, 여성의 배란은 상대적으로 드러나지 않는 상황 하에서 일어난다. 특히, 남성이 여성을 보고 그녀가 임신할 준비가 되었는지 여부를 확실히 알 수 있는 방법은 없다. 그래서 특정의 여성과 임신을 성사시키려면 남성은 전형적으로 꽤나 긴 시간 동안 그녀와 함께해야 할 것이다. 이러한 이유로(다른 것들도 마찬가지로) 남성과 여성은 지속적인 성관계를 가지기 시작하고 평생이 아니더라도 더 오랜 기간 동안 함께 머물기 시작했을 것이다. 따라서 여성은 종종 번식 가능한 전 생애를 한 사람에게 헌신하는 반면, 남성은 상대적으로 그들의 아이들에게 더 많이 투자한다. 그러나 사람들이 아름다움이나 부와 같은 이유로 파트너를 선택할 때, 살다가 어떤 시점에 또 다른 파트너를 선택하는 것의 이유가 될 수 있을 것이다. 그렇다면 파트너들에게 그들의 짝이 좋을 때뿐만 아니라 나쁠 때도 늘 함께 있어 줄 것이라고 확신시켜 주는 것은 무엇인가? 이것이 진화심리학자들이 사랑이 등장한다고 믿는 지점이다. 사랑을 받음으로써 사람들은 그들이 병에 걸리거나 어떤 다른 불행에 직면해도 혹은 심지어 더 매력적인 잠재적인 짝이 나타나더라도 그들의 파트너가 함께 머물고 돌봐줄 것이라는 점을 (상대적으로) 확신할 수 있는 것이다. 그리고 물론 사랑에 빠진 감정은 그 자체로 보상이 되며 종종 중독의 감정과도 비교되곤 한다.

짧은 여행 : 성적 지향

우리가 이 책에서 낭만적인 사랑에 대해 이야기할 때 우리는 대개 이성과의 사랑, 즉 남성과 여성과의 사랑을 떠올린다. 하지만 이 책은 짧게나마 동성애에 관한 가장 최근의 연구들을 검토하지 않고는 완성될 수 없을 것이다. 이 주제에 대해서는 항상 큰 논란이 있어 왔다. 동성애는 1986년에서야 비로소 정신의학자와 심리학자가 심리적 장애를 진단하기 위해 사용하는 지침서인 **정신장애 진단 및 통계편람**(*Diagnostic and Statistical Manual of Mental Disorders; DSM-III*)의 수정판에서 완전히 삭제되었다. 이 지침서가 출판되면서 미국의 9개 주에서 동성애 결혼이 합법화되었고, 동성애자들의 권리는 여전히 미국과 전 세계에서 활발하게 논의되고 있는 중이다. 여기서 성적 지향에 관한 연구가 무엇을 말하고 있는지 살펴보도록 하자. 이것은 유전적인 것인가, 아닌가? 그리고 이것은 몇몇 사람들과 기관들이 주장하듯이 변화될 수 있는가?

만약 행동이 유전적 토대로 이루어지는지를 확인하고 싶다면 시도해 볼 수 있는 세 가지 방법이 있다. 첫째, 가계 연구를 통해 가족 중에 동성애자가 있는지에 대해 조사할 수 있다. 둘째, 쌍생아 연구를 통해 한 가정에서 자란 일란성 쌍생아와 이란성 쌍생아 간에 동성애자 비율의 차이를 연구할 수 있다. 셋째, 당신은 분자유전학의 연구 방법을 사용할 수 있다.

가계 연구는 가문에 동성애가 이어지고 있음을 밝혀 내고 있다. 즉, 이것은 게이 남성이 게이 형제가 있거나 레즈비언이 레즈비언 자매가 있을 확률이 이성애자가 동성애 형제나 자매가 있는 확률보다 더 높다는 것이다(Mustanski, Chivers, & Bailey, 2002). 이러한 사실은 어떤 유전적 영향이 작용할지도 모른다는 가설을 지지한다. 하지만 이러한 가설이 완전한 것은 아닌데, 그 이유는 비슷한 환경이 영향을 주었거나 혹은 그것이 완전한 이유가 될 수 있기 때문이다. 만약 실제로 유전자가 관여한다면, 같은 유전자가 남성과 여성의 역할에 작용하는지, 아니면 각각 다른 유전자들이 여성과 남성의 성적 지향에 영향을 주는지는 분명하지 않다. 만약 확실하게 하나의 유전자가 여성과 남성에게 있다면 동성애가 발생하는 가족은 반드시 게이와 레즈비언 가족 구성원이 둘 다 있어야 한다. 만약 다른 유전자들이 남성과 여성의 성적 지향에 영향을 준다면 둘 다일 필요 없이 남성 혹은 여성 동성애 중 하나가 집안 내력으로 나타날 것이다. 이 주제에 관한 연구는 지금까지 가설이 사실이라는 어떤 결정적인 증거도 찾지 못했다((Mustanski & Bailey, 2003).

유전학적 가설을 받아들이는 사람은 성적 지향과 관련된 유전자는 X 염색체에 있다고 믿는다. 그 이유는 Y염색체는 작고, 적어도 X염색체에 비해 정보를 많이 갖고 있지 않기 때문이다. 남성은 X염색체를 그들의 어머니로부터 받기 때문에 남성 동성애는 어머니 쪽에서 온 것이 틀림없다는 가설이 제기되었다. 만일 그럴 경우, 게이 남성의 아버지 쪽보다는 어머니 가족 중 게이 친족 비율이 더 높아야만 한다. 이러한 추측을 조사한 연구는 여전히 그것이 확실한지 아닌지에 관한 결정적 증거를 찾지 못하고 있다(McKnight & Malcolm, 2000 참고).

쌍생아 연구는 양쪽 성별 모두가 성적 지향에서 .62의 유전 가능비(heritability)[1]를 보여 주고 있는데(Kendler, Thornton, Gilman, & Kessler, 2000), 이것은 실제로 유전자가 어떤 역할을 한다는 것을 나타낸다. 어린 시절의 경험과 같은, 다른 영향 또한 영향을 미칠 수 있다. X염색체의 한 부위가 남성의 성적 지향에 영향을 줄 수 있다는 것이 확인된 바 있다(Hamer, Hu, Magnuson, & Pattatucci, 1993).

의사결정 편향으로서의 사랑

우리가 이미 배웠던 것처럼 인간 행동의 어떤 경향성은 우리의 종족이 생존하고 번식하는 것을 돕는 역사를 따라서 진화해 왔다. 이러한 경향들은 어떻게 우리가 '사랑'이라는 이름을 붙인 행동으로 옮겨갔을까? 이들은 어떻게 우리가 사람들에게 매력을 느끼는 데 영향을 주고 또 어떻게 파트너와 관계를 유지하고 가족을 돌보려고 애쓰는 데 영향을 미칠까? 더글러스 켄릭(Douglas Kenrick, 2006)은 우리가 사랑의 영역 안에서 결정을 할 때, 이러한 결정들은 인간 역사를 통해 발전되어 온 편향에 의해 영향을 받는다고 제안했다. 이러한 결정 편향들은 종족의 생존과 관련된 추위, 경제 규칙과 같은 것들인데, 이러한 것들은 사랑에 관한 이론과는 무관한 것이다. 그것은 확실히 사랑에 관한 장밋빛 관점은 아니지만, 인간과 모든 생물이 매일 마주하는 생존을 위한 아주 오래된 투쟁을 위한 것도 아니다.

---

1) 유전 가능비란 표현형의 비율, 혹은 관찰 가능한 변인, 유전의 영향에서 비롯된 특성들을 말한다.

이러한 접근에서는 인간의 정신이 우리가 일상적인 삶 속에서 해야만 하는 결정을 안내하는 복잡한 편향 시스템으로 구성되어 있다고 추정한다. 그래서 주어진 상황에서 어떤 특정한 방식으로 행동하는 어떤 경향성들은 이러한 결정 편향에 따른 결과일 것이다. 이러한 편향의 목표는 앞에서 이야기한 것처럼 개인이 생존하고 그나 그녀의 유전자를 다른 세대에 전하는 기회를 증가시키기 위한 것이다. 결정 편향은 남성과 여성이 각기 다른 도전에 직면하기 때문에 성차가 나타나는데, 여성들은 남성들이 필연적으로 해야만 하는 것보다 아이들에게 더 많은 투자를 해야 한다 (Geary, 1998; Trivers, 1972). 더 나아가 다른 많은 종류의 결정 편향들이 있다. 그럼에도 그들이 공통적으로 가지고 있는 것은 그러한 편향들이 본질적으로 당신의 환경 속의 어떤 특정한 특징들에 더 관심을 갖게 하고 그러한 특징들에 특정한 정서 반응을 하도록 하는 성향이라는 것이다.

대부분의 사람들은 삶의 어떤 시점에 수없이 많은 다른 종류의 친밀한 관계에 몰두하고 있다. 당신이 가졌던 다른 종류의 친밀한 관계를 생각해 보라. 부모, 배우자, 그리고 대학 친구들. 어쩌면 당신은 누군가와 낭만적인 관계에 있을 수도 있을 것이다. 이 모든 친밀한 관계에 사랑이 관여되어 있을지라도 당신이 부딪히는 문제나 이슈들은 관계들마다 다르다. 그렇기 때문에 당신이 어떤 결정을 해야만 하는 상황에서 당신의 마음속에서 당신을 이끄는 다른 기제들이 있을 것이라는 말은 일리가 있다. 예를 들어, 한 관계에서는 신뢰에 관한 문제일 수 있고 다른 관계에서는 재정상의 문제일 수 있으며, 그리고 또 다른 문제가 두 관계 모두와 관련될 수도 있다.

결정 편향을 정말 효과적으로 만드는 또 다른 점은 편향들이 역동적이라는 것이다. 즉, 편향들은 다른 사람들과 상호작용을 한다는 것이다. 이 상호작용은 '만약/그러면' 양식에 의해 일어난다. 그러므로 당신이 선택하는 행동 옵션은 당신의 내적 결정 편향뿐만 아니라 다른 사람으로부터 전해지는 정보 입력에 달려 있다. 문화는 사랑을 둘러싸고 있는 결정 법칙에 영향을 주지만 그 영향은 제한적인데, 우리의 결정 편향은 우리 조상들이 마주쳤던 문제에 기초한 인간 진화에 따라 발전되었기 때문이다.

그렇다면 이러한 규칙들은 어떻게 우리의 일상생활로 이어질까? 당신 자신의 선호를 먼저 생각해 보라. 당신의 파트너가 될 가능성이 있는 사람을 만날 때 당신은 무엇을 먼저 보는가? 당신이 남성이라면 당신은 신체적 아름다움과 젊음에 더 많은 관심을 가질 수 있고, 반면에 당신이 여성이라면 남성의 지위에 더 많은 관심을 가질 가능성이 클 것이다. 켄릭에 따르면, 이것은 젊음과 아름다움이 잠재적인 파트너의 번식의 질을 나타내는 것일 수 있기 때문인데, 그것은 자식을 갖는 데에 많은 노력을 투자할 필요가 없는 남성에게 중요하다. 남성은 그들의 유전자 자원을 이어가는 데 대부분의 관심을 기울일 것이다. 반면에 여성은 그들의 자식들에게 많은 투자를 해야 하기 때문에 자식의 아버지가 그들에게 가능한 한 가장 좋은 것을 제공해 줄 수 있는지에 대한 확신을 원한다. 일단 당신이 파트너와 함께 있게 되면 당신은 어떤 잠재적인 침입자에 대해서, 또는 당신의 파트너가 신뢰성을 잃을 수 있는 어떠한 행동에 대해서도 과민하게 받아들이게 되는 경향이 있다. 극도로 예민한 상태는 진화론적 관점에서 이해될 수 있는데, 왜냐하면 남성은 파트너가 자신도 모르는 사이에 다른 남성의 아이를 가지지 않는다는 것에 확신을 가지고 싶어 하고, 여성은 그녀의 자식을 기르는 데에 아버지가 지속적으로 지원할 것이라는 확신을 원하기 때문이다.

서로 다른 수준의 중요성이 당신의 가족과 유전적으로 관련된 다른 사람들에게 적용된다. 일반적으로 사람들은 가능한 가장 잘 생존하기 위하여 그 사람의 유전자 자원을 나눠줄 수 있는 가족 구성원을 원할 것이다. 그러므로 그들을 지지하고 그들과 아주 좋은 관계를 유지하는 것이 중요하다. 당신은 다른 관계에서보다 이러한 가족 관계에서(당신의 핵가족 구성원이 아닌 다른 사람의 요구와는 대조적으로), 불공평에 대해 더 적게 관심을 기울일 수 있고 자식들의 요구에 더 많은 관심을 기울일 수도 있다.

켄릭의 주장을 지지하는 몇 가지 경험적 연구가 있다. 한 연구에서 사람들이 집단으로 게임을 한 이후 그들 팀이 꽤 잘했다는 말을 들었다. 그들의 팀이 낯선 사람들과 게임을 했을 때 그들은 팀의 성공의 대부분은 자신이 기여한 덕분이라고 보았다. 하지만 그들의 가족 구성원들과 게임을 했을 때, 그들은 팀의 성공의 더 많은 부분을 그들 가족 구성원 덕분이라고 생각했다(Ackerman, Ledlow, & Kenrick, 2003). 연구 결과는 우리들이 낯선 사람들보다 가족 구성원들에게 더 관대해지는 경향이 있음을 나타내었다(Ledlow & Linder, 2003).

애착의 관점에서 본 사랑

사랑을 설명하는 매우 다른 생물학적 접근은 존 볼비(John Bowlby)의 애착이론(Bowlby, 1969/1982, 1980)에 뿌리를 두고 있다. 성인애착과 사랑으로 넘어가기 전에 먼저 애착이론의 기원과 특성에 대해 검토해 보자.

볼비는 당신이 확실히 수없이 봐 왔고 심지어는 당연하다고 여겨 왔을지도 모르는 것에 대해 관찰했다. 유아들은 그들의 양육자와 가까이 있으려고 한다. 볼비는 유아들이 왜 그런지에 관심을 가졌다. 단지 양육자가 그들에게 음식을 주고 따뜻하게 해 주기 때문일까? 그는 애착이 인간의 유아를 생존하도록 도와주기 때문에 실제로 그들의 양육자와 애착을 형성하도록 '사전 프로그램화'되어 있다고 주장했다. 그러나 모든 부모들과 양육자들이 아기나 아동들이 필요한 것을 알리고 유대감을 형성하기 위하여 노력하는 것에 대해 같은 방식으로 반응하지 않으며, 그들이 반응하는 방식은 아이들이 그들의 부모나 양육자와 형성하는 애착의 종류에 영향을 줄 수 있다.

부모에 대한 아이의 애착은 각기 다른 형태를 취할 수 있다. 그 형태는 아이가 받는 피드백에 따라, 피드백이 주어지는 속도에 따라, 그리고 부모나 다른 양육자가 그 아이에게 음식과 편안함을 제공할 수 있는지에 따라서 달라진다. 볼비는 일반적으로 세 가지의 서로 다른 애착 유형, 즉 안전, 회피, 그리고 불안/양가애착이 존재한다고 제안하였다.

안정애착 유형은 일반적으로 양육자와의 관계에서 유아들을 편안하게 하고 양육자가 일시적으로 떠날 때 견딜 수 있게 해 준다. 안전하게 애착이 형성된 유아들은 양육자를 세상을 탐험하는 안전기지로 사용하고, 낯선 사람보다 양육자를 선호한다.

회피애착 유형의 유아는 그들의 양육자를 낯선 사람보다 뚜렷하게 선호하는 것을 나타내지 않는다. 더 나아가 회피애착의 유아는 양육자가 떠나거나 되돌아올 때 강한 반응을 보이지 않는다.

불안애착 유형의 유아는 양육자가 떠날 때 매우 강하게 반응하며 혼자 남겨진 것에 대해 두려워한다. 이 유형의 유아는 민감하게 반응하며 양육자와 더 가까워지려고 열심히 노력하지만 불안한 아이는 양육자에게 어느 정도의 양가감정을 보이며 불안정한 애착을 느낀다.

쉐이버, 헤이잔 그리고 브래드쇼(Shaver, Hazan, & Bradshaw, 1988)는 볼비의 이론을 성인관계와 성인애착의 기초로 삼았다. 그들은 유아들에게 적용하는 같은 원리가 성인의 낭만적인 관계에도 적용된다고 제안했다. 성인들의 친밀 관계에서는 터치, 애무, 눈 맞춤 그리고 미소 짓는 것을 볼 수 있다. 더 나아가 안전한 관계는 파트너와 함께 있을 수 있고 자신의 욕구에 반응적일 때만 형성될 수 있다.

이 접근법을 더 자세하게 다루기 전에 당신은 낭만적인 사랑에 관한 당신 자신의 애착 유형이 무엇인지에 대해 흥미를 가질 것이다. 헤이잔과 쉐이버(Hazan & Shaver, 1987)는 당신이 어떤 유형에 가장 잘 맞는지 확인할 수 있도록 세 가지 애착 유형 측정 도구를 개빌했다(표 2.1). 나른 도구가 더 최근에 개발되었는데 그것은 연속형 척도로 애착 유형을 측정하였으며 회피애착의 두 번째 유형, 즉 거부-회피 유형을 첨가했다(Bartholomew & Horowitz, 1991; Fraley, Waller, & Brennan, 2000). 척

표 2.1 성인애착 유형

다음 세 가지 유형 중 당신과 다른 사람들과의 관계를 가장 잘 설명하는 것을 고르시오.

1. 당신은 다른 사람들과 가까워지는 것을 좋아하며 친밀감을 형성하는 것이 쉽다. 당신은 누군가가 당신과 지나치게 가까워지거나 당신을 떠나는 것을 두려워하지 않는다. 당신은 다른 사람들에게 기대거나 다른 사람들이 당신에게 기대는 것에 개의치 않는다.

2. 당신은 다른 사람이 가까이 다가올 때 불편함을 느끼고 다른 사람에게 기대는 것을 좋아하지 않는다. 당신은 다른 사람을 신뢰하는 것이 힘들다고 느낀다. 종종 당신의 연인은 당신이 기대하는 것보다 더 가깝게 당신에게 다가오려고 한다.

3. 당신은 종종 다른 사람이 당신만큼 가까이 다가오지 않는다고 느낀다. 종종 당신의 친밀감을 위한 욕구가 다른 사람들이 당신으로부터 피하게 만든다. 당신은 당신의 파트너가 당신을 버리거나 사랑하지 않을까 봐 걱정한다.

출처 : Hazan & Shaver (1987).

도가 부족한 것은 아니나, 헤이잔과 쉐이버(1987)의 척도가 세 가지의 기본적인 유형에 관해 유용한 개요를 제공하고 있다는 것이다.

표 2.1의 세 가지 유형 중 어떤 것이 당신의 감정을 가장 잘 보여 주는지를 결정했는가? 첫 번째 옵션은 안정애착 유형을, 두 번째는 회피애착 유형을, 그리고 세 번째는 불안/양가애착 유형을 기술한 것이다. 헤이잔과 쉐이버가 그들의 척도를 신문에 처음으로 게재하고 독자들이 응답한 다음 그 결과를 연구자들에게 보내도록 했을 때, 56%의 참여자들이 그들 자신을 안정애착으로, 25%가 회피애착으로, 그리고 19%가 불안애착으로 범주화했다. 그들 자신을 안정애착이라고 여기는 사람들은 그들의 관계가 따뜻하고 지지적이라고 말했으며, 관계가 오랜 기간 지속될 수 있을 것이라고 믿었다. 불안애착의 사람들은 파트너에 대해 열정과 심지

어 집착을 경험했지만 질투심과 상대에 대해 불신을 느끼는 경향이 있었다. 그리고 회피하는 유형의 사람들은 파트너와의 상호관계가 항상 친절한 것은 아니며 정서적 연대감이 상당히 적다고 생각했다. 그들은 또한 사랑이 오랫동안 지속될 수 없다고 믿었다(Hazan & Shaver, 1987). 최근 성인 초기의 사람들이 그들의 파트너와 어떻게 애착을 형성하는지를 측정한 결과, 안정애착 유형은 파트너와의 연민적 사랑(상호존중, 신뢰, 그리고 애정)과 정적상관을, 반면에 불안-거부 유형은 연민적 사랑과 부적상관을 나타냈다. 불안애착 유형은 연민적 사랑과 정적상관도 부적상관도 나타나지 않았다(Sprecher & Fehr, 2011).

볼비(Bowlby, 1969/1982)는 세 가지 서로 다른 행동 시스템이 있음을 가정했는데, 그것은 애착 시스템, 보살핌 시스템, 그리고 성적 시스템이다. 애착 시스템은 자신을 걱정하는 사람이 가까이에 있게 함으로써 위험으로부터 보호해 주는 역할을 한다. 보살핌 시스템은 다른 사람들에게 보호를 제공한다. 그리고 성적 시스템은 한 사람이 유전자를 다음 세대에 까지 전달할 수 있도록 고안되었다. 인지-행동적 기제는 각 시스템별로 목표 달성을 추구하는 우리의 과정을 점검한다.

우리는 우리의 목표에 도달하기 위한 주요 전략을 가동시킨다. 필요하다면 우리는 목표에 도달할 기회를 증진시키기 위해 행동을 수정한다. 시간이 지남에 따라 우리의 행동은 사회 환경과 파트너에게 최대한 효과적으로 적응한다. 이것이 바로 우리가 특정한 애착 유형을 습득하는 방법이다. 우리가 적응하는 전략은 과다활성화 전략이 될 수도 있고 비활성화 전략이 될 수도 있다. 과다활성화 전략은 불안애착 유형의 반응이고 비활성화 전략은 회피애착 유형의 반응이다.

예를 들어, 애착 시스템의 목표는 사람들이 안전을 추구하는 것이기 때문에 이 시스템의 기본 전략은 파트너와 근접성을 추구하는 것이다. 만약 그 파트너를 손쉽게 구할 수 없다면 사랑하는 사람과 안전함과 근접성을 느낄 수 있도록 다른 전략들을 사용할 수 있을 것이다. 과다활성화 전략은 파트너의 관심에 대한 강력한 요구, 거부의 표시로 해석될 수 있는 어떠한 행동에 대해 과민하게 경계하는 것을 특징으로 한다. 비활성화 전략은 파트너와의 친밀감에 대한 회피와 강박적인 자기 의존과 관련되어 있다. 당신은 불안 유형과 회피 유형이 그 두 전략 안에서 어떻게 설명되는지에 대해 생각해 본 적이 있는가? 쉐이버에 의하면, 시간이 지남에 따라 사람들은 그들의 어린 시절의 애착 유형과 비슷한 성인애착 유형을 보인다고 한다(Ainsworth, 1989; Shaver & Mikulincer, 2006).

알렉스와 로즈의 관계를 생각해 보자. 알렉스는 항상 로즈와 육체적으로 그리고 정서적으로 아주 가까이 있고 싶은 강렬한 욕망이 있다. 그는 인생의 모든 것을 나누고 싶어 하고 가능한 한 많은 시간을 로즈와 함께 있고 싶어 한다. 그들의 관계 초기에 로즈는 그의 욕구와 바람에 응했고 그들은 거의 떨어질 수 없었다. 하지만 시간이 지남에 따라 로즈는 혼자만의 시간을 갖고 싶은 욕구가 커지기 시작했다. 그녀가 생각하기에 알렉스는 거의 그녀를 숨이 막히게 만들었다. 그래서 그녀는 그가 가까이 있으려고 하는 시도에 덜 반응하면서 철수하기 시작했다. 동시에 알렉스는 그녀가 남자친구들과 절대 시간을 보내서는 안 되고 그들의 모든 여가 시간을 함께 보내야 한다고 주장하면서 더욱 더 많은 것을 요구하게 되었다. 이것은 로즈가 점점 더 그로부터 철수하게 만들었고 결국 그들은 헤어졌다.

이 관계에서 로즈는 알렉스가 기대했던 방식대로 알렉스의 욕구에 반응하지 않았고, 그래서 그녀의 동반자가 되고 그녀로부터 친밀감을 구하려는 그의 기본 전략은 그에게나 그녀에게 제대로 작동되지 않았다. 그는 불안애착 유형을 반영하는 과다활성화 전략을 취했고 그녀에게 바짝 다가오기 시작했다. 그녀의 시간에 대한 그의 강렬한 요구는 그녀가 그로부터 멀어지게 만들고 말았다.

보살핌 시스템의 목표는 매우 이타적인 것으로, 다른 사람들을 지지하고 돌보는 것이다. 이 행동 시스템의 기본 전략은 다른 사람들을 공감하고 도움행동을 하는 것이다. 이 패턴은 이타적 혹은 연민적 사랑으로 범주화될 수 있다. 다시 강조하건데, 사람들은 그들의 행동이 그들의 의도를 실현하는 데에 도움이 되지 않는다고 느낄 때 과다활성화 전략 혹은 비활성화 전략을 쓸 수 있다. 과다활성화 반응은 도움이 필요한 상대방의 욕구를 과장하거나 강압적으로 보살핀다. 반면에 비활성화 전략은 상대방의 욕구나 고통을 무시하거나 도움이 필요한 상대방과 거리를 두는 경향이 있다.

성적 시스템의 목표는 한 사람이 그나 그녀의 유전자를 다음 세대에게 전달할 수 있도록 하는 것이다. 여기서의 기본 전략은 다른 사람을 성적으로 유혹하고 그리고 그 사람과 성관계를 하도록 설득하는 것이다. 만약 원하는 사람이 엇나가는 반응을 하게 되면 과다활성화 전략을 시도하여 파트너에게 강압적인 성관계를 시도하거나 성적인 거부 표시에 대해 심각하게 과민해진다. 비활성화 전략은 한 사람의 성적 욕구를 거부하거나 성행위를 원하는 파트너에 대한 반응의 부족을 포함한다.

애착, 보살핌, 그리고 성적 시스템의 목표에 도달하기 위해 사람들이 취하는 서로 다른 전략들은 또한 역기능적인 관계를 다루는 유용한 도구이다. 과다활성화 전략을 사용하거나 불안애착 유형을 가진 사람들은 그들이 원하는 만큼 사랑하는 사람에게 다가갈 수 없기 때문에 만성적으로 절망을 느낀다. 그들은 매우 예민하고 그들의 파트너를 질투한다. 또한 그들은 지나치게 그들의 관계에 대해 걱정한다(예 : Simpson, Ickes, & Grich, 1999). 반대로, 회피애착 유형의 사람들은(비활성화 전략을 취하는) 온전히 관계에 몰두하는 데에 문제가 있고 철수하는 경향을 보인다(예 : Collins & Read, 1990).

연구는 서로 다른 행동 시스템들과 일치하는 뇌 시스템이 있음을 밝혀 내었다. 즉, 한 명 혹은 여러 명의 파트너와 성행위를 하고자 하는 욕망이 원인으로 작용하는 성적 시스템은 에스트로겐 및 안드로겐 모두와 연관이 있다. 안드로겐과 관련하여 테스토스테론은 여성과 남성 모두의 성 충동을 맡고 있다(Sherwin, 1994; Van Goozen, Wiegant, Endert, Helmond, & Van de Poll, 1997). 종종 생물심리학의 경우처럼, 기능성 자기공명영상(fMRI)연구가 수행되었는데 이 연구는 어떤 사람이 특정한 감정을 느끼거나 혹은 어떤 구체적인 과업을 수행할 때 인간의 뇌에서 어떤 영역들이 활성화되는지 확인하기 위한 것이었다. 연구 결과 어떤 사람이 성적으로 각성되었을 때 몇 군데의 뇌 영역들, 특히 시상하부와 편도체가 활성화되는 것으로 나타났다(Beauregard, Levesque, &

Bourgouin, 2001; Fonteille & Stoleru, 2011; Stoleru, Fonteille, Cornelis, Joyal, & Moulier, 2012).

지지해 주는 사람들과의 근접성을 추구하고 파트너의 관심을 갈망하는 것과 같은 행동을 책임지고 있는 애착 시스템은 두 가지 호르몬과 관련되어 있으며, 그것은 뇌에서 쾌락을 조절하는 부분으로 알려진 중격의지핵(nucleus accumbens) 내 옥시토신과 기저핵 구조물인 배쪽창백핵(ventral pallidum) 내 바소프레신이다(Lim, Murphy, & Young, 2004; Lim & Young, 2004).

사랑하는(혹은, 낭만적인 사랑이라고 부르는) 감정은 종종 원하는 짝을 얻으려는 강한 열정과 노력으로 알 수 있다. 이것은 신경전달물질인 도파민과 노르에피네프린 수준의 증가뿐만 아니라 낮은 수준의 세로토닌과 관련이 있다(Acevedo, Arthur, Fisher, & Brown, 2012; Fisher, 1998, 2004).

3개로 분리된 이러한 뇌 시스템의 존재는 우리가 낭만적으로 누군가에게 이끌릴 때, 그 사람에게 강한 애착을 경험하는 것이 가능하게 만들어 준다. 예를 들어, 우리는 굉장히 매력적인 사람이 나오는 잡지를 읽거나 영화를 보면서 애착이나 혹은 낭만적으로 끌리지 않는 사람에 의해서도 성적으로 흥분될 수 있다.

사랑과 뇌

낭만적인 사랑은 우리가 누군가에게 매력을 느낄 때 그리고 동시에 그 사람이 우리에게 특별하게 느껴질 때 시작된다. 이것을 짝 선호도라고 부르는데, 그것은 인간뿐만 아니라 다른 모든 포유류와 조류에서도 발견된다. 인간을 포함하는 포유류나 조류가 특별한 대상에게 매력을 느낄 때, 우리 모두는 같은 징후를 경험한다. 잠이 오지 않을 것이고 자신의 에너지와 관심이 사랑하는 사람에게 집중되어 있음을 느끼며 소유하고 싶은 마음이 들거나 식욕 결핍이 나타날 수도 있다. 동물 연구에 따르면 짝 선호도는 중심 도파민 수준의 증가와 관련이 있는 것으로 나타났다.

실험실에서 기르는 프레리 들쥐가 특정 수컷과 교미하는 것을 생각해 보자. 그녀가 교미할 때 그녀의 중격의지핵 내 도파민은 믿기 힘들지만 50% 증가한다(Gingrich et al., 2000). 그러나 도파민 차단제를 중격측좌핵에 투여하면 그녀는 갑자기 더 이상 그 짝을 좋아하지 않는다. 이것을 인간에게 실험하면 우리는 상처받은 마음의 치료제를 찾는 방법을 발견할 가능성이 있을까?

진화적 방법에서 우리는 짝 선호도가 왜 처음부터 발전되었는지에 대해 물어볼 수 있다. 피셔(Fisher, 1998, 2004, 2006)는 특정 인물에 대한 선호를 통해 우리는 교제 기간과 에너지를 절약할 수 있다고 가정한다. 그리고 인간의 진화에서 어느 순간 이러한 짝 선호도가 우리가 지금 낭만적인 사랑이라고 부르는 것으로 발전하게 되었다.

당신은 아주 빨리 사랑에 빠지는 사람들, 반대로 매우 신중하게 천천히 사랑에 빠지는 사람들을 알고 있을 것이다. 사람들이 얼마나 쉽게 사랑에 빠지느냐는 그들의 유전자에 의해 영향을 받을 수 있다. 우리의 도파민과 세로토닌의 기저선 수준은 특정 유전자에 의해 결정되고, 신경

전달물질이 사랑에 빠지는 과정에서 중요한 역할을 하기 때문에 그러한 것들이 사랑에 빠지는 준비도에서 개인차를 가져온다(Fisher, 2006; Gibbons, 2004). 쉽게 사랑에 빠지는 것과 관련 있는 다른 요인들도 있다. 약물 사용과 정신분열이나 파킨슨 같은 질병들이 도파민 경로를 바꿀 수 있다. 그리고 심지어 반대의 성을 가진 사람과 낯선 상황에 놓여 있을 때조차 낭만적인 감정에 빠질 수 있는데, 그 이유는 아마도 익숙하지 않은 새로움의 경험이 중심 도파민의 활동을 증가시키기 때문일 것이다(Fisher, 2004).

다행히도, 우리 모두는 똑같은 짝 선호도를 공유하고 있지 않다. 사람들이 매력을 느끼는 사람 그리고 사랑하는 관계를 맺고자 상상하는 사람의 모습은 광범위하게 다르다. 그렇다면 무엇이 사랑에 빠지는 사람을 결정하게 만들까? 여기에는 여러 가지의 다른 요인들이 작용한다. 무엇보다도, 그 사람이 사랑에 빠질 준비가 되어 있어야 한다(Hatfield, 1988). 그 사람과 육체적으로 가까이 있는 것 또한 상호 간의 이끌림을 만든다(Pines, 1999). 대부분의 사람들은 민족적, 사회적, 그리고 교육과 경제적 배경뿐만 아니라 태도나 흥미가 유사한 사람과 사랑에 빠진다(Buston & Emlen, 2003; Pines, 1999). 생물학적인 과정도 영향을 준다. 여성들은 특히 면역체계의 특징에서 그들과는 다른 남성에게 매력을 느낀다(Wedekind ct al., 1995). 하지민 누군가가 특정한 개인에게 관심을 가지는 데에 영향을 주는 것이, 이러한 모든 자극들이 뇌 속에서 반응을 유발하는 것인지, 또는 뇌 속의 화학적인 과정인지는 확실하지 않다.

그렇다면 우리가 사랑에 빠질 때 뇌에서는 어떤 일이 일어나는 것일까? 앞에서 세 가지의 다른 뇌 시스템에 대해 간략하게 살펴보았는데, 여기서 좀 더 자세하게 살펴보고자 한다. 헬렌 피셔와 동료들(Fisher et al., 2003, 2005)은 최근 사랑에 빠진 적이 있는 참여자들에 대한 연구를 실시하였다. 참여자들은 그들의 연인들의 사진과 특별히 긍정적인 혹은 부정적인 감정이 전혀 없는 그저 얼굴만 아는 사람들의 사진을 보았다. 이 사진들을 보여 주면서 그들의 주의를 산만하게 만드는 과제도 주어졌다. 그들은 어떤 큰 숫자를 일곱 단위로 세도록 요청받았다. 이 과제는 그들이 느낄지도 모르는 강한 감정을 완화시키기 위해 사용되었다. 참여자들이 사진을 보면서 숫자를 세는 동안 기능성자기공명영상이 그들의 뇌 활동을 기록하기 위해 사용되었다. 연구자들의 기대는 참여자들이 중심 도파민 그리고/또는 노르에피네프린의 활동이 증가할 뿐만 아니라 중심 세로토닌의 활동은 감소할 것이라는 것이었다. 이 가설은 확인되었으며, 특히 도파민과 관련 있음이 확인되었다. 즉, 참여자들이 파트너의 사진을 보았을 때 몇 군데 뇌 영역이 활성화되었는데, 가장 중요한 영역은 뇌의 우측 복측피개영역(ventral tegmental area, VTA), 우측 후위 배면(posterodorsal)과 배면 꼬리미상핵(dorsal tail of the caudate nucleus) 영역이었다. 복측피개영역은 많은 도파민을 생산하는 세포를 가지고 있다. 도파민의 일부는 미상핵에서 분배된다. 더 나아가 복측피개영역은 뇌의 보상 시스템 부분이며 쾌락, 자극, 그리고 동기와 연관된다. 미상핵도 동기와 연관되어 있으며 그것은 또한 목표 지향 행동에도 관여한다. 또한 평균 2년 이상, 훨씬 더 오랫동안 사랑을 지속해 왔던 참여자들을 대상으로 한 연구에서도 이러한 뇌 영역들이 관여하고 있는 것으로 나타났다

(Bartels & Zeki, 2000, 2004; Acevedo et al., 2012 참고). 이 결과는 도파민이 동기를 부여하고, 목표 지향적인 행동을 포함하는 낭만적인 사랑의 이러한 측면에 관여하는 경향이 있는 것을 나타내고 있다. 우리는 또한 도파민이 황홀, 불면, 그리고 열망과 같은 감각과도 관련된다(Fisher, 1998)는 것을 알고 있는데, 마찬가지로 도파민은 우리가 사랑에 빠졌을 때 이러한 감정들을 경험하게 하는 역할을 할 것이다.

더 나아가, 피셔(Fisher, 1998, 2004; Acevedo et al., 2012 참고)는 노르에피네프린과 세로토닌 또한 우리가 사랑할 때 관여할 수도 있다는 가설을 세웠다. 증가하는 노르에피네프린의 활동은 심장을 두근거리게 하고 혈압을 증가시키는 것과 같은 증상을 야기하는데, 이 둘은 모두 사랑에 빠지는 것과 연관이 있다. 또 다른 연구(Marazziti, Akiskal, Rossi, & Cassano, 1999)에서 사랑하는 연인들과 강박충동장애가 있는 사람들을 대상으로 사랑을 하고 있지 않는 건강한 사람들과 비교한 결과, 두 집단 모두 혈소판 세로토닌 운반체의 수준이 더 낮은 것으로 나타났다. 당신도 알거나 경험했을 수 있겠지만, 사랑에 빠진 사람은 사랑하는 사람에 대해 집요하게 생각한다. 그래서 사랑하는 연인들과 강박충동장애로 고통받고 있는 환자들을 비교하는 것은 상당히 타당성이 있다. 두 경우 모두에서 낮은 세로토닌 활성화가 강박을 경험하는 것에 기여할 수도 있다.

우리들 중 많은 사람들이 경험힌 바와 같이, 관계의 어떤 지점에서 깅박과 흥분은 사라지기 시작한다. 이것은 아마도 좋은 일일 것이다. 낭만적인 사랑은 우리의 신진대사들로부터 많은 것을 요구하고 그것의 초기 단계를 유지하기 위해서는 많은 비용이 든다. 그것은 주로 우리가 원하는 파트너의 관심을 얻는 것에 집중할 수 있도록 발전되고 그 관계는 자식을 얻기까지 꽤나 오랫동안 유지된다. 이후, 이렇게 고양된 상태는 종종 진정이 되고 애착의 감정이 전경으로 떠오른다. 이러한 감정들은 좀 더 차분하고 안정된 조건에서 아이들이 자라는 데 도움이 된다.

종합하면, 생물학적 요인들은 사랑에 중요한 역할을 한다. 진화심리학자들은 사랑이 우리의 유전자들을 후세대에 전달하기 위하여 진화해 왔다고 주장하고 있다. 사랑을 깊게 이해하기 위하여 우리는 생물학적 선행조건들을 이해할 필요가 있을 뿐만 아니라 그것과 관련된 뇌 기반 기제도 이해해야 한다. 하지만 사랑에 대한 보다 깊은 이해를 위해서는 사랑에 기여하는 사회심리학적 요인들에 대한 이해도 요구된다. 이러한 요인들은 다음 장에서 다룰 것이다.

사랑의 심리학 101

3

사랑에 대한 분류학적 관점

최근에 그가 사랑하는 사람들에 대한 질문을 받았을 때 조가 가장 먼저 떠올린 사람은 고등학생 시절 연인이었던 그의 아내 멜리사였다. 조와 멜리사는 같은 대학에 다녔고 최근에 결혼했다. 고등학교 시절의 열렬한 연애 감정은 그들이 함께 정착하면서 더 안정적이고 안전한 사랑의 감정에 의해 사라졌지만, 조는 매우 만족스러웠고 멜리사와의 관계에 헌신했다.

조가 멜리사를 생각한 것과 거의 동시에 그는 9개월짜리 아들 션을 생각했다. 그는 아버지가 되기 전까지는 상상도 못했던 만큼 열정적으로 션을 사랑한다. 그는 아들을 생각할 때마다 신이 나고 떨어져 있을 때는 션을 매우 그리워하고 보호본능을 강하게 느낀다.

물론 그다음은 비록 열정적인 사랑은 아니지만 매우 따뜻하고 신뢰를 느끼는 조의 부모가 있다. 조는 또한 그의 조부모나 다른 친척들에게도 어떤 사랑과 헌신을 느낀다. 가족 외에 그는 유치원부터 알고 지내며 매우 가깝다고 느끼는 그의 가장 친한 친구 폴을 생각한다. 비록 폴은 멀리 살고 있고 그와 떨어져 지낸 지 오래 되었지만 조와 폴은 꽤나 가깝게 연락을 주고받는다. 폴은 조가 그의 모든 것을 이야기할 수 있다고 느끼는 몇 안 되는 사람들 중 하나이다.

잠시 시간을 갖고 당신의 인생에서 사람들과 맺는 서로 다른 관계에 대해 생각해 보라. 누구를 사랑하는가? 사람들의 목록이 긴가 아니면 짧은가? 당신은 목록 속 모든 사람에게 같은 성질의 사랑을 느끼고 있는가 아니면 그 사랑은 누구를 생각하느냐에 따라 달라지는가?

사람들은 관계들의 다름에도 불구하고 '사랑'이라는 말로 다른 많은 관계에 대해 묘사한다. 이것이 많은 연구자들이 여러 종류의 사랑이 있다고 믿는 이유다. 하지만 어떤 종류의, 그리고 몇 가지 종류의 사랑이 있을까? 그리고 우리는 어떻게 그것들을 측정할 수 있을까? 이러한 주제들이 우리가 이 장에서 살펴보고자 하는 것이다.

이 장에서 설명하는 이론들 중 많은 것이 분류학에 포함된다. 그런데 분류학이란 정확히 어떤 것인가? 분류학은 공유된 특징들을 기반으로 관찰된 현상들을 분류한다. 대부분의 사랑의 분류학은 같은 위치, 즉 사랑의 언어에서 시작된다. 다시 말해, 사랑에 관한 영화, 문학, 음악 혹은 사람들의 직접적인 설명을 통해서 사랑의 언어를 조사하는 것이다. 연구자들은 모든 기록을 분류하는데, 사랑에 대한 묘사들 중 공통점이 무엇인지(또한 차이점이 무엇인지)를 결정하기 위하여 유사성을 조사한다. 그런 다음 몇 가지 다른 기법들이 데이터를 분류하기 위해 사용될 수 있다(Berscheid, 1985, 2006b). 이 장을 통해서 당신이 보게 되듯이, 어떤 분류학 목록에 있는 몇몇 사랑의 유형은 다른 분류학에도 나타난다. 하지만 어떤 사랑의 유형은 특정 분류학에서 매우 독특하다.

클라이드와 헨드리크(Clyde & Hendrick)의 분류학을 시작으로 서로 다른 종류의 사랑의 분류학 여행을 시작할 것이다. 그들의 분류학은 존 앨런 리(John Alan Lee)의 '사랑의 삼원색' 이론을 기초로 한 것이다. 그런 다음 다른 종류의 사랑의 삼각형 이론과 사랑의 이야기 이론으로 구성된 로버트 스턴버그(Robert Sternberg)의 사랑의 두 가지 하위이론을 볼 것이다. 그다음에 사랑이 공동 반응성에서 온다는 마거릿 클라크(Margaret Clark)의 제안을 살펴볼 것이다. 그리고 마지막으로 네 가지 종류의 사랑이 있다는 엘렌 버샤이드의 제의에 관해 살펴볼 것이다. 그녀의 분류학은 시간에 따라 변하는 사랑의 관계를 기술하는 데 도움을 줄 것이다.

낭만적 사랑의 유형에 대한 리와 헨드리크의 이론

서로 다른 사랑의 종류를 조직화한 가장 초기 접근 중 하나가 존 앨런 리에 의해 실시되었다(Lee, 1973, 1988). 먼저, 리는 철저하고 광범위하게 현존하는 낭만적인 문학을 분석하였는데, 조사 대상으로는 시에서부터 철학적인 글과 사회과학까지 포함되었다. 그의 이론에 대한 경험적인 지지를 제공하기 위하여 그는 사랑 이야기 카드 분류라는 방법을 개발했다. 그는 연구 대상자들에게 "내가 X를 만난 그날 밤 이후…."와 같은 약 170개의 구절을 제시했다. 그다음에 그들은 6~15개의 선택 가능한 대안 응답 중에서 하나의 답을 선택해야만 했다(예 : "내가 X를 만난 이후 나는 거의 잠을 잘 수 없었다.").

  데이터를 분석한 후, 리는 '순수한' 유형을 나타내는 세 가지 기본적인(기본 색깔에 비유한) 사랑의 유형이 있으며, 세 가지 기본적인 유형의 혼합물인 세 가지 이차적인 사랑 유형(리가 기본 색깔의 혼합물인 이차적 색깔이라고 분류한)이 있음을 제시했다.

리는 사랑의 유형에 고전주의 문학에서 쓰이는 용어와 일치하는 그리스어와 라틴어의 이름을 붙여 주었다. 리의 이론에 따르면, 누구나 특정한 사랑의 유형에 대해 선호하지만 한 사람이 보이는 사랑의 유형은 사랑하는 사람에 따라 다르다. 사랑의 유형 또한 나이가 들면서 변할 수 있다.

세 가지 기본적인 사랑 유형은 에로스, 스토르게, 그리고 루두스이다. 에로스(eros)는 사랑하는 사람에 대한 강한 정서와 강렬한 육체적 갈망을 특징으로 하는 열정적인 사랑의 종류이다. 이것은 우리가 낭만적인 사랑을 떠올릴 때 생각할 수 있는 것이다. 이런 종류의 사랑은 영화 '귀여운 여인'(부유한 사업가가 창녀와 사랑에 빠지는)과 '타이타닉'(부유한 가문의 소녀가 부랑자와 사랑에 빠지는)과 같은 영화에 등장해 왔다.

스토르게(storge)는 우정을 기반으로 한 사랑이다. 이것은 우정으로부터 천천히 발전된다. 스토르게는 연인들이 헤어진다면 그들이 친구로 남을 가능성이 다른 사랑 유형보다 더 높다. 이러한 사랑의 유형에 속하는 연인들은 그들의 관계에서 신뢰를 가장 중요하게 여긴다. 그들의 사랑은 보통 에로스처럼 열정적인 정서가 주요 특징은 아니다. 영화 '해리가 샐리를 만났을 때'(해리와 샐리는 12년이라는 시간 동안 만남을 지속하고 우정을 쌓다가 영화의 마지막에 낭만적인 사랑의 감정을 느끼게 된다)는 스토르게의 좋은 예를 보여 준다.

루두스(ludus)는 게임과 같은 사랑이라고 불리기도 한다. 이것은 보통 독신으로 남아 있는 것을 선호하거나 사랑을 정복과 숫자의 게임으로 여기는 사람들에게서 주로 볼 수 있다. 이러한 사람들은 그들이 선택한 사람과 열정적으로 사랑에 빠지지 않는다. 더 나아가 '게임'이 끝났을 때 그들은 이별로부터 재빠르게 회복한다. 그들은 사랑의 유형이 스토르게나 에로스인 사람들보다 외도를 더 많이 하는 경향이 있다. 루두스는 영화 '사랑보다 아름다운 유혹'(이복 남매들이 내기로 파트너를 유혹하고 심지어는 다른 사람에게 복수하려고 유혹한다)에서 볼 수 있다.

앞에서 언급한 것처럼, 이차적인 사랑 유형은 세 가지 기본적인 사랑 유형의 혼합으로 구성된다. 이차적인 사랑 유형은 마니아, 프라그마, 그리고 아가페이다. 마니아(mania)는 에로스와 루두스가 혼합된 유형이다. 마니아적 연인들은 그들이 사랑하는 사람들에 대해 에로스의 특징인 열정을 보이지만 그들은 종종 그들의 파트너를 이상화하거나 심지어 숭배하고 그들의 파트너에 대해 과장해서 말하거나 생각한다. 그들은 황홀감과 고통 사이를 오간다. '마니아'라는 용어에서 알 수 있듯이, 병리적인 요소들이 포함되어 있다. 마니아적인 연인들은 종종 감각을 잃어버린 것 같다. 마니아는 영화 '위험한 정사'(유부남이 잠시 동안 한 여성과 불륜에 빠졌는데 이후 그 여성은 불륜을 끝내기를 거부하면서 그를 협박한다)와 '위험한 유혹'(10대 소녀가 다른 사람과 사랑에 빠진 한 소년에 집착한다)에서 중요한 역할을 하고 있다.

프라그마(pragma)는 스토르게와 루두스의 혼합이다. 이것은 논리와 실제적인 사고에 그 뿌리를 두고 있는 사랑 유형이다. 프라그마는 스토르게처럼 시간에 따라 천천히 발전한다. 실제적인 연인들은 그나 그녀가 맞는 파트너를 찾았다고 확신이 들 때까지 관계 맺기를 주저한다(루두스처럼). 사람들이 온라인 데이트를 할 때 그들은 종종 실제적인 종류의 사랑을 보여 주는데, 즉 이상적인 파트너가 가져야만 하는 자질 목록을 만든다. 그런 다음 그들은 그 사람이 이상적인 자질 목록에 얼마나 잘 맞는지에 따라 잠재적인 파트너를 선택한다.

내 남편과 나는 각자 싱글이고 파트너를 찾고 있는 친구가 있었다. 두 사람이 서로 좋아할 수도 있으니까 우리가 두 사람을 서로 소개해 주자고 제안했다. 하지만 남편이 내 여자친구와 이야기할 때, 잠재적인 파트너의 자질이 전체 쇼핑 목록을 만족시킬 필요가 있다는 것을 알게 되었다. 이상적인 파트너는 장로교도여야하고, 특정 도시에 살아야 하고, 좁은 범위의 나이 안에 들어가 있어야 하고, 부유해야 했다. 우리의 남자친구는 그 기준에 충분히 맞지 않았다. 두 사람을 만나게 하려던 시도는 완전히 실패로 끝났다. 그러나 우리의 시도는 사랑의 실제적인 접근을 잘 설명하고 있다. '오만과 편견'에 등장하는 샬럿은 실제적인 사랑의 예를 제공한다. 샬럿은 경제적인 안정을 위해 한 남성과의 결혼에 동의한다.

아가페(agape)는 에로스와 스토르게의 혼합이다. 이것은 이타적이고 베푸는 사랑의 종류이다. 사랑하는 사람의 안위가 자신의 안위에 앞선다. 성경의 고린도전서 1장(고린도전서 1장 13:4-7)은 이상적인 사랑의 종류로 아가페를 지지하지만, 이런 종류의 사랑은 종종 오늘날 낭만적인 관계에서는 발견되지 않는다. 이것은 파드너가 질병에 길린 것과 같은 사건으로 발생 빈도를 증가시킬 수 있다. 하지만 이것은 일반적으로 부모가 아이들을 위해 갖는 사랑의 형태를 취한다. 아가페는 영화 '언테임드'(한 소녀가 한 소년과 사랑하는 사이인데 그 소년이 심장병이 있고 오래 살지 못할 것이라는 것을 알고 난 후에도 그 소년과 계속 함께한다)에서 찾아볼 수 있다.

클라이드와 수잔 헨드리크(2006)는 리의 사랑의 색채이론이 아주 흥미롭다는 것을 발견하고, 리의 이론 속에 있는 다양한 사랑 유형을 측정할 수 있는 질문지를 개발했다. 그들의 사랑의 태도 척도(Love Attitude Scale, LAS)는 각각 6개의 사랑 유형 중 하나를 측정하는 6개의 하위척도로 구성되어 있다. 한 사람은 각각의 사랑 유형에 점수를 부여받으며 각자 그나 그녀가 어떤 사랑 유형에 속하는지를 알려주는 개인적인 프로파일을 갖게 된다. 결과적으로 24개 항목으로 구성된 측정도구는 탁월한 심리 측정적인(즉, 통계적인) 속성을 가지고 있다(Hendrick, Hendrick, & Dicke, 1998). 사랑의 태도 척도는 여러 번의 수정을 거쳤다. 만약 당신이 그것을 직접 해 보고 싶다면, 사랑의 태도 척도에서 발견된 것과 유사한 문항들이 표 3.1에 제시되어 있다.

표 3.1에 응답할 때, 각 문항에 1~5까지(매우 동의하지 않음~매우 동의함까지) 점수를 부여하라. 그리고 각 하위척도의 점수를 계산하면 된다.

- 에로스 : 문항 1~3
- 루두스 : 문항 4~6
- 스토르게 : 문항 7~9
- 프라그마 : 문항 10~12
- 마니아 : 문항 13~15
- 아가페 : 문항 16~18

표 3.1 여섯 가지 서로 다른 종류의 사랑을 측정하는 문항

1. 나의 파트너는 내가 보기에 정말 아름답다/잘생겼다.
2. 나의 파트너와 나 사이에는 많은 화학작용이 일어난다.
3. 나의 파트너는 나의 소울 메이트이다.
4. 그/그녀가 발견할 수 없는 한 파트너와 약간의 비밀을 가지고 있는 것은 괜찮다.
5. 나는 나의 현재 파트너가 있는 동안 다른 누군가와 관계를 가진 적이 종종 있다.
6. 다른 사람과의 관계에 대한 세부적인 사항을 나의 파트너가 모르는 것이 더 낫다.
7. 우리의 사랑은 긴 우정의 결과이다.
8. 우리의 관계가 대단한 것은 그것이 우정으로부터 천천히 발전되었기 때문이다.
9. 우리의 사랑은 동화 속 마법 같은 것이 아닌, 진정한 우정에 기초하고 있다.
10. 나의 파트너가 좋은 평판을 가지고 있는 것은 중요한데 왜냐하면 그 평판이 나에게도 영향을 미칠 것이기 때문이다.
11. 나의 경력에 대한 계획이 내가 파트너를 선택하는 데 영향을 주었다.
12. 나의 파트너와 오랜 기간의 관계를 맺기로 결정하기 전에 나는 그나/그녀가 좋은 부모가 될 수 있을지 알아보고자 노력했다.
13. 나의 파트너가 나를 무시한다고 느낄 때 불안을 느낀다.
14. 나는 파트너를 제외하고 다른 것을 생각하는 것이 힘들다.
15. 나의 파트너가 바람을 피울까 봐 항상 두렵다.
16. 나의 파트너가 행복한 것이 내가 행복한 것보다 더 중요하다.
17. 나는 나의 파트너를 위해 무엇이든 할 수 있다.
18. 나는 나의 파트너가 그/그녀의 목표를 달성할 수 있도록 희생하는 것이 기쁘다.

출처 : Hendrick, Hendrick, & Dicke (1998).

각 하위척도에서 높은 점수를 받으면 당신은 당신의 파트너에 대해 특정한 사랑의 종류를 더 많이 가지고 있는 것이다.

여섯 가지 사랑의 유형은 서로 매우 독립적이고 존경이나 친밀감과 같은 다른 특성들과 연결될 수 있다. 이러한 유형들은 인간의 역사에서 최근 천 년 이상 발전해 온 태도/신뢰 시스템의 결과로 보인다(Singer,

1984). 태도가 포함되어 있기 때문에 한 사람의 유형 프로파일은 여러 가지 요인, 즉 삶의 단계, 사랑하는 사람, 관계의 유형, 그리고 인구사회학적 특성들에 의해 달라질 수 있다. 당신의 사랑의 유형 프로파일에 따라 사랑에 빠지는 것이 다르게 느껴진다. 에로스와 마니아는 흔히 대단한 정서를 동반하는 반면, 스토르게, 프라그마, 그리고 루두스는 보통 강한 정서와 연관되지 않는다.

앞에서 언급했듯이 사랑의 서로 다른 유형은 어떤 개인적인 특성과도 상관이 있다. 에로스 수준은 수용성, 성실성, 그리고 외향성과 정적상관이 있는 반면 신경성과는 부적상관이 있다. 열정적으로 사랑하는 사람들은 또한 높은 자존감을 가지는 경향을 보인다. 스토르게는 수용성과 자존감 수준과는 상관이 없다는 점을 제외하고 일반적으로 다른 개인적인 특성과 어느 정도의 상관이 있는지에 대해서는 에로스와 유사하다. 그다음 루두스의 수준은 긍정적 정서성과 정적상관이 있고 자기 노출뿐만 아니라 수용성 및 성실성과는 부적상관이 있다. 프라그마의 수준은 성실성과 정적상관이 있고 경험에 대한 개방성과 부적상관이 있다. 마니아의 수준은 신경성과 정적상관이 있고 자존감과 부적상관이 있다. 아가페의 수준은 앞서 진술한 개인적 특성들과 전혀 상관이 없는 것으로 밝혀졌다(Hendrick & Hendrick, 1986, 1987b; White, Hendrick, & Hendrick, 2004).

당연히 사랑의 유형들은 특정의 성적 태도와도 관련된다. 루두스의 수준은 성적 허용성(가벼운 성관계)과 정적상관이 있으며, 루두스 수준이 높은 사람들은 어떤 한 사람과 관계를 맺는 것을 꺼려하고 상대적으로 짧은 기간 동안 다수의 사람들과 관계를 맺는 것으로 나타났다. 반대로 에로스는 이상적인 성관계(나는 파트너와 하나라는 개념)와 일부일처의 성행위와 관련이 있다(Hendrick & Hendrick, 1987a).

또한 성차는 다양한 종류의 사랑의 수준과 관계가 있다. 여성은 우정(스토르게)과 실제적인 사랑(프라그마)을 하기 쉬운 반면, 남성은 게임 같은 사랑에 빠지기 쉽다. 2장으로 돌아가서 우리가 진화론적 이론에 대해 배운 것을 생각하면 이러한 연구 결과는 사실 매우 타당하다. 왜냐하면 남성의 임신 가능성에 대한 투자가 여성보다 적기 때문에 남성은 더 쉽게 게임 같은 사랑에 빠지기 쉽다. 진화론적 관점에서, 이러한 태도는 여성에게 임신할 수 있는 가능성을 높여 주고, 그리고 그들의 유전자를 더 멀리 전파할 수 있게 만든다. 여성이 임신에 훨씬 더 많은 투자를 하기 때문에, 그들의 사랑의 유형은 친구나 파트너에 대한 큰 신뢰가 특징인 실제적인 관심과 우정에 영향을 받는다는 것은 타당하다(Hendrick et al., 1998). 또한 실제적인 연인(pragmatic lovers)이 파트너를 찾는 것에서도 성차가 있다. 사랑의 유형에 대한 정의를 보면 알 수 있듯이, 실제적인 연인들은 그들의 파트너에게서 특별한 특징을 찾는 경향을 보인다. 하지만 실제적인 유형을 가진 여성들은 종종 낭만적이고 열정적인 파트너를 찾기도 한다(Hammock & Richardson, 2011).

높은 수준의 에로스와 스토르게가 일반적으로 관계에서 더 높은 수준의 만족을 하는 반면에 게임 방식의 루두스는 만족감이 더 낮은 것으로 나타났다(Grote & Frieze, 1994). 성공적인 관계를 맺은 커플들도 루두스의 관계보다는 에로스적인 관계에 있을 가능성이 더 높다.

한 연구는 서로 다른 사랑의 유형과 텔레비전을 보는 행동에 관해 연구했다(Hetsroni, 2012). 연구 결과 특정 종류의 프로그램을 오랜 기간 동안 보는 습관은 시청자의 특정 사랑의 유형에 대한 선호도와 일치하는 것으로 나타났다. 예를 들어, 루두스 수준은 텔레비전 뉴스를 시청하는 것과 정적상관이 있었다. 프라그마 수준 또한 텔레비전 뉴스를 시청하는 것과 정적상관이 있었으며, 그들은 연속극과 같이 사랑의 테마를 포함하고 있는 텔레비전 연속물을 시청하는 것과 부적상관이 있었다. 에로스 수준은 연속극과 사랑의 테마가 중심인 다른 연속물을 시청하는 것과 정적상관이 있었다. 아가페, 마니아, 그리고 스토르게 수준은 텔레비전을 시청하는 것과 유의미한 상관이 나타나지 않았다.

흥미롭게도, 젊은이들과 그들의 부모들은 사랑의 유형이 유사한 것으로 보이지는 않는다(Inman-Amos, Hendrick, & Hendrick, 1994). 또한, 남성 이성애자와 동성애자 간의 사랑 프로파일에서는 어떠한 차이도 발견되지 않았다(Adler, Hendrick, & Hendrick, 1986).

스턴버그의 사랑의 이중이론

스턴버그의 사랑의 이중이론(duplex theory)은 두 가지의 다른 부분으로 구성되어 있다. 하나는 세 가지 요소(친밀감, 열정, 헌신)를 기초로 한 사랑의 유형에 대한 분류학을 제시하고 있고, 다른 하나는 사랑을 이야기(story)로 개념화하는 것(Sternberg, 2006)이다.

하위이론인 사랑의 삼각형 이론에서부터 시작을 하면, 스턴버그는 사랑을 각 변이 다른 세 가지 요소들(친밀감, 열정, 헌신)로 이루어진 삼각형으로 볼 수 있다고 제안하고 있다. 이러한 요소들이 각각 관계 속에 어느 정도의 크기인지에 따라 사랑의 삼각형의 각 변의 크기가 달라진다.

친밀감은 가까움, 연결감과 관련된다. 높은 수준의 친밀감은 당신이 필요할 때 당신의 파트너에게 기댈 수 있고, 파트너에 대한 깊은 배려와 파트너와의 상호이해를 의미한다(Sternberg & Grajek, 1984). **열정**은 신체적 매력과 성적인 느낌과 관련이 있다. 성적인 느낌이 종종 열정을 지배하지만, 반드시 그래야만 하는 것은 아니다. 열정은 흥분된 감정과 강한 끌림 그리고 가끔 사랑의 열병을 포함한다. 예를 들어, 친화, 양육, 도피의 욕구도 열정에 기여할 수 있다. 헌신은 첫째, 특정한 파트너를 사랑하겠다는 결정이고 둘째, 시간이 지나도 그 사랑을 유지하겠다는 결정이다. 헌신의 이 두 가지 측면이 항상 함께 일어나는 것은 아니다. 사람들은 다른 사람을 사랑하기로 결심하지만 사랑하는 사람과 오랜 기간을 약속하지 않을 수도 있다. 더욱이 사람들은 중요한 다른 사람을 사랑한다는 것을 스스로 인정하지 못한 채 관계를 유지하겠다고 약속할 수 있다. 사랑의 세 가지 요소는 상호작용한다. 만약 당신이 다른 사람과 매우 친밀함을 느낀다면, 그 느낌은 더 큰 열정이나 더 큰 헌신으로 이끌 수 있다. 만약 당신이 관계에 헌신을 느낀다면, 그 감정은 당신을 더 큰 친밀감으로 이끌 것이다.

세 가지 사랑의 요소들을 조합하면, 여덟 가지의 사랑의 종류를 만들어내는 것이 가능하다. 그러나 실생활에서는 관계의 요소들이 이론에서와 같이 깔끔하게 분리되는 경우가 거의 없다는 사실을 명심하라. 관계

표 3.2 사랑의 종류

사랑의 유형	친밀감	열정	헌신
비 사랑(non love)	없음	없음	없음
우정	있음	없음	없음
눈먼 사랑	없음	있음	없음
공허한 사랑	없음	없음	있음
낭만적 사랑	있음	있음	없음
우애적 사랑	있음	없음	있음
어리석은 사랑	없음	있음	있음
완전한 사랑	있음	있음	있음

가 다른 것보다 한 종류의 사랑에 더 가까울 수는 있지만 어떤 사랑의 유형과 관련된 순수한 사례를 보여 주지는 않는다.

표 3.2는 세 가지 요소의 조합과 그 결과로 나오는 사랑의 유형을 보여 준다.

표를 요약하자면, 만약 친밀감이나 열정, 그리고 헌신도 존재하지 않는다면, 그것은 사랑이 아니다. 만약 친밀감만 있다면 결과는 좋아함과 우정이다. 열정만 있다면 눈먼 사랑으로 이끈다. 그리고 공허한 사랑은 친밀감도 열정도 없고 오직 관계를 유지하겠다는 헌신만 있다. 친밀감과 열정을 특징으로 하는 관계는 낭만적인 사랑이다. 우애적인 사랑은 친밀감의 요소만 가지고 있는 것이 아니라 오랜 시간 동안 관계에 대한 헌신도 가지고 있다. 그리고 마지막으로, 완전한(완성된) 사랑은 모든 요소들, 즉 친밀감, 열정, 헌신을 포함한다.

대부분은 아니지만 많은 관계들은 다양한 정도로 세 가지 모든 요소들을 포함하고 있기 때문에, 우리는 그것들을 삼각형 모양으로 그릴 수 있다. 삼각형의 각 변은 해당 요소의 양을 나타낸다. 예를 들어, 세 가지 요소가 모두 똑같은 크기라면, 결과는 정삼각형이다. 더 나아가, 사랑의 삼각형의 넓이는 사랑의 양으로 볼 수 있다. 즉, 사랑의 양이 클수록 삼각형의 넓이도 커진다.

사실 사람들이 가질 수 있는 사랑의 삼각형은 꽤 여러 가지가 있다. (a) 실제적인 삼각형과 이상적인 삼각형, (b) 자신이 인식한 삼각형과 타인이 인식한 삼각형 그리고 (c) 감정의 삼각형과 행동의 삼각형이다. 실제적인 삼각형은 특정 인물에 대해 당신이 가지고 있는 사랑을 보여 주고, 이상적인 삼각형은 당신이 가지고 싶은 사랑의 요소의 이상적인 배열을 보여 준다. 자신이 인식한 삼각형은 당신이 관계에 대해 어떻게 느끼는지 그리고 어떤 요소를 느끼고 그 양이 얼마나 되는지에 관한 것을 보여 준다. 하지만 자신과 파트너가 각자 인식한 삼각형이 항상 일치하는 것은 아니다. 그러므로 또한 어떤 요소가, 어떤 크기로 존재하는지에 대한 파트너의 인식을 반영하는 삼각형도 있다.

마지막으로 이 이론은 사람들의 감정이 그들의 행동과 항상 일치하는 것은 아니라는 것을 제시한다. 그러므로 우리는 감정의 삼각형과 행동의 삼각형을 구분할 줄 알아야 한다. 존을 예로 들어 보자. 그는 8개월 된 여자친구 타냐와의 관계에서 깊은 친밀감을 가지고 있다고 느낀다. 그래서 그의 감정의 삼각형은 상당한 양의 친밀감을 보여 준다. 친밀감은 한 사람의 사고나 욕망을 다른 사람과 공유하고 시간을 함께 보내는 것과 같은 행동으로 나타날 수 있다. 그러나 존은 결코 그의 견해, 희망, 그리고 욕망을 그의 여자친구와 공유하지 않는다. 그러므로 그의 행동 삼각형은 감정 삼각형과 매우 다른데 왜냐하면 그가 타냐와의 관계에서 느낀 친밀감을 행동으로 보이지 않기 때문이다. 불행하게도, 타냐는 존과의 관계에 불만족을 느끼고 있는데, 존이 그의 감정을 표현하지 못하는 것처럼 보이기 때문이다.

친밀감과 헌신은 안정애착과 관련이 있다(2장 참고). 안정적으로 애착되어 있을수록 그나 그녀는 관계 속에서 보다 많은 친밀감과 헌신을 느끼는 경향이 있다. 만약 당신이 관계 속에서 안전하다고 느끼면 그 사람에게 마음을 더 많이 터놓게 되고 친밀감을 더 많이 느낄 것이다. 안전은 또한 배신당하거나 버림받을지도 모른다는 걱정을 완화시켜 주기 때문에 관계에 더 쉽게 헌신하도록 만들어 준다. 친밀감과 헌신의 수준은 결국 더 높은 관계 만족을 예측하게 해 준다(Madey & Rodgers, 2009).

이중이론의 두 번째 하위이론은 이야기로서의 사랑이 포함되어 있다. 스턴버그는 모든 사랑의 삼각형은 이야기들로부터 나온다고 제시하고 있다. 어린아이였을 때부터 우리는 서로 다른 사랑의 관계를 일상에서 관찰하며 사랑이 잠재적으로 무엇이 될 수 있는지의 개념을 형성한다. 우리는 환경과 상호작용하고 우리가 사랑이라고 믿는 것에 대한 이야기를 만들어 낸다. 그런 다음 그 이야기들을 우리의 인생에서 실현하려고

표 3.3 사랑 이야기 중 발췌

중독	강한 불안애착 매달리는 행동, 파트너 상실에 대한 생각으로 불안하다.
비즈니스	사업 제의와 같은 관계 돈이 권력이다. 가까운 관계의 파트너들은 사업 파트너와 같다.
요리책	특정 방식(레시피)으로 뭔가를 하는 것이 관계를 더 좋아지게 만드는 경향이 있다. 성공적인 레시피에서 벗어나는 것은 실패의 가능성을 높인다.
환상	빛나는 갑옷을 입은 기사에 의해 구출되거나 왕자와 결혼하여 영원히 행복하게 사는 것에 대한 기대를 갖고 있다.
게임	사랑은 게임이나 스포츠다.
정원 가꾸기	관계는 지속적인 양육이 필요하고 그런 경향을 보인다.
독재정부	한 파트너가 다른 파트너를 지배하거나 통제한다.
민주정부	두 파트너가 권력을 동등하게 나눈다.
역사	관계의 사건은 지울 수 없는 기록으로 남는다. 정신적 혹은 물질적으 로 수많은 기록을 보유한다.
공포	당신이 파트너를 공포에 떨게 하거나 상대로부터 공포를 느낄 때 관 계가 더 흥미로워진다.
경찰	당신은 그나 그녀가 시키는 대로 한다는 것을 확인하기 위해서 파트너 를 예의 주시하거나 또는 당신은 행동을 확실히 하기 위해 감시 아래 있을 필요가 있다.
희생	사랑은 상대방에게 자신을 주는 것 혹은 누군가가 자신을 당신에게 주 는 것이다.
과학	사랑은 마치 다른 자연현상처럼 이해, 분석, 그리고 파헤쳐질 수 있다.
여행	사랑은 여행이다.

출처 : Sternberg (2006, p. 192).

노력한다. 각각의 사람들은 서로 다른 정도로 우리의 사랑 이야기에 들어맞는다. 일반적으로, 파트너의 이야기가 자신의 이야기와 잘 어울릴 때 관계가 성공할 가능성이 더 높은 경향이 있다.

사랑 이야기의 가능한 수는 무한대에 가깝다. 그러나 몇몇 이야기는 다른 이야기들보다 더 성행하고 영화, 문학, 그리고 그들의 관계를 묘사한 여러 사람들의 사랑 이야기를 분석한 스턴버그의 연구에서 반복해서 나타난다(Sternberg, 1998). 스턴버그의 가장 최근 목록(2006)에는 26가지의 이야기들이 포함되어 있는데, 표 3.3은 사랑 이야기 중 몇 가지를 발췌한 것이다.

몇 가지 사랑 이야기는 다른 것들보다 더 흔하다. 예를 들어, 당신은 **공포**를 사랑 이야기로 가지고 있는 사람보다 **정원 가꾸기**를 사랑 이야기로 가지고 있는 사람을 더 많이 볼 수 있을 것이다. 갖고 있는 이야기에 따라 각 개인은 특징적인 행동 양식을 지닌다. **역사**를 사랑 이야기로 가지고 있는 사람은 기록을 모을 것이고, 커플들의 역사 속에서 많은 사건의 날들을 상세하게 이야기할 것이다. 반대로, **과학**을 사랑 이야기로 가지고 있는 사람은 관계의 상호작용을 파헤치고 관계의 특징에 대해 더 잘 이해하기 위해서 세부 사항을 분석할 것이다.

스턴버그의 사랑 이야기와 사랑에 관한 다른 이론들에는 중요한 공통분모가 있다. 예를 들어, 사랑을 게임으로 보는 이야기는 리(Lee, 1977)의 루두스와 비슷하고, 사랑을 환상으로 보는 이야기는 낭만적인 사랑의 개념과 유사하다(Sternberg, 1986; Walster & Walster, 1981).

한 사람이 특정 사랑 이야기를 가지는 것은 사랑이나 혹은 사랑하는 관계가 한 형태 혹은 또 다른 형태를 취해야 한다는 믿음으로 인해 그 사람의 시야를 제한할 수 있다. 만약 다른 사람이 그 이야기에 맞지 않는다면 그 사람은 부적절하게 보일 수도 있다. 이미 알고 있는 것처럼, 몇몇 사랑 이야기들은 상호보완적인 역할을 한다. 예를 들어, 경찰 이야기에는 쫓는 사람과 쫓기는 사람이 있다. 당신은 당신의 이야기를 공유하거나 혹은 적어도 당신과 잘 어울리는 파트너를 찾겠지만, 그러나 항상 당신과 닮은 누군가를 찾고 있는 것은 확실히 아니다.

각각의 이야기들은 잠재적으로 장점과 단점이 있고 그것이 얼마나 잘 작동될지는 그 사람이 처한 문화적 환경에 달려 있다. 일반적으로, 몇 가지 이야기들은 다른 것들보다 성공할 가능성이 더 커서, 예를 들어 게임으로서의 사랑 이야기는 관계의 새로움과 흥분이 사라진 후 곧바로 누군가 새로운 파트너를 찾게 만들 수도 있다. 반면에 사랑을 정원 가꾸기로 본 개념은 장기적으로 관계를 위해 노력하고 가꾸려는 경향을 보일 것이다.

우리의 사랑 이야기는 원인과 결과 모두를 보여 준다. 특정 이야기를 가지는 것은 특정한 방식으로 행동하게 만들 가능성이 더 높고, 우리의 행동에 의해 우리의 환경을 만들고, 우리의 파트너와 다른 사람들로부터 반응을 끌어낸다. 나이가 들수록 우리의 경험과 다른 사람들과의 상호작용은 우리의 사랑 이야기들을 더욱 더 발전시킨다.

세 가지 사랑의 요소 — 친밀감, 열정 그리고 헌신 — 와 사람들의 사랑 이야기를 측정하기 위한 설문조사가 실시되었다. 2개의 타당도 검증에 관한 연구(Sternberg, Hojjat, & Barnes, 2001)에서, 참여자들은 삼각형 척도와 사랑 이야기 질문지 둘 다를 완성했다. 여행, 정원 가꾸기, 민주

정부 그리고 역사가 가장 인기 있는 이야기들이었다. 공포, 독재정부, 그리고 게임 이야기들이 가장 인기가 없었다. 약간의 성차가 있었는데, 여성은 여행 이야기를 선호했고 남성은 예술, 희생, 그리고 과학 이야기를 선호했다.

2개의 하위이론들의 만족에 대한 예측이 달랐다. 삼각형 이론의 세 가지 요소들 모두는 관계의 만족을 긍정적으로 예측했다. 반면, 어떠한 이야기들도 만족을 긍정적으로 예측하지 않았다. 그러나 다수의 이야기들, 즉 비즈니스, 게임, 공포, 그리고 과학 이야기는 만족과 부적상관을 나타냈다. 또한 연구 결과 유사한 사랑 이야기와 유사한 사랑의 삼각형 프로파일을 가지는 것이 사람들의 관계 만족을 증가시킨다는 것이 확인되었다.

클라크 : 사랑의 공동 반응

마거릿 클라크는 우리가 이 장에서 보았던 대부분의 다른 연구자들과는 상당히 다른 방식으로 사랑을 개념화하였다(Clark, 2006; Clark & Mills, 2012). 그녀는 사랑이란 사람들이 서로를 향한 공동 반응(communal responsiveness)을 보일 때 존재하는 것이라고 제안하고 있다. 우선 무엇이 공동의 반응인가? 사람들은 다른 사람의 행복, 욕구, 그리고 욕망에 대해 주의를 기울일 때 공동의 반응을 보인다. 그 사람은 또한 상대방을 돕고 지지하기 위해 노력한다. 이러한 개념은 아마도 몇몇 예를 통하여 이해하는 것이 가장 쉬울 것이다.

남편과 아내를 상상해 보라. 남편은 그들이 오래전에 보냈던 휴가에 대해 이야기하기 시작한다. 그는 당시에 방문했던 레스토랑의 이름을 궁금해 하기 시작한다. 그는 기억을 못하고 아내에게 묻는데, 아내는 이름이 떠오르긴 했지만 그들이 찾는 이름이 아니라고 믿는다. 그들은 농담을 하고 그 레스토랑의 이름에 대해 내기를 걸기 시작하면서 휴가 동안 가졌던 행복한 시간들을 회상한다. 그들은 상호작용을 하는 동안 매우 친밀하게 연결되어 있음을 느낀다.

또 다른 예로, 벌에 쏘여서 발이 간지럽고 부풀어 오른 한 아이를 상상해 보라. 그녀는 하루 종일 고통에 시달린다. 엄마는 그녀에게 그것이 얼마나 아픈지 이해한다고 말하며 그녀가 말벌에 쏘였던 이야기를 한다. 그녀는 아이의 발에 얼음을 얹어 주고 때로는 가려움증 치료 로션을 벌에 쏘인 곳에 뿌린다. 그녀는 또한 딸아이가 용감했던 것에 대한 보상으로 딸이 좋아하는 저녁 식사를 준비한다. 엄마는 그녀의 딸에 대해 공감하고 엄마가 얼마나 딸의 행복에 대해 관심이 있는지 행동을 통해 보여 준다. 그녀는 행동을 통해 아이를 편하게 해 주었고 아이의 회복력을 더 강화시켜 주었다.

두 가지의 예에서, 한 사람은 다른 사람에게 깊은 관심을 가지고 공감, 연결성 그리고 친밀감의 표시를 나타낸다. 이런 행동은 주는 사람이 어떤 대가가 돌아오기를 바라지 않은 채 일어난다. 도움을 주는 사람은 도움이 필요할 때 상대방이 도울 것이라는 절대적인 신뢰를 갖고 있지만, 초점은 정확하게 상대방을 향해 있다. 어떤 특정한 것이 되돌아올 것이라는 기대 없이 도와주는 감정이 공동관계의 특징이다. 공동관계는 두 마음이지만 돌아올 것을 기대하지 않고 상대방의 욕구를 가치 있게 여기는 상호 간의 추동이다. 이러한 점에서 어떤 기대를 갖고 관계를 교환하는 것과는 대조적일 수 있다.

이런 관점에서, 성공적인 공동 관계는 파트너의 욕구에 민감하고, 즉 각적인 보상을 기대하지 않으면서 돕고, 지지하고, 그 사람이 자신의 욕구와 목표에 대해 표현할 수 있도록 편안하게 해 주고, 한 사람이 도움이 필요할 때 실제적인 지원을 받을 수 있을 것이라고 확신하는 것을 포함한다. 이런 종류의 관계는 신체적 건강 및 정신적 건강뿐만 아니라 개인적인 성장으로 이어질 수 있다(Clark & Monin, 2006).

공동 반응은 서로 다른 형태를 취할 수 있다. 하나는 한 사람이 도움을 필요로 할 때 돕는 것이다. 다른 것은 그나 그녀가 목표를 이루려고 노력할 때 지원해 주는 것이다. 그 목표는 어린 아이들로부터 휴식 시간을 갖고 저녁에는 가끔 친구들을 만나고 싶어 하는 아내의 욕구를 남편이 지원해 주는 것처럼 간단한 것일 수도 있고, 혹은 쉴 새 없이 일하면서 배우자가 학위를 마칠 수 있도록 지원해 주는 것처럼 야심찬 것일 수도 있다. 공동의 관계는 또한 함께 집을 보수하거나 주말 휴가를 계획하는 것처럼 한 사람 또는 두 사람 모두에게 유익한 것을 하기 위하여 파트너와 함께 공동 작업을 하는 것으로 표현될 수도 있다. 공동 관계의 또 다른 표현은 파트너가 어떤 종류의 실수를 저질렀을 때 보살피는 행동의 표현이다. 예를 들어, 남편이 퇴근 후에 하겠다고 약속한 쇼핑을 잊어버렸을 때, 아내가 그가 얼마나 힘들고 바쁜 하루를 보냈는지를 인정하면서 이해와 동정을 보여 준다면 그의 아내는 공동 반응을 나타내고 있는 것이다. 공동 반응은 입원해 있는 사람에게 안부 카드를 보내거나 새로운 아이가 생긴 가족에게 음식을 배달하는 것처럼 상징적인 것일 수도 있다.

모든 경우 반응의 초점은 주는 사람이 아닌 받는 사람에게 향해 있다. 그 행동은 받는 사람에게 편안함과 지지를 제공한다. 공동 반응은 받는 사람에게 파트너가 그나 그녀에 대해 깊은 관심을 가지고 있다는 것을 의미하고 결국 파트너 모두 마음을 열고, 자신의 취약점, 욕구, 그리고 욕망을 더 쉽게 표현할 수 있도록 만든다.

공동 반응의 중요한 특징은 비보상적이라는 것이다. 즉, 한쪽 파트너가 상호관계를 기대하지 않고 도움을 주는 것이다. 그러나 비보상성은 받는 사람 쪽에게 중요하다. 주는 사람에게 감사함으로써 도움을 수용하는 것은 공동 반응의 중요한 부분이다.

공동 반응은 다른 많은 상황에서 볼 수 있다. 사람들은 기본적으로 암묵적인 위계를 유지한다. 위계가 높을수록, 더 많은 반응을 보일 것이다. 위계에서 가장 높은 것은 보통 배우자나 아이들이고, 친구는 더 아래에 있을 것이다. 특별하게 친하지 않은 이웃은 좀 더 아래에 있을 것이다. 위계의 정점에는 거의 관계들이 없고 계급 구조의 아래로 내려갈수록 관계들이 점점 더 많아지는 삼각형 모양을 하고 있다(Reis, Clark, & Holmes, 2004). 계급 구조의 꼭대기에 있는 소수의 사람들 중 하나가 되는 것은, 당신이 다른 많은 사람들과 공유할 가능성이 있는 아래쪽에 있는 것과는 매우 다른 관계를 보여 준다.

또한 사람들이 얼마나 많은 반응을 다른 사람들에게 기대하는가에 대해서도 잠재적인 위계가 있다. 그들은 위계의 아래쪽에 있는 사람들에게 기대하는 것보다 배우자처럼 계급 구조의 높은 곳에 있는 사람에게 더 많은 공동의 책임을 기대한다. 또한 상대에게 더 많은 반응을 기대할수록 당신의 욕구에 대해 더 많이 마음을 터놓을 것이다.

종종 관계에서 두 사람의 위계가 대칭적이지만, 항상 그렇지는 않다. 예를 들어, 부모 자녀들과의 관계에서 자녀들이 부모의 행복에 대해 느끼는 것보다 부모들이 어린 자녀들의 행복에 대해 훨씬 더 큰 책임감을 느낀다. 위계가 대칭적이지 않아도 사람들이 관계 속에서 느끼는 사랑의 양은 꼭 불공평한 것이 아니다.

클라크와 모닌(Clark & Monin, 2006)은 공동 반응이 강도에 대한 공동의 암묵적인 한계를 넘어설 때 우리는 사랑에 대해 이야기할 수 있다고 제시하였다. 또한 얼마나 오랫동안 두 사람이 높은 강도로 공동의 관계를 맺어 왔는지 그리고 얼마나 오랫동안 그 관계 속에 남기를 기대하는지와 같은 다른 요인들이 역할을 할 수도 있다. 만약 자신이 기대하는 정도의 공동 반응을 사랑하는 사람이 보여 줄 것이라고 확신할 수 없을 때, 조만간 그 파트너는 그 관계가 진정한 사랑의 관계인지 아닌지에 대해 의문을 갖기 시작할 것이다.

살다보면 종종 기대와 현실이 일치하지 않을 때가 있다. 한 사람이 이상적으로 보여 주어야 하는 반응의 양과 실제 보여 주는 양은 종종 다르다. 사람들이 사랑받는다고 느끼는 정도를 평가함에 있어서 실제 반응이 이상적인 반응 수준보다 더 중요한 것으로 보인다.

우정

우정은 많은 사람들의 인생에서 중요한 부분이다. 우리는 어렸을 때 우정을 형성하기 시작해서 대부분 인생의 가장 마지막까지 친구들이 있기를 원한다. 이 장에서 우리가 논의한 모든 사랑의 이론들은 우정을 사랑의 한 유형으로 다루고 있다. 예를 들어, 스턴버그의 사랑의 삼각형 이론(1986)에서 사람들이 서로 친밀함을 느낄 때 자신들을 친구라고 말한다. 다른 연구들 또한 친밀감이 다른 사람들과 맺는 형식적인 관계들과 우정을 구별해 주는 요소임을 보여 주고 있다(Schneider, 2000)

친구들은 또한 클라크와 모닌(Clack & Monin, 2006)이 개념화한 것처럼 서로에게 공동 반응을 보여 준다. 그들은 서로에게 관심을 가지며 그들이 힘든 시간을 보내거나 야심찬 목표를 이룰 수 있도록 노력할 때 서로 지지해 준다. 리(Lee, 1973), 클라이드와 수잔 헨드리크(Clyde & Susan Hendrick, 2006)도 우정을 기초로 한 사랑의 유형을 스토르게로 언급하고 있다. 이러한 종류의 사랑은 비교적 천천히 발전되며 헌신이 큰 역할을 한다. 이것이 바로 종종 우정이 오랜 시간 동안, 심지어 일생 동안 지속되는 이유이며, 이에 반해 낭만적인 사랑은 보다 쉽게 깨지는 경향이다. 마지막으로, 엘렌 버샤이드(Ellen Berscheid, 2010)는 우애적인 사랑의 범주 안에 우정을 포함시키고 있다.

그러나 아무나 친구가 될 수 있을까? 우리는 어떻게 친구를 선택하는가? 일반적으로, 사람들은 자주 접촉하는 사람 그리고 그들을 닮은 사람과 우정을 발전시킨다(Amichai-Hamburger, Kingsbury, & Schneider,

2013; Clark & Drewry, 1985). 예를 들어 당신은 그 나라의 다른 곳에 사는 사람들보다 당신이 살고 있는 지역에 사는 사람들과 우정을 나눌 가능성이 높다. 마주르와 리처드(Mazur & Richards, 2012)의 연구는 온라인 사회적 관계망에서조차 사람들은 대부분 지리적으로 가까운 사람들과 상호작용한다는 것을 보여 주고 있다. 그리고 낭만적인 관계처럼, 우리 대부분은 인종이나 흥미와 같은 특성들을 공유할 수 있는 사람들과 친구가 된다(Schneider, 2000). 낭만적인 관계에서 유사성의 중요성은 6장, 8장, 9장에서 더 자세하게 살펴볼 것이며 그 장들에는 매력, 온라인 데이트, 그리고 사랑과 관련된 성격 특성의 역할이 포함되어 있다.

인터넷은 우리의 관심이나 우리가 중요하다고 여기는 다른 특징들을 공유하는 사람들을 찾기에 좋은 도구다. 그래서 사람들이 공통의 관심사를 토론하는 다수의 온라인 그룹에 속해 있다는 것은 놀라운 일이 아닐 것이다. 고대 동전을 수집하는 것부터 희귀 질병을 다루는 것 그리고 심지어 남자-여자-여자로 된 세 쌍둥이의 옷을 되파는 집단까지 당신이 상상할 수 있는 거의 모든 것을 다루는 집단들이 있다.

우정의 중요한 요소로 친구들이란 실제로 좋은 시간을 함께 공유해야 한다는 것이다(Fehr, 1955). 그럼에도 클라크의 공동의 개념에서 나타나듯이, 친구란 힘든 시간을 보낼 때 서로 진정으로 결정적인 지원을 제공해 주는 사람이다. 따라서 우정은 사람들의 행복에서 여러모로 중요하다.

버샤이드의 네 종류의 사랑

엘렌 버샤이드는 네 가지 종류의 서로 다른 사랑이 있다고 제안하였다 (Berscheid, 2006a, 2006b, 2010). 그녀의 관점에 의하면 (a) 각각 다른 행동과 연결될 때 그리고 (b) 각각 다른 근원이 있을 때 사랑의 종류는 서로 구별되어야 한다. 특정한 행동이나 사랑의 종류와 관련된 근원에 대해, 버샤이드는 역사적인 근원과 직접적인 근원으로 구분하였다. 역사적인 근원은 인간 진화의 역사를 되돌아보고 특정한 종류의 사랑이 발달된 이유에 대해 다루는 것이고, 직접적인 근원은 특정한 행동을 촉발시키는 상황이나 사건들이다.

그녀의 관점에서, 이러한 기준들을 만족시키고 또한 기본적인 사랑의 유형을 나타내는 네 가지의 서로 다른 종류의 사랑은, 애착 사랑, 연민적인 사랑, 우애적인 사랑, 그리고 낭만적인 사랑이다. 주어진 관계는 어느 때에는 그중 한 종류의 사랑으로 나타나고, 다른 때에는 또 다른 종류의 사랑으로 나타날 수 있다.

애착 사랑은 우리가 이미 2장에서 언급했던 애착이 포함되어 있다. 애착 사랑의 행동 특징은 보통 더 나이 많고 더 강하고 더 경험 많은 사람과의 근접성을 촉진하는 사랑이다. 근접성을 추구하면서 개인은 안락함과 안전을 찾고자 한다. 애착 사랑의 경우, 역사적인 근원은 유아가 생존의 기회를 증가시키기 위하여 그들의 주 양육자 곁에 더 가까이 머무는 것의 중요성에 있다. 애착 사랑과 관련된 행동의 직접적인 근원은 사람이 위협을 느끼는 상황이다.

연민적인 사랑은 상대의 행복한 삶에 관심을 가지는 사랑의 종류이다. 그 행동을 하는 것이 개인에게 이익이 없을지라도(혹은 심지어 불이익이 온다 하더라도) 다른 사람의 행복을 증진시키기 위해 행동한다. 연민적인 사랑은 또한 '이타적인 사랑' 혹은 '자선적인 사랑'이라도 부르고, 리의 아가페와 클라크의 공동의 사랑과 유사하다. 연민적인 사랑과 관련 있는 행동의 특징은 다른 사람의 고통을 완화하는 것을 목적으로 하는 행동들이다. 연민적인 사랑의 역사적인 근원은, 고대부터 사람들은 대부분 집단에 속해서 종종 생존을 위해 서로 의지하며 살았다는 사실이다. 직접적인 근원은 누군가가 고통을 겪고 있고 도움을 필요로 한다는 사실을 인지하는 것이다.

애착 그리고 연민적인 사랑과는 대조적으로 우애적인 사랑은 대체로 보상과 처벌의 원칙에 기초하고 있다. 우리는 우리를 좋아하고 기분 좋게 해 주는 사람들과 관계를 맺고, 기분을 나쁘게 할 것 같은 사람은 멀리한다. 우애적인 사랑은 리의 스토르게와 프라그마적인 사랑 그리고 스턴버그의 우애적인 사랑 및 우정과 유사하다. 특징적인 행동은 좋아하는 사람들과의 우정과 친밀함을 유지하려고 애쓰며 종종 상대방이 고맙게 여길 것이라고 믿는 행동을 하는 것이다. 역사적인 근원은 또 다시 우리의 생존을 위해 타인이 필요했기 때문이다. 우리는 생존의 기회를 증가시키기 위해 다른 사람들과 연합하거나 무리를 이루는 경향이 있다. 우애적인 사랑의 직접적인 근원은 사람들 간의 유사성과 신체적인 매력(Berscheid & Regan, 2005), 요약하면 당신이 다른 사람을 좋아하게 만드는 어떤 특징들이다. 우애적인 사랑은 종종 오랜 시간 동안 지속된다. 그러나 최근의 종단연구에 의하면, 결혼의 첫해 안에 낭만적인 사랑과 우애적인 사랑 모두 전형적으로 감소하는 것으로 나타났다(Hatfield, Pillemer, O'Brien, & Le, 2008).

낭만적인 사랑은 스턴버그의 낭만적인 사랑 그리고 리의 에로스와 유사하다. 성적 욕망이 종종 낭만적인 사랑과 관련된다. 버샤이드와 다른 사람들(Meyers & Berscheid, 1997; Regan, 1998)은 낭만적인 사랑과 우애적인 사랑의 차이점이 성적 욕망의 존재라고 제안하였다. 특징적인 행동들은 키스와 다른 친화적인 행동, 그리고 짝 유지를 위한 행동뿐만 아니라 원하는 짝의 관심을 얻기 위해 유혹하고 노력하는 것이다. 낭만적인 사랑의 역사적인 근원은 번식과 우리의 유전자를 다음 세대에 전달하고자 하는 진화적인 노력이다. 직접적인 근원은 아직 잘 알려지지 않고 있지만, 지각된 유사성, 지리적 근접성, 그리고 신체적 매력이 포함된다.

이 장에서 보았듯이 사랑을 범주화하고 서로 다른 종류의 사랑을 구분하려는 여러 가지 노력이 있었다. 낭만적인 사랑과 같은 종류의 사랑들은 거의 모든 접근법에서 발견된다. 다른 종류들은 이론들 간에 어느 정도 겹치거나 또는 단지 한 이론에서만 찾을 수 있다.

요약하면, 다양한 형태의 사랑을 이해하기 위한 다양한 접근법들이 있다. 그 접근법들은 다소 중복되며, 이 시점에서 이러한 접근법들 중 어떤 접근법이 옳고 어떤 접근법이 그른지에 대한 확실한 증거는 없다. 오히려 서로 다른 접근법들은 상당히 상호보완적이고 복합적으로 우리가 사랑의 경험에 대한 경이로움과 즐거움을 이해하도록 도움을 줄 수 있을 것이다.

사랑의 심리학 101

4

사랑과 문화

LOVE LOADING...

사랑에서 문화는 어떤 역할을 할까? 사랑은 보편적인 것일까? 다른 문화에서 사랑은 다른 형태로 나타나는가? 이 장에서는 이러한 질문을 다룰 것이다.

낭만적인 사랑은 보편적인가

당신에게는 낭만적인 사랑이 매우 자연스러운 것처럼 보이겠지만 과거 많은 학자들이 그것은 다른 문화에서는 발견되지 않는 서양의 발명이라고 보았었다. 이러한 관점은 심리학자들 사이에서도 특이한 것이 아니었을 뿐 아니라 인류학자와 같은 다른 전문가들 사이에서도 널리 퍼져있었다. 역사가들도 같은 개념에 동의하고 있었다(Aries, 1962 참고). 스톤(Stone, 1989)은 낭만적인 사랑은 서양 국가가 아닌 곳에서는 존재하지 않으며, 낭만적인 사랑을 할 여유가 있는 일부 나라들의 엘리트들은 예외가 될 수 있다고 제안하였다(Lindholm, 1998a, 1998b 참고).

반대로 진화론적 심리학자들은 열정적인 사랑이 인간의 본성에 따른 선천적인 것이며, 모든 문화의 사람들에게 적용되는 보편적인 생물학적 과정에 근거한다고 주장한다. 많은 하위연구의 기반이 된 얀코비악과 피셔(Jankowiak & Fischer, 1992)의 기념비적인 연구에서 전 세계의 모든 문화는 아니더라도 많은 문화에서 낭만적인 사랑을 경험하는지 조사하고자 하였다. 그들은 표준비교문화표집(Murdock & White, 1969)의 데이터를 사용하였다. 먼저, 그들은 데이터를 조사하고 민속학과 다른 민족지학에 관한 이용 가능한 정보를 분석했다. 연구자들은 총 166개 사회에 대한 충분한 양의 유용한 정보를 발견했다. 각 사회별로 그 나라에 존재하는 사랑의 신호에 관한 정보가 선별되었다. 그리고 연구자들은 실제로 사랑과 성욕을 구분지었는데, 그것은 이런 종류의 연구들에서는 보기 드문 일이었다. 연구자들은 커플들이 연애하는 처음 2년 동안 사랑이 존재한다는 지표로서 활용되는 어떤 신호들을 찾아 내었다. 그들이 사용한 지표는 (a) 파트너가 없을 때의 고통과 사랑하는 사람에 대한 욕망의 묘사, (b) 친밀한 사랑 관계 뒤에 있는 동기를 강조하는 사랑 노래나 전통의 존재, (c) 어떤 특정한 문화 내 열정적 사랑에 대한 보고서, (d) 누군가를 사랑했기 때문에 그들의 집이나 공동체를 떠난 사람들의 수 그리고 (e) 어떤 문화 내 낭만적 사랑에 관한 민족지학자들의 보고서이다.

이런 지표들의 사용으로 연구자들은 166개의 문화 중 147개(88.5%)에서 낭만적인 사랑이 있음을 발견했다. 남은 19개의 문화에서는 사람들이 낭만적인 사랑을 경험했음을 보여 주는 증거를 찾을 수 없있다. 그러나 이것은 반드시 낭만적인 사랑이 그 문화에 존재하지 않는다는 사실을 의미하는 것이 아니다. 그것은 단지 이용 가능한 정보에서 발견할 수 없었을 뿐이다.

낭만적인 사랑이 거의 전 세계에서 보편적인 것임을 보여 주는 결과
에도 불구하고, 우리는 모든 사람이 사랑에 빠질 것이라는 결론을 내릴
수는 없다. 얀코비악과 피셔(Jankowiak & Fischer, 1992)는 낭만적인 사
랑이 몇몇 문화적인 변인들에 의해 통제될 수는 있지만 결코 그것을 완
전히 억누를 수는 없다고 제안한다. 사회가 낭만적인 사랑을 승인하지
않을 때 사람들이 사랑에 덜 빠지는지는 확실하지 않다. 그러나 그들 문
화 내 사회 조직과 이념에 따라서 사람들이 더 많이 혹은 더 적게 사랑에
빠지는 것은 가능한 이야기다. 이것에 대해서는 이 장의 후반부에서 좀
더 다룰 것이다.

우리는 왜 누군가와 사랑에 빠지는가

낭만적인 사랑의 시작과 끝은 사랑에 빠지는 것이다. 사랑에 빠지는 것
은 빠를 수도 있고 느릴 수도 있으며, 강렬할 수도 감지하기 힘들 수도
있다. 그것은 많은 요인들에 의해 촉발된다. 연구 결과 사랑에 빠지는 몇
몇 선행사건이 발견되었다(Aron, Dutton, Aron, & Iverson, 1989; Pines,
2005).

- 상호 좋아함 : 두 사람이 서로를 얼마나 좋아하는가?
- 외모 : 다른 사람의 신체적 특징에 얼마나 끌리는가?
- 성격 특성 : 지능, 공감 그리고 유머와 같은 그 사람의 성격 특성에 얼
  마나 끌리는가?

- **유사성** : 얼마나 두 사람이 공통점을 가지고 있는가? 예를 들어, 사회 문화적 배경, 경험, 흥미 혹은 태도

- **친밀함** : 두 사람이 얼마나 많은 시간을 함께 보내는가?

- **사회적 영향** : 가족이나 친구(뿐만 아니라 다른 사람들 혹은 중요한 사회적 관계망)가 잠재적인 파트너를 인정하는가 혹은 인정하지 않는가?

- **욕구 충족하기** : 다른 사람의 욕구를 채워 주고 관심을 가지고 있다는 것을 보여 주는가? 예를 들어, 파트너가 한 개인을 행복하게 만들어 주고 외로움을 덜어 주거나 혹은 감사의 표시로 선물을 하는가?

- **자극** : 잠재적인 파트너를 만날 때 강한 생리적 반응을 경험하는가? 심장박동이 빨라지고 숨이 가빠지는 것을 경험하는가?

- **준비도** : 새로운 관계를 맺을 준비가 되었는가, 아니면 여전히 이전 관계의 상실로 고통스러워하고 있는가?

- **고립** : 두 사람이 함께 시간을 보내는가, 아니면 대체로 각자 떨어져 있는가?

- **다른 신호들** : 그나 혹은 그녀를 끌리게 하는 다른 것들이 있는가 ― 예를 들어, 그나 그녀의 말투나 머리 색깔?

상당히 많은 다른 변인들이 두 사람이 사랑에 빠지는 데 영향을 미칠 수 있다. 그러나 사람들에게 어느 것이 가장 중요한가? 그리고 다른 문화에 속해 있는 사람들 간에 차이가 있는가? 아론과 동료들(Aron et al., 1989)은 사람들이 서로 사랑에 빠질 때 영향을 주는 요인들로 서로 좋아

함, 성격, 그리고 외모를 가장 자주 언급하고 있다는 것을 발견했다. 파인스(Pines, 2001)의 연구 또한 사람들이 사랑에 빠질 때 성격과 외모를 상당히 중요하게 여기는 것으로 나타났다. 또한 연구자들은 남성은 여성보다 외모를 더 강조하고 여성은 성격과 자극에 더 높은 우선순위를 주는 등 몇 가지 성차를 발견했다. 그들은 유사성, 친숙성, 욕구 충족, 서로 좋아함과 같은 다른 변인들에서는 성차를 발견하지 못했다. 이와 유사한 결과는 슈프레처와 동료들(Sprecher et al., 1994)에 의한 비교문화 연구에서도 나타났는데, 그것은 서로 좋아함과 성격이 가장 중요한 요인인 것으로 밝혀졌다. 흥미롭게도, 슈프레처는 미국 참여자들보다 일본 참여자들에게 훨씬 더 중요한 것으로 나타난 사회적 지위 변인을 제외하고는 미국과 일본 간에 어떠한 유의미한 문화적 차이도 발견하지 못했다.

리엘라, 로드리게스, 아론, 쉬 그리고 아세베도(Riela, Rodriguez, Aron, Xu, & Acevedo, 2010)의 최근의 연구는 다문화의 차이를 밝히기 위해 내러티브 방법과 자기평정 방법을 사용하였다. 참여자들은 자신들이 가장 최근에 빠졌던 사랑 경험에 대한 이야기를 썼다. 그들은 또한 얼마나 빨리 사랑에 빠졌는지를 스스로 평정했으며, 선행 사건들의 목록을 받고 그것들 중에서 어떤 것이 사랑에 빠지게 하는 역할을 했는지 응답했다. 전체 참여자 수는 미국인 남성 50명과 여성 111명, 그리고 중국인 남성 29명과 여성 29명이었다. 두 나라의 참여자의 평균 연령은 21세였으며 적어도 한 번쯤은 그들의 인생에서 사랑에 빠진 적이 있다고 보고했다(그들이 사랑에 빠진 평균 횟수는 1.72, 표준편차=0.92). 중국 참여자들은 백인계 미국인들보다 더 최근의 사랑 경험을 보고했다(중국 참여자들 $M=2.79$, 백인계 미국 참여자들 $M=1.49$, $p=.032$). 아시아계 미국인들의 사랑 경험 평균($M=2.06$)은 두 집단보다 낮게 나타났지만 각각의 다른 집단의 평균과는 유의미한 차이가 나타나지 않았다. 참여자들이 사랑에 빠지는 횟수에서는 어떠한 문화적인 차이나 종족 간의 차이도 나타나지 않았다. 미국인들은 중국 참여자들보다 친밀함에 대해 상당히 더 자주 언급한 반면(미국인 68%, 중국인 18%), 중국인들은 성격(미국인 22%, 중국인 55%), 욕구 충족(미국인 42%, 중국인 72%), 그리고 흥분(미국인 23%, 중국인 78%)에 대해 더 자주 언급하였다. 이 연구가 발견한 문화적 차이는 대부분의 경우 미국 전체 표집과 중국 표집 간에 차이가 있는 것이 아니라 아시아계 미국 표집과 중국 표집에 차이에 있다는 것이다.

누군가를 사랑한다는 것은 어떤 의미인가

낭만적인 사랑이 많이 심지어 전 세계 모든 문화에서 나타난다고 해도 사랑에 빠지는 경험이 그 사람의 문화적 가치와 그 사람이 소속되어 있는 사회에 따라 다를 것이라는 가정은 여전히 타당하다. 만일 그렇다면 사랑의 보편적인 특성과 문화적으로 독특한 특성 간에 어떤 차이가 존재하는지를 확인해 보고자 할 때 전적으로 확신하는 것은 아니지만, 보편적인 특성은 기본적으로 배우자 선택, 유지, 그리고 번식하는 것과 관련이 있는 반면, 문화적으로 영향을 받은 특성들은 사랑과 짝짓기의 문화적 의식과 관련되는 것으로 가정해 볼 수 있다.

이러한 문화적인 의식들 중 몇 가지를 이해하기 위하여 드문크, 코로타예브, 드문크 그리고 칼투리나(deMunck, Korotayev, deMunck, & Khaltourina, 2011)는 미국, 리투아니아, 그리고 러시아가 포함된 연구를 수행하였다. 연구의 일부분은 에틱적 전략을 사용했고, 다른 부분은 이미크적 전략을 사용했다. 에틱적(etic) 접근법은 문화연구를 통해 부여된 범주를 사용하는, 밖으로부터의 문화연구를 말한다. 이미크적(emic) 접근방법은 연구된 문화에서 태어난 원주민들로부터 나온 범주를 사용하는, 안으로부터의 문화연구를 말한다. 에틱적 접근법은 보다 보편적인 입장을 이미크적 연구는 보다 배타주의적인 입장을 취한다. 연구의 첫 부분인 에틱은 참여자들이 사랑에 관한 다양한 진술문을 읽고 각 참여자들이 각 진술문에 대해 어느 정도로 동의하는지 또는 동의하지 않는지에 대해 평정하도록 하는 것이었다. 진술문은 "사랑은 장님이다.", "성적 매력이 사랑에 반드시 필요한 것은 아니다."를 포함하여 14개로 이루어져 있다. 총 624명의 미국인, 296명의 러시아인 그리고 237명의 리투아니아인들이 연구에 참여했다. 3개의 문화에서 온 사람들은 낭만적인 사랑의 '핵심'을 구성하는 것으로서 5개의 진술문에 대하여 동의했다.

1. 신체적 매력은 사랑의 결정적인 요소이다.
2. 사랑하는 사람을 위해서라면 무엇이든 할 수 있다.
3. 사랑하는 사람들은 끊임없이 연인에 대해 생각한다.
4. 사랑은 그 사람을 인생에서 가장 행복하게 만들어 준다.
5. 사랑받는다는 것은 누군가에게 회복할 수 있는 힘을 주고 그 사람

을 더 나은 사람으로 만들어 준다.

첫 번째 진술문은 사랑의 에로스 요소와 관련되는 반면 두 번째 진술문은 이타적인 사랑(아가페)의 본질을 담고 있다. 세 번째 진술문은 사랑하는 사람들이 자기도 모르게 자신이 사랑하는 사람에 대한 생각에 몰두하게 되는 경향(때때로 집착이라고 말한다)을 반영하고 있다. 네 번째 진술문은 린드홀름(Lindholm, 1995, 1998a)이 '초월'이라고 부르는 개념과 관련된다. 즉, 두 연인의 결합은 단지 두 연인보다 더 의미 있는 것을 만들어 낸다. 본질적으로, 전체는 부분의 합보다 크다. 다섯 번째 진술문은 초월과 이타주의의 측면 둘 다를 반영하고 있다.

다섯 가지 핵심 진술문은 사실상 사랑의 구체적인 속성을 묘사하는 것이 아니라는 것을 알 수 있을 것이다. 드문크와 동료들(DeMunck et al., 2011)은 그들의 연구 결과를 통해 두 가지 주요 과정으로 구성된 역동적인 사랑의 모델을 제안했다. 첫 번째 과정은 연인의 주의를 끌고 커플들이 함께 있도록 유도하는 자극의 과정이다. 두 번째 과정은 파트너십의 결과로 인해 행복한 감정이 증가하는 과정으로, 결국 사랑 관계를 지속할 가능성을 증가시킨다.

연구의 두 번째 부분은 이미크적 방법을 사용하였는데, 참여자들에게 낭만적인 사랑과 관련 있는 특징들의 목록을 자유롭게 작성하게 하였다. 연구 대상은 각 나라에서 온 80명의 참여자들이다. 예상대로, 연구의 첫 번째 부분에서 확인된 사랑의 핵심적인 특징 대부분이 참여자들이 자유롭게 작성한 목록에서도 언급되었다. 세 나라의 목록에서 나오지 않은 유일한 특징은 침투적 사고이다. 모든 나라의 사람들이 사랑하는 것은 함께 있는 것이라는 것에 동의했다. 그러나 예를 들어 즐거움은 러시아나 리투아니아보다 미국에서 더 관련된 것으로 나타났다. 러시아인들과 리투아니아인들은 산책은 사랑과 관련이 있다고 생각하는 데 반해, 미국인들은 관련 있다고 생각하지 않았다.

각 나라의 참여자들이 작성한 목록을 보고 난 후, 연구자들은 데이터로부터 더 많은 의미를 찾아내기 위해 특징들을 범주화했다. 이러한 범주들과 순위들은 나라간의 차이를 반영할 뿐만 아니라, 리투아니아인들과 러시아인들이 사랑의 관점에 대해, 각각의 집단이 미국인들과 유사한 것보다 서로 훨씬 더 유사하다는 사실을 나타내고 있다. 이미크 접근법은 에틱 접근법에서 얻은 사람들의 사랑에 대한 생각과는 꽤 다른 결과를 보여 주고 있다. 연구자들이 참여자들에게 능동적으로 자신들이 중요하다고 느끼는 사랑의 특징에 대해 결정하게 할 때 문화적 차이가 드러났다. 사랑은 강렬한 감정이고 연인들은 궁극적으로 함께 있고 싶어 한다는 사실은 모든 나라에서 일치했다. 그러나 사랑의 본질에 대한 중요성은 러시아에서 가장 많이 언급되었고 리투아니아에서는 덜했으며, 그리고 미국에서는 거의 완전히 무시되었다. 반면에, 이타심은 리투아니아와 러시아보다 미국에서 더 중요했다.

연구자들은 또한 각 나라마다 포커스 그룹을 구성했다. 그들은 러시아인들과 리투아니아인들은 사랑을 현실과는 다른 동화 같은 이야기로 보고 있다는 사실을 밝혀냈다. 즉, 그들은 사랑이란 어느 지점에서 끝이 나거나 혹은 낭만적인 사랑의 초기 감정이 사그라진 더 현실적이고 인내

하는 종류의 관계로 대체된다고 기대하고 있었다. 그래야만 그들은 '진짜' 사랑하는 것이고 우정이 시작된다고 느낀다.

미국 참여자들은 낭만적인 사랑을 비현실적으로 보거나 환상으로 인식하지 않았다. 또한 미국인들은 (리투아인들과 러시아인들과는 대조적으로) 낭만적인 사랑에 우정을 포함하고 있기 때문에, 리투아니아인들과 러시아인들이 미국인들보다 훨씬 더 빨리 사랑에 빠진다는 것이 타당해 보인다. 연구 결과, 리투아니아인들 중 90%가 한 달 안에 혹은 그보다 더 빨리 사랑에 빠지고, 반면에 58%의 미국인들은 두 달에서 일 년의 기간 내에 사랑에 빠지는 것으로 나타났다.

개인주의, 집단주의 그리고 사랑

심리학에서 세계의 문화 집단을 구별하는 방법 중 하나는 당사자와 그 사람의 사회 내 집단, 특히 가족 간의 관계를 보는 것이다. 만약 당신이 가족들과 강하게 연결되어 있고, 누군가를 사랑할 때 가족들의 요구와 감정을 고려해야만 한다고 느낀다면, 사랑과 그 역동은 당신이 관계에 대한 사회 내 집단의 감정을 고려하지 않는 것과는 상당히 다르게 전개될 것이다. 개인주의에 대한 서로 다른 정의들이 있지만 우리의 목적을 위해서 여기서는 자율적 개인주의(Sampson, 1977)를 살펴볼 것이다. 이것은 가능한 한 자급자족하고자 하는 개인의 욕망이며 그 사람이 다른 사람에게, 그리고 다른 사람이 그 사람에게 하는 어떤 의존도 모순으로 인식하는 경향을 말한다. 당신이 상상할 수 있듯이, 가능한 한 독립적이고자 하는 인간의 추동은 파트너의 욕구와 갈등을 일으킬 수 있으므로 자율적 개인주의는 파트너와의 사랑에 부정적인 영향을 미칠 것이라고 추측할 수 있을 것이다. 이것은 개인주의를 특징으로 하는 문화에서는 사랑을 기초로 한 결혼이 이상적이라고 보는 데 반해, 개인주의가 사랑하는 관계의 발전과 유지를 방해할 수 있기 때문에 매우 흥미로운 것이다.

카렌 디온과 케네스 디온은 개인주의, 집단주의와 사랑의 관계에 대해 더 많은 것을 조사하기 위하여 여러 편의 연구를 실시하였다. 연구 결과, 개인주의적인 사람일수록 사랑에 빠질 가능성이 더 낮은 것으로 나타났다(K. K. Dion & Dion, 1991). 그런 사람들은 루두스의 사랑을 택하는데, 3장에서 살펴본 바와 같이 그것은 사랑을 게임의 관점으로 보는 것이다. 과거 사랑에 빠진 경험이 있는 참여자들은 개인주의가 높을수록 그들의 관계에 대해 보상이 적고 깊지 않았던 것으로 인식하는 것과 관련이 있었다. 일반적으로 더 개인주의적인 사람일수록 그나 그녀의 파트너에 대한 사랑의 질이 더 낮다는 것이 발견되었다. 1993년에 미국의 일반사회여론조사(General Social Survey, GSS)의 데이터를 분석한 결과, 디온과 디온(K. L. Dion & Dion, 2005)은 개인주의가 높은 사람은 그들의 결혼에서 행복을 더 적게 느낄 뿐만 아니라 그들의 가정 생활, 그리고 친구들과도 만족을 더 적게 느낄 경향이 있음을 밝혔다. 개인주의는 낭만적인 사랑 관계에 영향을 줄 뿐만 아니라 가족 구성원들 간의 관계에도 영향을 미친다. 개인주의를 더 가치 있게 여기는 가정에서는 보통 가족 구성원들 간의 유대가 더 느슨하고, 상호 간의 도움을 당연하게 생각하지도 혹은 기대하지도 않는다. 게다가 성인인 자식들이 그들의 부모를 부양해야 할 때, 종종 도움을 '외부에 위탁'하고 신체적인 돌봄이 필요한 경우에는 다른 사람을 고용한다. 사실 성인인 자식들은 종종 그들의 늙은 부모를 돌보는 것을 애정에 의한 것이라기보다는 의무의 문제라고 더 많이 느끼는 것처럼 보인다. 부모는 결국 스스로의 독립을 가치 있게 여기며 나이가 들어도 자녀들이 그들을 돌보기를 원하지도 기대하지도 않는다. 부모들은 만일 갑자기 자녀들의 도움에 의존해야 한다면 자녀들과의 관계에 부담을 줄지도 모른다고 걱정하고 있다. 그들은 자녀들이 자신들을 좋아하기를 바라고, 만약 자녀들이 의무적으로 부모를 돌봐야 할 때에도 자녀들이 변함없이 자신을 좋아할지 확신하지 못한다(Pyke & Bengtson, 1996). 노인들이 정신과 신체적으로 건강한 상태에 있다면 개인주의나, 그와 관련된 태도가 그들에게 도움이 될 것이다. 그러나 자녀들의 도움에 의지해야 하는 상황이 온다면 개인주의는 그들에게 그렇게 도움이 되지는 않을 것이다. 부모들은 그들의 도움을 수용해야만 한다는 것과 자녀들이 현재 요구되는 돌봄을 달가워하지 않을 수도 있다는 것에 대해 분노한다. 몇몇 사례에서, 늙은 부모들은 그들이 도움에 대한 의존도가 높아진다는 것을 알리지 않기 위해 자녀들과의 연락을 줄이고, 결국 그들이 나이를 먹을수록 교제를 덜 하게 되고 도움을 덜 받는 결과가 된다(Pyke, 1999).

이제 집단주의로 넘어가 보자. 개인주의가 주로 서양에서 발견되는 것과는 달리 집단주의는 동양 문화권에서 더 많이 발견된다. 집단주의 문화에서 사람들은 가족과 친구들과의 전체적인 관계망 속에 얽히게 되고, 그 결과 생활 속에서 의존하는 경험을 한다. 따라서 사람들의 결정은 자신에게만 최상이라고 생각하는 것에 달려 있지 않다. 사람들은 의식적으로 어떤 결정이(그리고 사랑의 경우에는 낭만적인 관계가), 사회적인 관계망에 영향을 줄 가능성까지 고려한다. 집단주의는 사랑을 실용적이고, 우정에 기반하고, 이타적 목표를 갖는 것으로 보는 견해와 관련되어 있다(Dion & Dion, 2005). 집단주의 문화의 여성들은 보통 개인주의 문화의 여성들보다 아가페적인 사랑의 관점을 더 지지하는 경향이 있고, 친밀한 관계망을 더 많이 강조한다(K. K. Dion & Dion, 1993; K. L. Dion & Dion, 1993).

잉거솔-데이턴, 캠벨, 구로가와 그리고 사이토(Ingersoll-Dayton, Campbell, Kurokawa, & Saito, 1996)는 미국과 일본에서 어떻게 결혼이 장기간에 걸쳐 발달해 왔는지 비교하였다. 연구 결과 미국에서는 결혼이 상당히 높은 친밀감 수준에서 시작하는 것으로 나타났다. 각 파트너의 목표는 각자 정체성을 유지하면서 관계의 친밀감을 유지하는 것이다. 한편, 일본의 결혼은 커플이 그들의 사회적 관계망 속에 있는 다른 사람들에게 가져야 하는 많은 의무가 첫 번째 특징이다. 친밀감은 인생 후반에 커플들이 의무를 다했던 가족 구성원들이 사망하고 남편 쪽에서 보다 적극적으로 아내와 애정을 나누고자 하면서 발전한다.

집단주의를 더 강조하는 문화에서는 일반적으로 가족 유대감, 연합된 상호의존, 그리고 상호원조가 매우 중요하다고 여긴다. 그들은 개인주의를 지향하는 사람들보다 그들의 가족 구성원들을 더 긍정적인 시각으로 바라본다. 집단주의 문화에서 나이 든 부모를 봉양하는 것은 의무보다는 애정에서 비롯된 것임을 쉽게 볼 수 있다. 성인들의 부모에 대한 헌신 수준은 매우 높은 편이다(Pyke & Bengtson, 1996).

왜 개인주의와 집단주의는 사람들이 삶을 경험하고 구성하는 데 그런 엄청난 영향을 주는 것일까? 남성이든 여성이든 자신을 어떻게 이해하는가는 매우 중요한 문제이다. 일반적으로 서양의 심리학에서는 각 개인이 독립된 존재라는 개념을 수용하고 있다. 반대로 아시아의 심리학은 개인을 복잡한 관계망의 일부로 본다. 만약 당신이 자신을 다른 사람과는 분명한 경계를 가진 개인이며 모든 다른 사람들로부터 분리되어 있다고 인식한다면, 누군가를 사랑하는 것은 그 경계를 무너뜨리고 분리되어 있는 개인이 처해 있는 본질적인 외로움에서 벗어날 수 있는 기회이다. 사랑은 다른 사람과 연결해 주는 다리가 된다. 그러나 이러한 연결은 자발적인 것이다. 만약 관계가 당신이 기대한 것을 충족시켜 주지 않는다면, 관계를 떠날 것인지의 여부는 당신의 선택이다. 아시아의 관점에서는 이미 존재하는 유대를 인정하고 강화하는 것을 더 강조하고 있다. 사람들은 각자 유대를 맺고 있는 관계망의 일부로 여겨지므로 사람들은 다른 사람이 그들을 사랑하는지 묻거나 다른 사람들에게 사랑을 내보이면서 그들의 유대를 말로 확인할 필요가 있다고 생각하지 않는다. 그들의 사랑은 그들의 말보다 행동에 의해 더 많이 표현된다(Dion & Dion, 2006). 따라서 사람들이 어떻게 그들 자신을 개념화하고 있는가가 그들이 이떻게 사랑을 하고, 사랑에 어떤 기대를 하는지에 내해 유의미한 엉향을 미칠 수 있다.

사랑 경험에 대한 문화의 영향

문화는 어떻게 빨리 사랑에 빠지는가에 대해서만 영향을 주는 것이 아니라 어떻게 사랑을 경험하는지에 대해서도 영향을 줄 수 있다. 미국에 사는 중국계 미국인은 유럽계 미국인보다 더 높은 수준의 열정적인 사랑을 경험한다. 태평양 제도 주민들은 우애적인 사랑을 경험하는 경향이 더 높다(Doherty, Hatfield, Thompson, & Choo, 1994). 그러나 유럽계 미국인들은 때때로 중국계 미국인들보다 더 강렬하게 열정적인 사랑에 빠진다(Gao, 2001)는 발견을 보더라도, 사실 심리학에서 간단한 것은 아무것도 없다. 국적이 다른 사람들에게 현재 사랑을 하고 있는지를 물어보면 러시아 사람들이 가장 많이 사랑하고 있고(67%), 미국인들은 중간정도(58%)이고, 일본인들이 가장 낮은 경향을 보였다(52%; Sprecher et al., 1994). 또한 특정 문화권 거주자들 간에, 사랑하지는 않는 다른 사람과의 결혼에 대해 동의할 것인지에 영향을 미치는 문화적 차이가 존재한다. 파키스탄과 인도에서는 응답자의 거의 절반이 사랑하지 않는 사람과 결혼하는 것을 상상할 수 있다고 했고, 반면에 일본(2%)과 미국(4%)에서는 그런 결합에 대해 동의하는 사람들의 비율이 매우 낮았다(Levine, Sato, Hashimoto, & Verma, 1995).

사랑에 관한 연구에서, 데이비드 슈미트와 데이비드 버스(David Schmitt & David Buss, 2000)는 정서적 투자라고 부르는 사랑의 척도를 만들었다. 정서적 투자는 우리가 이전의 장에서 논의했던 것과 같은 여러 가지 사랑의 핵심 특징들로 구성되어 있고, 사랑하는, 끌리는, 껴안고 싶은, 연민어린, 열정적인 등의 형용사 목록상에 자기평정을 하는 방식으로 측정한다. BSD 모델[1]로 알려진 벨스키, 스타인버그 그리고 드레이퍼(Belsky, Steinberg, & Draper, 1991)의 진화 모델에 따르면, 스트레스가 높은 환경에서 자란 아동(예 : 비일관적이거나 혹은 둔감한 육아, 가혹한 물리적 환경, 혹은 열악한 경제적 재원)은 스트레스가 덜한 환경에서 자란 아동보다 더 낮은 수준의 정서적 투자를 보일 것으로 예상된다(Chisholm, 1999; Kirkpatrick, 1998; Schmitt, 2005). 사실상 이러한 낮은 수준의 정서적 투자는 사춘기가 더 일찍 오고, 자녀의 수가 더 많으며 그리고 단기간에 성관계를 맺는 전략 등과도 관련된다(Chisholm, 1999; Kirkpatrick, 1998; Schmitt, 2005).

슈미트는 사랑에 대한 문화의 영향에 대해 더 자세하게 조사하기 위해 연구팀을 구성하여 국제 성 기술 프로젝트(Schmitt, 2006; Schmitt et al., 2003, 2004 참고)에 착수했다. 그들은 48개국 15,234명의 참여자들을 대상으로 몇 가지 심리척도를 측정하였고 각 문화에 관한 다른 자료들의 데이터를 추가로 사용하였다. 가장 낮은 수준의 정서적 헌신을 보인 나라는 탄자니아($M=5.44$), 홍콩($M=5.54$) 그리고 일본($M=5.60$) 순이었고, 반면에 가장 높은 수준의 정서적 헌신을 보인 나라는 미국($M=7.53$), 슬로베니아($M=7.47$), 키프로스($M=7.38$) 순이었다. 국적은 정서적 투자에 유의미한 영향을 주었다(Schmitt et al., 2009). 연구자들이 전 세계 국가들을 지역별로 집계했을 때 지역 또한 정서적 투자에 유의

---

1) 역자 주 : BSD는 Belsky, Steinberg, Draper 세 연구자를 의미함.

미한 영향을 미치는 것으로 나타났다. 북미의 정서적 투자 수준은 세계의 모든 다른 지역의 수준보다 유의미하게 높았고, 동아시아의 정서적 투자 수준은 유의미하게 낮았다.

다음으로 연구자들은 각각의 나라가 얼마나 스트레스가 심한 환경인지 그리고 그 나라에서 스트레스 수준이 정서적 투자 수준에 얼마나 영향을 주는지를 조사했다. 그들이 사용한 스트레스 측정도구는 유엔에서 제공된 인간개발지수(Human Development Index, HDI)였다. 이 지수는 그 나라의 재원, 교육, 건강 관리의 효용성을 고려하는 것이다. 정서적 투자와 인간개발지수 사이에는 실제로 정적상관($r[44] = .31$, $p < .05$)이 있었으며 그것은 (스트레스가 덜한) 선진국일수록 스트레스가 더 심한 환경의 나라들보다 높은 수준의 정서적 투자를 나타낸다는 것을 의미한다. 연구자들은 또한 다양한 다른 요인들과 정서적 투자 사이의 연결을 조사했다. 통계적으로는 유의미하지 않았지만, 국내 총생산과 정서적 투자 사이에는 정적 상관이 있었다. 유아 사망률, 어린이 영양실조, 그리고 사람들이 환경에서 노출되어 있는 병원균의 숫자 등과 같은 스트레스 수준을 보여 주는 지수들은 정서적 투자와 부적으로 관련되었다. 각 나라 안에서 높은 사회경제적 지위에 있는 사람들은 낮은 사회경제적 지위의 사람들보다 높은 수준의 정서적 투자를 보여 주었다(Schmitt et al., 2009).

BSD 모델에 의해 예측한 것처럼, 여성들 간의 낮은 수준의 정서적 투자는 높은 번식 수준과 관계가 있다. 그러나 높은 수준의 정서적 투자는 단기간에 성관계를 맺는 것에 대한 흥미($r[41] = .44$, $p < .01$)와 다른 사람

의 파트너와 단기간의 관계를 갖는 경향($r[4] = .55$, $p < .001$), 그 나라의 이혼율($r[22] = .52$, $p < .01$)과 정적상관이 있는 것으로 나타났다. 이러한 연구 결과를 고려했을 때, BSD모델은 그 연구 데이터들로부터 단지 약한 지지를 받았다.

또한 애착 유형과 정서적 투자 간에는 분명한 관련이 나타났다. 안정 애착은 높은 수준의 정서적 투자와 관련되는 반면, 남녀 모두의 몰입애 착(다른 사람과 가까워지고 싶지만 스스로 가치가 충분하지 않은 것에 대한 걱정), 그리고 불안애착(다른 사람에게 가까이 다가가고 싶지만 그들을 완전히 신뢰하는 것이 어려움)은 여성의 낮은 수준의 정서적 투자와 관련이 있었다.

가장 낮은 수준의 정서적 투자를 나타낸 8개국, 즉 타이완, 모로코, 에티오피아, 인도네시아, 한국, 일본, 홍콩 그리고 탄자니아는 그 연구에 참여한 다른 나라와 비교했을 때 몰입형 낭만애착 수준이 높았다. 요약 하면, 이 연구는 스트레스 수준이 높은 나라의 사람들은 불안전 애착 유형을 형성할 가능성이 더 높고, 그 결과 더 낮은 수준의 정서적 투자를 한다는 진화론적 가설을 확인시켜 주었다.

자녀의 수가 결혼 만족도에 미치는 영향과 문화

사람들은 사랑에 빠지고, 함께 지내고 결혼을 결정한 후, 정착하고 가정을 꾸린다. 그 시점에 그들의 관계에는 어떤 일이 일어날까? 그리고 문화는 자녀가 있는 결혼한 커플들의 행복에 영향을 미칠까?

미국에서는 자녀를 갖는 것이 커플의 결혼을 안정시킨다. 진화적으로도 이치에 맞는 것이 인간의 부모들은 어린 자녀들을 오랫동안 돌봐야 하기 때문이다. 그러나 당혹스럽게도 자녀를 갖는 것은 결혼 만족도를 감소시키기도 한다. 일반적으로 가족에 새로운 자녀가 생기는 것은 부부관계에 갈등을 야기할 수 있다. 하지만 종종 그 자녀가 새로운 갈등을 만들어 내는 것이 아니고 오히려, 자녀의 탄생이 오랫동안 수면 아래 머물고 있던 갈등을 악화시키는 것이다. 웬돌프, 루카스, 이마모글루, 웨이스펠드 그리고 웨이스펠드(Wendorf, Lucas, Imamoglu, Weisfeld, & Weisfeld, 2001)는 이러한 문제들을 조사하는 연구를 진행하였다.

약 2,000명의 미국, 영국, 그리고 터키의 결혼한 커플들이 이 연구에 참여했다. 일반적으로 남편이 아내보다 연령이 약간 높았고 결혼 기간은 평균 11년 이상이었다. 평균적으로 그들은 한 명 이상의 자녀를 가지고 있었다. 연구자들은 미국과 영국의 커플들의 경우 자녀의 수는 실제로 결혼 만족도에 유의미하게 부정적인 영향을 미치고 있음을 발견하였다. 그들은 터키 남편에게서도 비슷한 크기의 영향을 발견하였다. 그러나 터키 부인들에게는 유의미하지 않았는데, 단지 아주 작게 영향을 미치거나 아무런 영향도 미치지 않는 것으로 나타났다. 터키 부인들에게 영향을 미치지 않는 이유는 여성들이 가족 및 모성애와 관련되어 보다 더 집단주의적 문화에 살고 있다는 사실에 기인한다. 사실 터키 언어인 **아일레**(aile)는 가족과 아내 모두를 가리키는 말이다(Imamoglu, 2004). 결혼 기간도 만족도에 부정적인 영향을 미쳤다. 연구자들은 또한 결혼 생활이 지속되면서 파트너의 나이가 많아지므로, 파트너의 현재 나이가 결혼 만족도에 영향을 미치는지에 관해 조사했다. 그들은 어떤 문화에서도 아내의 나이가 남편이나 혹은 아내의 결혼 만족도에 유의미한 영향을 미치지 않는다는 것을 발견했다. 그러나 남편의 나이는 결혼 만족도에 중요한 영향을 미쳤다. 영국과 미국에서는 나이 많은 남편과 아내들이 결혼에 더 만족하였는데, 이러한 결과는 결혼 기간이나 자녀의 수와 독립적인 것이었다. 터키에서는 반대되는 결과가 나타났는데, 나이가 더 많은 남편을 가진 터키의 아내들은 그들의 결혼 생활에 있어서 덜 행복했다. 이것은 터키가 현대화되고 있고, 젊은 남편들이 나이 많은 남편들보다 더 평등한 경향성과 관계가 있을 것이다. 진화론적 관점에서 보면, 자녀 수가 많을수록 부부는 자녀들을 성공적으로 양육하기 위해 함께 지내는 것이 중요하기 때문에, 자녀 수가 결혼 만족도에 부정적인 영향을 미칠 수 있다는 사실은 당혹스러운 일이다. 이 시점에서 이러한 역설을 설명해 줄 명확한 방법이 없으므로 이 연구의 연구자들은 결혼은 동시에 자녀들의 매력에 의해서도 강화된다고 추측하고 있다.

요약하면, 문화는 관계와 상호작용한다. 예를 들어, 집단주의적 문화의 개인들은 가족 밖에서 더 밀접하게 상호 연결되어 있으며, 이러한 상호연결은 관계를 촉진할 수도, 파괴할 수도 있다. 개인주의적 문화에서는 외적인 관계가 덜 중요한 경향이 있지만, 보다 집단주의적인 문화에서는 활용 가능한 사회적 지지 관계망이 개인주의적 사회의 부부에게는 부족하다는 것을 알 수 있다. 결론적으로 누구도 그들이 속해 있는 문화적 맥락을 이해하지 않고 친밀한 관계를 완전히 이해할 수는 없다.

사랑의 심리학 101

5

사랑척도의 구성

이 책에서 나는 다양한 사랑척도들을 기술해 왔다. 사랑 연구자들은 어떻게 사랑의 개념이나 이론으로부터 사랑척도를 구성하게 되는가? 그것에 마법 같은 것은 아무것도 없다. 이 장에서는 그러한 척도 구성 작업의 과정을 보여 줄 것이다. 여기서 살펴볼 예는 스턴버그의 사랑의 삼각형 이론(3장)이다. 이것은 당신이 방법론에 대해 더 잘 이해할 수 있도록 도움을 줄 것인데, 일반적으로 연구자들은 이론에서 실무로 이행하며, 여기서는 사랑의 이론에 의해 특징지어진 사랑을 측정하는 과정을 다룰 것이다.

왜 연구자들은 사랑척도를 구성하는가? 여기에는 여러 가지 이유가 있다.

1. 사랑척도는 이론의 타당성을 검증하는 방법을 제공한다. 심리학은 경험적인 과학이다. 연구자들은 아이디어만 제안하는 것이 아니라 그러한 아이디어들을 검증하기도 한다. 만일 연구자가 사랑에 대한 이론을 가지고 있다면 연구자는 그 이론을 '작동할 수 있는' 방법, 즉 이론을 근거로 측정도구를 구성하는 것이 필요하다. 사랑척

도는 그러한 측정도구를 구성할 수 있는 방법을 제공하고, 그것을 통하여 이론을 검증한다.

2. 사랑척도는 사람들이 어떻게, 그리고 얼마나 다른 사람을 사랑하는지 평가할 수 있게 해 준다. 당신이 얼마나 다른 사람을 사랑하는지 궁금한 적이 있는가? 사랑척도는 최소한 다른 사람들과 비교했을 때 당신이 상대에 대해 얼마나 많은 사랑을 경험하고 있는지 알 수 있는 방법을 제공해 준다. 또한 사랑의 삼각형 이론(Sternberg, 1986, 2006)과 같은 몇몇 이론들은 당신이 사랑의 여러 가지 요소들 중 각각의 요소를 얼마나 많이 경험하는지에 대한 느낌을 알 수 있게 해 준다. 즉, 당신의 사랑 관계의 패턴을 파악할 수 있도록 도와준다. 예를 들어, 당신은 열정보다 친밀감이 더 높은가 또는 그 반대인가? 당신의 친밀감 수준과 비교해서 당신은 얼마나 많이 헌신하고 있는가?

3. 사랑척도는 커플들이 그들의 양립 가능성 중 한 측면을 평가할 수 있게 해 준다. 3장을 떠올려 보면, 파트너들은 평균적으로 그들이 (a) 많은 양의 친밀감, 열정, 그리고 헌신을 경험할 때, 그리고 (b) 친밀감, 열정 그리고 헌신 수준이 비슷하게 맞을 때 관계에 더 만족하는 경향이 있다. 예를 들어, 한 사람은 열정보다 친밀감을 더 가치 있게 여기고 다른 사람은 친밀감보다 열정을 더 가치 있게 여기는 것보다는 두 사람 다 친밀감이 더 중요하고 열정을 덜 중요하게 여길 때 커플로 더 잘 어울릴 수 있다.

4. 사랑척도는 개인과 커플들이 그들의 사랑관계를 강화시킬 수 있는 기

회를 제공한다. 개인이나 커플이 사랑 패턴을 진단한다면 관계를 증진시키기 위해 이러한 정보를 사용하는 것이 가능하다. 예를 들어, 만약 친밀감이 부족한 커플이라면, 자기노출에 대한 상호신뢰와 수용능력을 어떻게 강화시킬 것인지를 생각하고자 할 것이다. 만약 열정이 낮다면, 그들은 자신들의 관계를 흥분시킬 방법을 생각하고 싶어 할 것이다. 의사들이 처방전에 진단명을 기술하는 것처럼, 우리는 완전히 만족하지 못하는 관계의 양상에 대한 처방전의 기초로 사용할 수 있는 진단을 내릴 수 있다.

기억해야 할 한 가지 중요한 사항은 사랑척도의 측정도구가 완벽하지는 않다는 것이다. 그 척도는 개인이나 커플들에게 특정 이론의 설명에 따라 그들의 위치를 알 수 있는 감각을 제공할 수 있지만 그 감각은 대략적이고 더 나아가 일시적인 것이다. 사랑은 고정된 개체가 아니고, 기복이 있다. 그래서 주어진 측정 도구가 얼마나 정확한지와는 상관없이, 그것은 오직 주어진 시간과 장소에서 한 사람이 느끼는 것만을 측정할 수 있을 뿐이다. 더 나아가 어떤 척도도 완벽하지 않기 때문에 그 결과는 근사치로, 측정오차가 있을 수 있다. 측정 방법은 또한 특정 이론의 제약을 받는다. 다른 이론에 근거한 척도는 다른 해석에 의해 매우 다른 결과를 나타낼 수도 있다. 따라서 사랑척도는 근사치가 최상인 측정의 한계를 허용하면서 신중하게 해석해야만 한다.

사랑척도를 구성하는 방법에 관해 논의하면서 당신은 표 5.1에 제시된 사랑의 삼각형 척도가 유용하다는 것을 알 수 있을 것이다. 이 척도는

표 5.1 스턴버그의 사랑의 삼각형 척도 문항

다음의 각 문장에 대해 당신의 입장을 1점에서 9점으로 답하시오. 1(낮음)은 그 문장이 당신의 관계를 전혀 다르게 묘사하고 있음을 의미한다. 9(높음)는 그 문장이 당신의 관계를 가장 잘 묘사하고 있음을 의미한다. 중간 값은 그 문장이 당신의 관계에 대해 중간 정도로 묘사하고 있음을 의미한다.

친밀감

1. 나는 _____ 와/과 따뜻하고 편안한 관계를 맺고 있다.
2. 나는 _____ 와/과 친밀한 의사소통을 경험한다.
3. 나는 _____ 의 행복을 높이고자 하는 강한 욕망을 가지고 있다.
4. 나는 _____ 와 상호 이해하는 관계를 맺고 있다.
5. 나는 _____ 로부터 상당한 정서적 지지를 받고 있다.
6. 나는 필요할 때 _____ 에게 기댈 수 있다.
7. _____ 은/는 필요할 때 나에게 기댈 수 있다.
8. 나는 _____ 을/를 나의 인생에서 큰 가치로 여긴다.
9. 나는 나 자신과 나의 재산을 _____ 와/과 공유할 의향이 있다.
10. 나는 _____ 와/과 함께 큰 행복을 경험한다.
11. 나는 정서적으로 _____ 와/과 가깝다고 느낀다.
12. 나는 _____ 에게 상당한 정서적 지지를 준다.

열정

1. 나는 _____ 만큼 나를 행복하게 해 줄 다른 사람을 상상할 수 없다.
2. _____ 와/과의 관계보다 나에게 더 중요한 것은 아무것도 없다.
3. _____ 와/과 나의 관계는 매우 낭만적이다.
4. 나는 _____ 없는 삶을 상상할 수 없다.
5. 나는 _____ 을/를 숭배한다.
6. 나는 하루 중 자주 _____ 을/를 생각하는 나 자신을 발견한다.
7. _____ 을/를 보기만 해도 나는 흥분한다.
8. 나는 _____ 을/를 육체적으로 매력적이라고 느낀다.
9. 나는 _____ 을/를 이상화한다.
10. 나와 _____ 의 관계에는 거의 '마법' 같은 것이 있다.
11. _____ 와/과 나의 관계는 매우 '생기 있다'고 느낀다.
12. 나는 특히 _____ 에게 선물 주는 것을 좋아한다.

표 5.1 스턴버그의 사랑의 삼각형 척도 문항(계속)

헌신

1. 나는 항상 ＿＿＿에게 강한 책임감을 느낀다.
2. 나는 ＿＿＿에 대한 나의 사랑이 내 인생의 마지막까지 지속되기를 기대한다.
3. 나는 ＿＿＿와/과의 관계가 끝나는 것을 상상할 수 없다.
4. 나는 ＿＿＿와/과의 관계가 영원할 것이라고 생각한다.
5. 나는 가장 어려운 시간을 겪고 있을 때 ＿＿＿의 옆에 있을 것이다.
6. ＿＿＿에 대한 나의 헌신은 나에게 일종의 원칙과 같다.
7. ＿＿＿에 대한 나의 사랑은 확실한 것이다.
8. 나는 ＿＿＿을/를 사랑하기로 결심했다.
9. 나는 ＿＿＿와/과의 관계를 지속할 것을 약속했다.
10. 나는 ＿＿＿와/과의 관계가 어느 정도 신중한 결정이라고 생각한다.
11. 나는 그 어떤 것도 ＿＿＿에 대한 나의 헌신을 방해하게 놓아두지 않을 것이다.
12. 나는 ＿＿＿와/과의 관계가 견고하다고 확신한다.

각각의 하위척도의 값을 더하고 12로 나누면 점수가 산출된다.
일반적으로 그리고 대략적으로 말하면 8~9점은 매우 높음, 7~8은 중간 정도로 높음, 6~7은 중간, 5~6은 중간보다 낮음, 그리고 5 이하는 낮음으로 생각할 수 있다.

다음에 이어지는 논의에서 여러 차례 언급될 것이다.

사랑척도의 구성과 평가 단계

사랑척도를 구성하고 평가하는 데에는 여러 단계들이 포함된다. 때때로 평가란, 다른 것이 아닌 특정의 구성개념을 측정하는 것으로 기대하는 측정도구의 기능을 평가하는 구성타당도를 나타낸다.

제1단계. 이론의 결정

이상하게 들릴 수도 있지만 사랑을 측정하기 전에 이론을 결정할 필요가 있다. 당신이 체중계에 올라갈 때는 무게의 이론을 결정할 필요가 없는데, 왜 사랑은 이론이 필요할까?

가장 먼저 알아야 할 것은 그 이론이 명시적이든 또는 단지 배경적인 것이든, 모든 심리 측정은 이론에 근거하고 있다는 것이다. 예를 들어, 지능을 생각해 보자. 우리가 한 사람의 지능 수준 혹은 IQ에 대해 이야기할 때, 겉으로 드러나지 않을지라도 항상 그 뒤에는 측정이론이 존재한다. 서로 다른 이론을 기초로 한 측정은 잠재적으로 서로 다른 결과를 낳는다. 예를 들어, IQ 검사의 모든 문항이 언어로 구성되어 있는가, 혹은 사진이 일부 포함되어 있는가? 정확히 어떤 종류의 문항들이 포함되어 있는가? 검사 문항들은 검사받는 사람들의 문화적 배경이 고려된 것인가?

성격 측정에 대해서도 살펴보자. 서로 다른 성격이론을 기초로 한 다수의 성격검사들이 있다. 성격검사의 결과는 기초 이론에 따라 매우 다를 것이다. 한스 아이젱크(Hans Eysenck)의 이론을 기초로 한 검사는 외향성, 신경증, 그리고 정신병을 측정할 것이다. 성격의 5요인 이론을 기초로 한 검사는 외향성, 신경성, 경험에 대한 개방성, 친화성, 그리고 성실성을 측정할 것이다. 사랑척도는 지능이나 성격을 측정하는 척도와 다르지 않다. 이 검사들은 모두 이론에 기초하고 있다. 만약 당신이 명확하게 한 가지 이론을 선택하지 않는다 할지라도 당신이 인식하고 있든, 인식하지 못하든 당신은 어떤 이론을 적용하고 있는 중이다.

제2단계. 문항 구성

이론을 결정했다면, 당신은 이론의 지식을 기초로 문항을 구성해야 한다. 문항 구성은 결코 쉬운 일이 아니다. 당신은 이론의 일부 측면에 대한 측정을 목표로 각 문항을 구성한다. 그러나 당신이 척도의 질을 평가하기 시작해야 문항들이 측정하고자 하는 것을 측정하는 것인지를 나중에야 비로소 알게 된다. 이 시점에서 당신은 이론에 충실하기 위해 그리고 가능한 한 그 이론을 대표하는 문항을 구성하기 위해 최선을 다하고자 노력해야 한다.

제3단계. 내용타당도 : 전문가들에게 문항 평가 요청하기

일련의 문항을 구성했다면 당신은 내용타당도를 수행할 필요가 있다. 이것은 문항들이 측정하고자 하는 것을 측정하고 있는지에 대해 전문가들의 견해를 듣는 것이다. 전문가들은 당신이 단순히 보지 못하는 것을 볼 수 있기 때문에 그들의 의견을 구하는 것은 유용한 일이다. 그들의 의견을 반영하여 당신은 측정하고자 하는 것을 더 잘 측정하기 위하여 새로운 문항을 추가할 수도 있고, 기존의 문항을 제거하거나 특정 문항을 수정할 수도 있다.

제4단계. 안면타당도 : 비전문가에게 문항 평가 요청하기

사랑척도에 대해 당신은 실제로 그 척도를 사용하는 사람들이 당신과 같은 방식으로 문항을 이해하고 해석하는지 확인하고자 할 것이다. 이런 이유로 당신은 문항에 대한 '안면타당도'를 평가할 수 있다. 이것은 전문가가 아닌 일반인들에게 문항에 대한 그들의 생각을 묻는 것이다. 사랑의 삼각형 이론의 경우 당신은 비전문가들에게 친밀감, 열정 그리고 헌신을 측정하는 각 문항의 정도를 1점(낮음)에서 9점(높음) 척도로 평정해 줄 것을 요청할 수 있다(3단계에서는 전문가들과 동일한 과정을 진행했다). 친밀감을 측정하고자 하는 문항은 친밀감에서 높은 평정 점수를 얻고 열정과 헌신에서는 낮은 평정 점수를 얻어야 한다.

기억해야 할 매우 중요한 것이 있다. 당신이 비전문가(또는 전문가)로부터 구한 평정은 문항의 실제 경험적(통계적) 특징과 일치하지 않을 수 있다. 이러한 것들은 다음 단계에서 결정할 것이다.

내용타당도와 안면타당도의 평가 이후 당신은 일련의 예비 척도 문항을 만들게 된다. 당신은 이제 더 형식적인 종류의 통계 평가를 진행할 준비를 한다.

제5단계. 신뢰도 : 특정 척도 혹은 하위척도 문항의 일관성 평가하기

신뢰도는 측정의 일관성을 나타내며, 일관성에는 다음의 몇 가지 종류가 있다.

a. **내적일관성 신뢰도.** 내적일관성은 특정 척도와 하위척도들의 모든 문항이 같은 것을 측정하고 있는 정도를 나타낸다. 예를 들어, 사랑의 삼각형 이론의 경우 모든 친밀감 문항은 다른 것이 아닌 친밀감을 측정해야만 한다. 모든 열정 문항은 다른 것이 아닌 열정을 측정해야만 하고 모든 헌신 문항은 다른 것이 아닌 헌신을 측정해

야만 한다. 특정 하위척도의 문항이 동종의 것인지, 즉 같은 것을 측정하는지에 대한 정도를 평가하기 위해 통계적인 공식이 사용될 수 있다. 신뢰도가 높을수록 더 좋은 하위척도이다. 각 문항의 상관관계를 측정하거나 전체 척도와의 관계를 측정하는 것도 가능하다. 전체 척도 점수와 상관관계가 충분히 높지 않은 문항들은 더 높은 내적일관성을 얻기 위해 제거하거나 수정할 수 있다.

b. 검사-재검사 신뢰도. 두 번째 종류의 일관성은 검사-재검사 신뢰도로, 전체 척도 또는 여러 가지 하위척도들의 점수가 시간이 지나도 일관성을 나타내는 정도를 나타낸다. 참여자들을 표집하고 척도 문항에 대해 2주 간격으로 두 번 응답하도록 검사를 실시한다. 그런 다음 시간이 지나도 점수가 일관성을 나타내는 정도를 본다. 어떤 척도도 시간이 지나면 완벽하게 신뢰할 수 없다는 사실을 아는 것이 중요한데, 여기에는 여러 가지 이유가 있다. 그 이유 중의 하나는 모든 척도가 완벽하지 않다는 것이고, 또 하나는 시간이 지나면서 사람들의 관계에 변화가 생길 수 있기 때문이다. 그리고 또다른 이유는 단순하게 연구 대상자의 기분이 매일 달라질 수 있다는 것이다. 높은 검사-재검사 신뢰도는 일반적으로 보다 좋은 평가 지표로 간주된다.

제6단계. 내적타당도 : 검사의 심리적 차원 평가하기

내적타당도는 신뢰도 분석과 관련된 요인분석이라는 기술을 통해 확인할 수 있다. 요인분석은 척도 문항 간의 상관패턴(상관관계의 정도)을 보는 것이다. 그것은 당신이 평가하는 척도의 기본적인 심리적 차원을 확인할 수 있게 해 준다. 예를 들어, 사랑의 삼각형 척도에서 당신이 알고자 하는 것이 친밀감에 포함된 모든 문항은 첫 번째 차원을 측정하고, 열정에 포함된 문항은 두 번째 차원을 측정하고, 그리고 헌신의 문항은 세 번째 차원을 측정하는 것이다. 또한 요인분석은 이러한 차원들이 서로 독립적인지 혹은 의존적인지(상관이 있는지)를 알 수 있도록 한다. 예를 들어, 높은 수준의 친밀감을 경험하는 사람은 높은 수준의 열정과 헌신 또한 경험하는 경향이 있는가? 높은 수준의 열정을 경험하는 사람은 헌신 또한 높은 경향을 보이는가, 아니면 그들은 사실상 낮은 헌신을 보이는가? 요인분석은 이러한 질문들에 대한 답을 줄 수 있다. 사랑의 삼각형 척도의 차원들은 실제로 상관이 있다. 친밀감, 열정 그리고 헌신의 차원 중 어느 것에서도 높은 점수를 받은 사람들은 다른 차원에도 높은 점수를 받는 경향이 있다.

제7단계. 외적타당도 : 척도가 측정하고자 하는 것을 측정하는가

외적타당도는 척도가 측정하고자 하는 것을 측정하는지에 대한 평가를 포함하고 있다.

    a.   **수렴타당도.** 수렴타당도는 척도가 측정히고자 하는 것을 측정하는지 보는 것이다. 예를 들어 친밀감 하위척도의 점수를 생각해 보자. 친밀감 수준은 다른 측정치, 즉 좋아함, 믿음, 돌봄, 연인 그리고 의사소통을 의미하는 행동들의 측정과 상관관계가 있어야 한

다. 그래서 연구자는 사랑의 삼각형 척도의 친밀감 하위척도로 친
밀감을 측정하는 동시에 믿음, 돌봄, 동정 그리고 의사소통을 나타
내는 행동을 발견하기 위해 커플의 상호작용을 관찰할 것이다. 친
밀감 척도가 친밀감을 나타내는 행동들과 더 높은 상관관계를 보
일 때 외적타당도가 높다고 볼 수 있다. 사랑의 삼각형 척도는 높
은 수렴타당도를 보인다. 즉, 하위척도들은 그들이 측정하고자 하
는 구성개념을 측정하고 있음을 나타낸다.

b. **변별타당도.** 변별타당도는 척도가 측정하고자 하지 않는 것을 측정
하지 않는 정도를 본다. 예를 들어, 열정척도는 한 사람이 파트너에
대해 얼마나 흥분되어 있는지 그 정도를 측정하는 것이다. 다시 말
하면, 어떤 사람이 상대에게 열심히 헌신하는 정도를 측정하고자
하는 것이 아니라는 것이다. 그 사람에 대해 헌신의 감정이 많지 않
거나 어느 정도 있다 해도 누군가에게 열정적일 수는 있다. 예를 들
어, 하룻밤의 관계에서는 상대에게 엄청난 열정을 보일 수는 있지
만 장기간의 헌신은 전혀 경험하지 않을 것이다. 사랑의 삼각형 척
도는 상대적으로 약한 변별타당도를 나타낸다. 즉, 척도의 상호상
관(척도 간 관계)이 이론에서 예측한 것보다 더 높은 편이다.

제8단계. 표준화

척도 구성의 마지막 단계는 선택적인 단계로, 척도가 어디에 사용될지에
따라 결정된다. 만약 검사가 주로 임상심리학이나 심리학의 다른 분야
에서 사용되는 것이라면, 그것은 표준화할 필요가 있다. 표준화란 다수

의 사람들에게 실시하여 그 점수에 규준적 의미를 부여하는 것이다. 예를 들어, 사랑의 삼각형 척도의 열정 하위요인에서 7점을 받았다고 가정해 보자. 7점이라는 점수는 얼마나 높은 것인가? 즉, 이것은 척도를 실시한 사람들 50%가 받은 점수인가 혹은 그 사람들 중 75%가 받은 점수보다 더 높은 것인가?

표준화는 연구자들에게 원점수가 검사를 실시한 적이 있는 나머지 모집단의 점수와 비교했을 때 얼마나 높은지(또는 낮은지)를 알 수 있게 해 준다. 때때로 검사 제작자는 앞에서 논의한 것처럼 백분위 점수를 만든다. 백분위 점수는 개인의 점수가 도달한 점수의 백분율을 가리킨다. 그래서 만일 열정 하위척도의 점수가 모집단의 75%에 해당하면 우리는 그 점수가 75번째 백분위 점수라고 말할 수 있다. 백분위 점수는 백분율과는 다르다는 데 주의하라. 백분위 점수는 한 사람의 점수를 다른 사람들의 백분위와 비교하는 것이지, 척도 항목의 전체 점수와 비교하는 것이 아니다. 예를 들어 지능검사에서 어떤 사람이 그 문항의 75%에 대해 정확하게 대답한 경우, 정확한 응답의 백분율은 그 점수의 백분위에 대한 어떠한 단서도 제시하지 않는다. 이론적으로, 75%의 정답 점수는 그 검사의 난이도 수준에 따라서 어떤 백분위 점수에 위치할 수 있는 것이다.

표준화는 다소 시간이 걸리고 비싸다. 그리고 대부분 검사 제작 전문회사가 상업적인 용도로 척도를 제작할 때만 주로 시행되는 경향이 있다. 사랑의 삼각형 척도는 상업적으로 출판된 것이 아니라 주로 연구 목적으로 만들어졌으며 표준화되지 않은 척도이다.

검사가 표준화될 때, 연구자(또는 출판인)가 해야 하는 첫 번째 단계는 검사를 구성할 모집단을 결정하는 것이다. 검사를 표준화할 대상자들은 누구인가? 예를 들어, 대학생 집단을 대상으로 한 표준화검사의 규준자료 혹은 '규준'(척도의 점수를 백분위로 변환한 점수)은 무작위로 표집한 성인 직장인의 규준 자료 및 규준과는 다를 것이다. 두 집단은 삶의 지점이 다르므로 결과적으로 매우 다른 종류의 관계를 맺고 있을 것이다. 선택된 표본은 검사의 출판인이나 연구자가 일반화하기를 원하는 모집단을 대표하는 것이 중요하다. 연구자 또는 출판인은 표준화를 위해서 1개 이상의 모집단을 선택할 수도 있다. 예를 들어, 두 집단을 위한 서로 다른 규준데이터 표를 가지고 대학생과 풀타임 성인 직장인들 양 집단에 실시하고자 할 수 있다. 그러나 분명히 검사를 표준화하려는 모집단이 많을수록, 표준화 비용이 더 많이 들고, 표준화하는 데 더 오랜 시간이 걸린다.

이상적으로는 모든 척도가 표준화될 수 있지만 개인 연구자들은 종종 표준화에 따른 비용과 시간이 부족하다. 일반적으로 다수의 사람들, 다양한 연령층의 사람들에게 검사를 시행할 필요가 있다. 더 나아가, 척도를 실시한 사람들은 일반화를 의도하는 모집단을 대표할 필요가 있다. 예를 들어, 만약 연구자가 대학생 집단에게 규준 데이터를 일반화하고자 한다면 그 연구자는 단순히 그나 그녀가 가르치는 대학의 학생들에게만 그 척도를 실시해서는 안 된다. 폭넓은 범위의 다양한 대학의 학생들에게 검사를 시행할 필요가 있으며, 동시에 학생들이 출석하는 대학의 범위를 정확하게 대표해야 한다. 따라서 연구자는 몇 개의 지역 대학교, 몇 개의 공립 대학교, 몇 개의 사립 대학교, 몇 개의 더 명문인 대학교, 몇 개의 덜 명문인 대학교, 몇 개의 동쪽 대학교, 몇 개의 서쪽 대학교, 몇 개의 북쪽 대학교, 몇 개의 남쪽 대학교 등을 선별해야 한다. 당신은 왜 표준화가 시간이 걸리고 비싼 작업인지 알 수 있을 것이다. 표준화를 제대로 하기 위해서는, 연구자나 출판인이 이러한 중요한 과정을 따를 것이 요구된다. 그러나 그 결과는 표준화되지 않은 경우에 비해 더욱 더 확실한 방식으로 점수가 해석될 수 있는 검사가 되는 것이다.

결론

오늘날 어떤 과학자도 과학적 연구나 사랑을 측정하도록 고안된 척도를 통해서 사랑의 전체적인 현상을 이해할 수 있다고는 믿지 않는다. 하지만 과학자들은 만약 우리가 친밀한 관계를 이해하고 증진시키기를 원한다면 그러한 관계의 기저를 이루고 있는 사랑에 관해 이해할 필요가 있다는 것을 인식하고 있다. 이러한 이해에 도달하는 한 가지 방법이 사랑에 관한 측정도구를 활용하는 것이다. 어떠한 사랑의 측정방법도 완벽하지는 않지만, 그러한 측정방법들은 행복한 관계를 맺고 있는 커플들이 더 좋아지도록 돕고, 또 행복하지 않은 관계를 맺고 있는 커플들이 관계를 증진시키거나 그들의 관계를 구조하는 것까지 도울 수 있는 기초를 제공한다. 사람들이 친밀한 관계를 통해 행복에 도달하도록 돕는 것보다 더 나은 심리과학의 공헌이 또 어디에 있겠는가?

사랑의 심리학 101

6

대인 간 매력

LOVE LOADING…

많은 관계의 시작은 매력이다. 사람들은 다른 사람에게 어떤 이유 혹은 다른 이유로 매력을 느끼고 그렇게 해서 친구 관계, 사업 관계, 또는 로맨스 관계를 시작한다. 이 장에서는 어떤 요인들이 다른 사람에게 매력을 느끼게 하는지에 대해 이야기할 것이다. 우리는 다른 사람과 가깝게 지내거나 친숙한 것이 어떻게 그 사람에게 매력을 느끼게 하는지 살펴볼 것이다. 그리고 누군가가 당신과 유사하거나 혹은 당신을 좋아하는 것이, 그에 대한 반응으로 당신이 그나 그녀를 좋아하게 되는 데에 어떻게 영향을 미칠 수 있는지를 살펴볼 것이다. 그리고 성격적 요인과 신체적 외모가 파트너 선택에 어떻게 영향을 미치는지에 대해서도 살펴볼 것이다.

근접성

1998년에 맥 라이언과 톰 행크스는 '유브 갓 메일'이라는 영화에 출연했다. 이 두 등장 인물은 이메일을 주고받으며 사랑에 빠지지만, 그들은 실제로는 실생활에서 서로가 이미 알고 있는 사이이고 특별히 서로를 좋아하지 않는다는 것을 모른다. 당신은 아마 이런 종류의 러브 스토리를 들은 적이 있을 것이다. 또한 요즘 온라인 데이트 웹사이트가 성행 중이다. 이런 웹사이트들은 당신의 프로필을 온라인으로 등록하게 해서 다른 사람들이 그것을 볼 수 있게 한다. 당신 또한 다른 사람의 프로필을 볼 수 있어서 키와 몸무게에서부터 미래 자녀에 대한 기대에 이르기까지 당신의 기준에 맞는 사람을 찾을 수 있다. 데이트 사이트는 당신의 성격과 태도를 분석하고, 이러한 차원에서 당신에게 가장 잘 맞는 다른 사람을 소개시켜 주기 위한 긴 질문지를 갖고 있다. 어떤 사람들은 이런 데이트 사이트를 신뢰하고, 또 다른 사람들은 데이트 사이트를 이용하지만 그들이 찾는 사랑을 결코 발견하지 못한다.

그러나 사랑을 찾기 위한 더 전통적이고 상당히 믿을 만한 방법은 당신과 인접해 있는 주변을 살펴보는 것이다. 사람들은 종종 가까이 살거나 함께 일하는 사람들과 친구로 지낸다. 물론 이것은 당연한 일이다. 그 사람들은 접근이 용이하고, 당신이 종종 함께 이야기를 나누고, 그리고 만날 약속을 정하기에 쉬운 사람들이기 때문이다. 그리고 이러한 친구 관계는 종종 사랑으로 발전한다.

당신 자신의 삶을 생각해 보라. 누가 친구들이고 인생에서 중요한 사람인가? 어린 시절, 친구들 중 대부분은 이웃 근처에 살고 있지 않았는가? 만약 당신이 대학에 있다면 현재는 이동이 용이함에도 불구하고 상당한 수의 당신 친구들은 같은 기숙사, 또는 기숙사 가까이에 살고 있거나 같은 수업에 참여하고 있지 않은가? 당신은 두 가지 질문에 그렇다고 대답할 가능성이 높다. 그리고 연구는 교실에서 배정된 자리에 앉을 경우에도 가까이 앉은 사람과 친구가 되는 경향이 더 높다는 것을 보여 준다(Back, Schmukle, & Ekloff, 2008).

1950년대 초기 연구는 우리가 가까이 살수록 친해지는 경향이 있음을 보여 준다. 매사추세츠 공과대학의 학생들이 17개 기숙사 건물 중 하나에 방을 배정받았다. 얼마 후 연구자들은 학생들이 누구와 친구가 되었는지 알아보는 연구를 했다. 그들은 자신의 기숙사 방과 더 가까운 사람들과 친구 관계를 맺는 경향을 보였다. 우정은 기숙사 건물에서도 마찬가지 결과를 보여 주었다. 학생들은 그들의 기숙사 건물과 더 가까운 기숙사 건물에 살고 있는 사람들과 더 많이 친구가 되었다(Festinger, Schachter, & Back, 1950). 따라서 물리적 근접성은 결국 우리가 누군가를 좋아하거나 심지어 사랑하는 것에 유의미한 영향력을 행사한다.

친숙성

근접성이 어떻게 다른 사람을 좋아하게 되는 데 영향을 미치는지를 이해하기 위해 친숙성 또한 고려할 수 있다. 단순노출효과에 대해 들어본 적이 있는가? 이 효과는 사람들이 단순히 더 친숙하기 때문에 어떤 것을 다른 것들보다 더 선호하는 심리적인 현상을 묘사한다. 자이언스(Zajonc, 1968, 2001)는 그의 연구 참여자들에게 외국어뿐만 아니라 표정을 포함한 서로 다른 자극들을 제시했다. 몇 가지 자극들은 많이 보여 준 반면에 몇 가지는 몇 번밖에 보여 주지 않았다. 자이언스가 참여자들이 각각의 자극을 얼마나 좋아하는지에 대해 평가했을 때, 더 자주 보여 준 것을 더 많이 좋아하는 경향이 있음을 발견했다. 그리고 이 효과는 당신이 사람을 좋아하는 것에도 적용된다. 확실히 당신은 가까이에 사는 사람을 더 자주 보는 경향이 있고, 그래서 그들과 더 많이 친숙해지고, 결국 그들에게 더 매력을 느끼게 된다(Reis et al., 2011).

한 연구는 여러 명의 여성들이 한 학기 동안 수업에 5번, 10번, 또는 15번씩 출석하게 했다. 그들은 다른 학생들과 소통하지 않았고 단지 교실에 조용히 앉아 있었다. 학기의 마지막에 학생들에게 여성들의 사진을 보여 주고 얼마나 그들을 좋아하는지에 대해 질문했다. 예상한 대로 학생들은 수업에 단지 몇 번만 출석했던 여성들보다 그들이 더 자주 본 적이 있는 여성들을 더 좋아했다(Moreland & Beach, 1992).

친숙성은 심지어 자신을 대할 때조차 영향을 미칠 수 있다. 1977년에 테오도르 미타, 더머 그리고 나이트(Mita, Dermer, & Knight, 1977)는 여성을 참여자로 하여 자신들의 인물 사진이 거울에 비친 이미지들과 함께 그들 자신들의 사진을 보여 주는 흥미로운 연구를 실시했다. 여성들은 인물 사진의 어떤 버전을 더 좋아하는지를 선택해야 했다(분명히 그들은 한 가지 버전이 다른 사진의 거울 이미지라는 사실을 알지 못했다). 그들은 더 자주 거울을 통해 본 자신의 모습, 즉 그들 사진의 거울 속 이미지를 선택했다. 즉, 그들은 가장 친숙하게 느끼는 자신의 이미지를 선택한 것이다. 그 여성들의 친구들에게 같은 사진을 보여 주었을 때, 그들은 자신들이 정기적으로 보아 오던 원래의 사진을 더 좋아했다. 즉, 참여자들은 대체로 그들이 자주 보아 온 인물 사진을 더 선호했다.

그렇지만 여기에는 주의 사항이 하나 있다. 단순노출효과는 보통 부정적인 자극에 대해서는 작동되지 않는다. 비교적 중립적인 자극에는 작동하지만 부정적인 것에 계속 노출되는 것이 그들을 더 좋아하게 만들지는 않는다. 따라서 불행하게도 당신의 짜증 내는 습관을 더 많이 노출한다고 해서 당신의 남자친구나 여자친구에게 사랑을 받을 수는 없다.

유사성

당신은 아마 '유유상종'이라는 사자성어를 들은 적이 있을 것이다. 이것은 관계에서 사실일까 혹은 오히려 '반대되는 것에 끌리는' 것일까? 앞으로 자세히 다루겠지만, 이 문제에 관한 연구 결과는 꽤 확실하다.

유사성과 그 효과에 관한 많은 연구들은 팬텀(유령) 기법에 기초하고 있다. 연구자들은 먼저 참여자들의 태도와 신념을 평가하고 이어서 그들에게 다른 사람에 대한 정보를 준다. 그 후 참여자들은 그들이 받은 정보를 기초로 그들이 다른 사람을 얼마나 좋아하는지에 대한 질문을 받았다. 물론 그 정보는 실존하는 다른 사람의 것이 아니다. '유령'의 태도는 참여자들의 태도와 가깝거나, 약간 가깝거나, 혹은 전혀 맞지 않는 그런 방식으로 구성되었다. 연구 결과, 사람들은 일반적으로 자신들과 다른 사람들보다는 자신들과 비슷한 태도나 신념을 공유하고 있는 사람들을 더 좋아한다는 것을 보여 주었다.

한편, 유사성은 거의 모든 것, 즉 외모, 민족성, 태도, 사회경제적 지위, 그리고 더 많은 것들에 적용될 수 있는 매우 폭넓은 개념이다. 유사성은 거의 항상 좋다. 때때로 그것은 많은 경우 보다 더 중요함에도 불구하고 실제로 해로운 경우도 있는데, 우리는 그것에 대해서도 조금 다룰 것이다.

연구들에 의하면 비슷한 성격을 가진 두 사람이 만났을 때 더 잘 지내고 더 행복한 결혼 생활을 하는 것으로 나타났다(Gaunt, 2006). 이것은 놀라운 일이 아니다. 두 명의 외향적인 사람들이 결혼했을 때, 그들은 함께 파티에 가고 수많은 사람들을 만날 수 있는 다른 공적인 이벤트에 참가하는 것을 즐긴다. 물론 그들이 함께하는 즐거움은 그들의 행복한 결혼 생활에 도움이 될 것이다. 이것은 두 명의 내향적 사람들도 마찬가지로, 그들은 집에서 각각 혼자 책을 읽거나 TV 시청을 즐긴다. 이것은 서로 다른 사람들은 행복한 결혼 생활을 할 수 없다는 의미는 아니지만, 일반적으로 유사성은 만족의 결과를 가져온다.

사람들은 성격이 비슷할 때 다른 사람과의 첫 상호작용을 더 즐거운 것으로 평가한다(Cuperman & Ickes, 2009). 예를 들어, 외향적인 사람은 내향적이고 수줍어하는 사람과의 만남보다 외향적인 사람과의 첫 만남을 즐거워할 가능성이 더 높다.

태도와 신념도 마찬가지다. 당신이 정치, 종교, 사회적 이슈들, 그리고 기호에 대해 이야기하면 다른 사람들이 당신의 견해를 공유할 때 항상 기분이 좋다. 이것은 당신 자신의 견해를 확인하는 기회가 되지 않는가? 실제로 두 사람이 그렇게 많은 공통점을 가질 수는 없다. 당신이 다른 사람과 공통점을 많이 가질수록 당신은 아마도 그나 그녀를 더 많이 좋아할 것이다(Byrne & Nelson, 1965).

사람들은 종종 인구통계학적 변인들에서도 유사성을 찾는다. 누군가가 나이, 성별, 사회경제적 지위, 종교, 혹은 교육 수준에서 유사하다면 당신은 관계를 맺을 기초를 갖게 된다. 당신은 사람들이 성이 자신과 같은 글자로 시작하는 사람들과 결혼하는 경향이 더 높다(Jones et al., 2004)는 사실을 알고 있는가?

유사성은 성격 특성과 특징들에서만 중요한 것이 아니다. 그것은 자신에 대해 가지고 있는 개념에 있어서도 중요하다. 만약 당신이 대단한 골프 선수나 체스 선수가 되기를 열망한다면, 당신은 골프나 체스의 영역에서 성취한 사람에게 매력을 느낄 것이다. 하지만 여기에 미묘한 차이가 있을 수 있는데, 왜냐하면 당신이 성취하기를 원하는 분야에서 훨씬 더 많이 성취한 사람은 사실 매력을 느끼게 하기보다는 당신에게 두려움을 느끼게 할 수도 있기 때문이다. 매력은 당신이 실패를 느끼게 할 정도로 훨씬 더 나은 사람이 아니라 당신보다 조금 나은 사람일 때 가장 클 것이다(Herbst, Gaertner, & Insko, 2003; Klohnen & Luo, 2003).

사람들이 서로 비슷할 수도 있고 또는 다를 수도 있는 영역들은 많다. 당신은 유사성이 다른 영역들에서보다 더 문제가 되는 하나의 영역이 있다고 생각하는가? 하나의 영역에서의 유사성이 많은 다른 영역의 차이를 능가하는 것이 가능한가? 이것은 관련된 사람들에 따라 다르다. 가장 중요한 것은 어떤 개인이 중요하게 여기는 영역에서의 유사성이다. 예를 들어, 존은 종교에 대해 많은 관심을 가지고 있다. 따라서 그에게는 종교를 가치 있게 여기고 중요한 종교적 이슈에 관해 그에게 동의하는 파트너를 갖는 것이 중요한 일이다. 다른 한편으로, 피터는 신앙이 있지만 종교는 그의 일상적인 삶에서 그렇게 중요하지 않다면, 그의 경우 종교를 공유하지 않는 사람과 사는 것은 어려운 일이 아니다. 하지만 피터는 대단한 예술 팬이고 그는 많은 시간을 미술관의 작품을 찾아 돌아다니거나 전국의 박물관을 방문하는 데 보낸다. 예술에 대한 사랑을 공유하지 못하는 사람은 피터와의 삶에서 즐거움을 찾기 어려울 것이다. 따라서 유사성의 문제는 그 사람의 흥미, 가치 그리고 선호도에 따라 다르다. 그것들을 중요시하지 않는다면 차이는 그다지 문제될 게 없다.

그러나 일치가 커플의 인생에 진정한 차이를 만드는 영역이 하나 있다. 당신은 그것이 무엇이라고 생각하는가? 어떤 영역이 커플들이 계속해서 불일치에 부딪치게 만드는가? 추측해 보라. 그것은 집안일이다! 몇몇 연구들은 가사 분담에 대해 같은 견해를 가지고, 집안일을 동등하게 나누는 커플들이 서로 일치하지 않거나 일을 나누지 않는 커플들보다 더 행복한 것으로 나타났다(Amato, Booth, Johnson, & Rogers, 2007; Hohmann-Marriott, 2006).

지금까지 다른 사람이 우리와 비슷하면 비슷할수록 더 좋아한다는 것에 대해 언급해 왔다. 그럼에도 여기에는 한 가지 예외가 있다. 한 사람이 아프거나 정신적 장애가 있을 때, 우리는 자신과 비슷하면 비슷할수록 그 사람을 싫어한다(Novak & Lerner, 1968). 이것은 아마도 우리 스스로 안전하다고 생각하는 것을 좋아하고, 그리고 만약 우리와 똑같은 사람이 질병으로 고통받고 있다면 그런 일이 우리에게도 일어날 수 있다는 것을 상기시키기 때문일 것이다.

이전의 논의에서 우리가 유사성을 언급했을 때, 심리학자들은 참여자들의 흥미를 평가하는 질문지나 다른 도구를 이용하여 유사성을 측정하였다. 그러나 일상적으로 사람들이 각자의 흥미나 가치를 평가하기 위해 질문지를 사용하지는 않는다. 그들은 상호작용으로부터 서로가 얼마나 비슷한지에 대해 추론을 한다. 그리고 두 사람이 서로 비슷하다고 믿으면, 모든 것이 좋은 것이다! 사실, 관계 만족은 실제적인 유사성보다 지각된 유사성과 더 많이 관련된다(Selfhout et al., 2009). 즉, 당신이 친구나 파트너가 당신과 상당히 유사하다고 생각하는 한, 당신은 두 사람이 실제로 얼마나 많은 유사성을 가졌는지에 상관없이 행복해 할 것이다. 당신은 누군가를 더 오래 알수록 그나 그녀의 태도나 가치를 더 잘 안다고 생각할 것이다. 그래서 우정이나 결혼으로 몇 년 동안 알고 지내 온 사람들조차 서로를 잘 모르고 있을 뿐만 아니라 그들은 잘 알고 있다고 생각하고, 실제보다 더 많은 유사성을 갖고 있다고 믿는 것(Goel, Mason, & Watts, 2010)은 정말 놀라운 일이다.

이제 사람들이 서로 공유하지 않는 것, 즉 비유사성에 대해 살펴보자. 당신은 서로 공통점이 전혀 없는 것 같은 커플을 만난 적이 있는가? 아마도, 당신은 그들이 여전히 함께 있는 이유와 얼마나 오랫동안 인생을 계속 공유할지에 대해 궁금했을 것이다. 한 가지 예를 든다면, 당신이 친구나 연인과 실제로 얼마나 많이 공유하는지를 알아차리기까지는 시간이 필요하다. 잠재적인 연인에게서 우리가 처음 매력을 느끼게 되는 것은 그나 그녀의 외모이다. 당신이 그 사람의 세계관을 함께 공유하는지 아닌지를 재빨리 결정할 수는 없지만, 누군가의 신체적 매력을 판단하는 데는 몇 초 이상 걸리지 않는다. 그리고 누군가가 더 매력적이라고 생각할수록 우리는 그 사람이 우리와 견해를 공유할 것이라는 기대를 더 많이 하게 된다(Luo & Zhang, 2009; Morry, 2007).

또한 관계를 맺고 있을 때 사람들이 변화한다는 것은 놀라운 일이 아닐 것이다. 그들은 새로운 것에 관심을 갖거나, 혹은 오래되고 잊었던 것을 다시 시작하기도 한다. 새로운 파트너와 있는 것의 결과로 그들은 어떤 문제에 대한 그들의 관점을 바꾸거나 심지어 더 외향적이 되거나 집에 있는 것을 더 좋아하는 사람으로 바뀔 수도 있다(Gonzaga, Carter, & Buckwalter, 2010; Ruvolo & Ruvolo, 2000). 그리고 사람들은 심지어 그들의 파트너들과 닮아간다(Zajonc, Adelmann, Murphy, & Niedenthal, 1987). 파트너 간의 몇 가지 차이는 단지 그들이 상호작용하고 공동의 경험을 공유하기 때문에 사라지고, 몇 가지 유사성은 그들의 파트너에게 적응하기 위해서 노력하기 때문에 증가한다.

서로 사랑하는 두 사람이 정말로 똑같이 닮지 않아서 다행인 경우들이 있다. 사람들은 여러 가지 방법으로 서로를 보완할 수 있다. 당신의 부모나 친구들과의 관계를 생각해 보면 아마도 상당수의 예가 떠오를 것이다. 어떤 남편은 완전히 책벌레이고 이론적이거나 학문적인 지식에 해박하여 효율적인 조직화가 가능한 사람이지만, 전구를 갈거나 가재도구를 수리하는 일은 전혀 못한다. 여기 학문적 지향성은 아니지만 가끔 가정에서 해결해야 할 필요가 있는 전등 수리 정도는 해 낼 수 있는 손재주 있는 아내가 있다. 또는 몇몇 남편이나 아내기 그들의 배우자를 시배하는 방법을 생각해 보라. 그들은 매우 주장적이고, 커플이 해야 할 대부분의 결정을 하고, 그리고 일반적으로 관계의 방향을 제시하는 쪽이다. 매우 지배적인 여성은 편안하게 그녀를 따라 주는 남편을 찾는다. 한 연구 결과에 의하면 실제 커플들이 지배/복종의 차원에서는 서로 보완적이지만 따뜻함의 차원에서 서로 같을 때가 가장 행복한 것으로 나타났다(Markey & Markey, 2007).

지금까지의 모든 관찰을 통하여 결론을 내리자면 전체적으로 커플들에게 중요한 것은 서로 다르기보다는 서로 비슷한 것이다. 당신은 왜 이것이 사실인지 생각해 본 적 있는가? 왜 우리는 자신과 같은 사람에게 더 매력을 느끼는 것일까? 파트너가 공통점을 그다지 많이 갖고 있지 않으면 관계에서 훨씬 더 많은 흥분과 모험이 보장되지 않는다는 말인가? 한 가지 중요한 요소는, 사람들은 전반적으로 그들의 가치와 흥미를 공유하는 사람들과 함께 있을 때 그들의 신념을 타당한 것으로 느낀다는 것이다. 그들은 또한 반응이 예상 가능하고 적어도 어느 정도는 상당히 이해할 만한 사람들과 함께 있을 때 더 편안함을 느낀다. 그리고 마지막으로 중요한 것은 당신과 닮은 누군가를 만나면, 그들을 좋아하는 쪽으로 기울뿐만 아니라, 당신은 결국 그들도 당신을 좋아하게 될 것이라고 기대한다(Byrne & Clore, 1970; Singh, Yeo, Lin, & Tan, 2007). 그것이 이어서 더 자세하게 다루고자 하는 호혜성이다.

호혜성

일반적으로 자신을 좋아하는 사람을 좋아한다는 것은 놀라운 일이 아니다. 결국, 우리를 좋아한다는 것은 우리를 기분 좋게 만들기 때문이다. 몇몇 연구도 이것을 보여 주고 있다. 한 연구는 참여자와 함께 프로젝트를 위해 연구 공모자를 활용하는 기법을 사용하였다. 그리고 프로젝트의 마지막에 참여자들은 그들이 얼마나 그 공모자를 좋아하는지를 평가하는 질문지에 응답하도록 하였다(그들은 그 공모자가 단지 다른 연구 참여자라고 생각했다). 그러나 참여자들이 질문지를 완성하기 전에, 실험자는 실험자와 공모자 간의 대화를 각 참여자가 엿듣도록 고안했는데, 그 대화는 공모자가 참여자에 대해 좋게 말하거나 혹은 좋지 않게 말하는 것이었다. 예측한 대로, 참여자들은 그들에 대해 비판적으로 말했을 때보다는 좋게 말했을 때 훨씬 더 공모자를 좋아했다(Backman & Secord, 1959).

좀 더 흥미로운 것이 있다. 다른 연구는 우리가 우리를 서슴없이 좋아하는 사람을 반드시 가장 좋아하는 것은 아니라는 사실을 밝혀내었다. 아론슨과 린더(Aronson & Linder, 1965)는 앞에서 자세하게 언급된 연구와 여러 면에 있어서 비슷한 연구를 실시했다. 하지만 이번에는 참여자들이 우연히 엿듣게 되는 공모자와 실험자 간의 대화에 공모자가 참여자를 좋아하거나 싫어하는지를 밝히는 대화뿐만 아니라 두 가지 대화가 더 있어서, 네 가지의 가능한 대화들이 있다. 하나는 공모자가 처음에는 참가자를 좋아하지만 나중에는 그에 대해 비판하는 것으로 끝나는 것, 그리고 다른 하나는 공모자가 처음에는 참여자를 아주 좋아하지 않았지만 연구가 진행됨에 따라 그를 좋아하게 되는 것이었다. 참여자들은 얼마나 그 공모자를 좋아하는지에 대한 피드백을 했을 때 공모자가 처음부터 그 참여자를 좋아하는 역할을 한 것보다 처음에는 비판적이었지만 이후 그 참여자를 좋아하면서 끝나는 역할을 한 공모자를 가장 좋아했다. 이것은 아마도 때때로 어떤 사람이 당신을 칭찬으로 숨 막히게 할 때, 그것이 진심인지 알기 어렵다는 사실 때문일 것이다. 아마도 그 사람은 그저 다른 사람에게 칭찬하는 것을 좋아하는 사람일 수도 있다. 그러나 누군가가 처음에는 당신에게 비판적이었지만 나중에 마음을 바꾸어 당신에게 훨씬 더 호감을 나타낼 때, 그 호의가 틀림없이 진실이라고 느끼고, 당신은 실제로 그 사람의 호감을 얻는 방식으로 행동한다.

성격

많은 사람들이 그들의 파트너에게 매력을 느낀다고 말하는 한 가지는 성격이다. 그리고 이것은 물론 타당하다. 비록 처음에 당신이 누군가에게 끌리더라도 그 사람과의 상호작용의 어느 시점에서 만약 당신이 그나 그녀의 성격에 매력을 느끼지 못한다면 그 사람과의 관계는 매우 암울하고 지루하게 될 것이다. 1968년에 실시된 연구에서, 노먼 앤더슨(Norman Anderson)은 대학생들에게 사람들의 성격을 기술하는 데 사용되는 몇백 개의 서로 다른 목록을 주었다. 그것들은 '친절한', '믿을 만한', '영리한', '존경스러운', '침울한' 등등이다. 그는 연구 대상자들에게 그들이 평정한 각각의 특성을 소유하고 있는 사람을 얼마나 마음에 들어 하는지 상상해 보라고 요청하였다. 그리고 나서 그는 사람들이 누군가를 가장 좋아하게 만드는 특성부터 사람들이 누군가를 가장 싫어하게 만드는 특성까지 555개의 기술을 순서대로 나열했다. 확실히, 사람들은 부정적인 특성을 가진 사람보다 긍정적인 특성을 가진 사람들을 좋아하는 것으로 나타났다. 가장 좋아하는 특성들 중 몇 가지는 성실, 정직, 충실, 그리고 신뢰였다. 가장 싫어하는 특성들 중 몇 가지는 잔인함, 비열함, 허위, 그리고 거짓말쟁이였다.

당신이 알고 있듯이, 상대방이 정직하고 신뢰가 간다는 것은 우리에게 많은 것을 의미한다. 그러나 상대방이 나를 좋아하기 위해 내가 완벽할 필요는 없다. 한 연구에서 실험자는 학생들에게 오디션에 참여한 다른 학생들의 테이프를 듣도록 했다. 하나의 테이프에서는 특정 학생이 잘하지 못하였으나, 다른 테이프에서는 그 학생이 오디션을 매우 잘 보았으며 매우 유능한 모습을 보여 주었다. 그 유능한 학생의 테이프에는 두 가지 다른 결말이 있었는데, 하나는 학생이 음료수를 엎질렀고 다른 하나는 이런 어설픈 결말이 없는 것이다. 이후에 참여자들은 오디션 참가자들을 얼마나 좋아하는지 평정하였다. 가장 좋아하는 오디션 참가자는 능숙했지만 그의 음료수를 엎지른 참가자였다. 따라서 실제로 어느 정도의 서투름은 덜 호감을 갖게 하는 것이 아니라 더 호감을 갖게 만들 수 있다. 그것은 아마도 당신이 완벽한 사람이기보다는 덜 위협적인 사람으로 보일 수 있기 때문일 것이다.

적어도 당신이 여성을 감동시키고 싶은 남성이라면 똑똑한 것도 좋은 방법이다. 몇몇 연구들은 지적인 남성일수록 여성들이 그에게 더 매력을 느끼는 것으로 나타났다. 남성들은 이것을 직감적으로 아는 것처럼 보이는데, 그 이유는 남성들이 여성을 유혹할 때 평소보다 더 정교한 단어를 사용하기 때문이다(Prokosch, Coss, Scheib, & Blozis, 2009; Rosenberg & Tunney, 2008).

신체적 외모

대인관계 매력에서 중요한 요인 중 하나는 외모이다. 사실 이것은 누군가에 대한 우리의 즉각적인 평가에 영향을 미치는 가장 중요한 요인이다. 당신이 어떤 사람의 매력을 평가하는 데는 많은 시간이 걸리지 않는다. 즉, 낯선 사람을 보았을 때 그나 그녀가 매력적인지는 거의 곧바로 알아차릴 수 있다(Willis & Todorov, 2006). 연구 대상자가 낯선 사람을 아주 짧은 시간 동안 만나고 나서 잠재적인 파트너로서 그나 그녀에게 관심이 있는지를 결정해야만 했을 때, 그 사람의 외모만큼 중요한 것은 아무것도 없는 것으로 나타났다(Luo & Zhang, 2009).

당신은 아마도 정말 매력적으로 느낀 제3의 인물에 대해서 누군가와 이야기를 나눈 상황이 최소 한두 번 있을 것이다. 그런데 당신은 그 대화 상대가 그 사람의 외모에 대한 당신의 평가에 동조하지 않는 것에 놀란 적이 있을 것이다. 이런 종류의 의견 불일치가 흔한 일이긴 하지만 다수의 사람들에게 물어보면 무엇이 누군가를 매력적으로 만드는지에 대한 전반적인 합의가 있는 것처럼 보인다. 그리고 이러한 합의는 미국 내 다른 인종 집단과 전 세계의 다른 문화에 퍼져 있다. 우리는 이것에 대해 나중에 좀 더 이야기할 것이다. 먼저, 무엇이 사람을 매력적으로 보이게 하는지에 대해 살펴보자.

분명히 다른 사람들에게 누군가의 얼굴을 더 매력적으로 보이게 하는 하나의 속성은 평균성이다. 어떻게 그럴 수 있는가? 연구자들이 이것에 대해 밝혀낸 것이 있다. 그들은 서로 다른 얼굴 사진들을 합성하는 기술을 사용했고, 그들의 연구 참여자들에게 합성된 얼굴이 얼마나 매력적인지를 평정하게 하였다. 즉, 그들은 참여자들에게 2개, 8개, 16개 등의 얼굴을 합성해 만든 사진을 보게 했다. 일반적으로 참여자들은 더 많이 평균화된 최종 사진 속 얼굴을 더 매력적인 얼굴로 본다는 것을 발견했다(Langlois, Roggman, & Musselman, 1994). 이것은 일본, 인도, 나이지리아 같은 나라뿐만 아니라 서로 다른 문화적 특징을 갖고 있는 거의 모든 문화권에서 공통적인 것으로 보인다(Rhodes, Harwood, Yoshikawa, Nishitani, & MacLean, 2002). 그림 6.1은 남성과 여성의 얼굴을 합성한 사진들이다. 당신은 어떤 얼굴이 가장 매력적으로 느껴지는가?

얼굴을 점점 더 많이 평균을 낼 때 얼굴에 나타나는 한 가지는 얼굴이 더 대칭적이 된다는 것이다. 즉, 얼굴의 양쪽 면은 점점 더 서로 거울 속 이미지처럼 된다. 어떤 사람들은 한쪽 눈이 다른 쪽 눈보다 약간 더 작거나 혹은 더 좁다. 또는 얼굴의 한쪽 면의 입술이 다른 쪽 면보다 약간 더 올라가 있을 수 있다. 얼굴의 양쪽 면이 거의 동일할수록 얼굴은 더 대칭적이다. 사람들은 평균적인 얼굴에 매력을 느낄 뿐만 아니라 대칭적인 얼굴에도 매력을 느낀다. 종종 평균성과 대칭은 함께 나타나지만 반드시 그래야만 하는 것은 아니다. 평균에 가깝지 않은 얼굴이지만 매우 대칭적인 얼굴 또한 매력적인 것으로 인식될 수 있다(Fink, Neave, Manning, & Grammer, 2006).

그럼에도 사람들이 다른 사람들의 얼굴을 좋아하게 하는 것은 정확히 무엇인가? 그것은 가장 먼저 그리고 가장 중요한 것으로서 평가받는 사람의 성별에 달려 있다. 여성의 경우는 큰 눈, 높은 광대뼈 그리고 도톰

2개의 얼굴 합성

8개의 얼굴 합성

32개의 얼굴 합성

그림 6.1 소년과 소녀 얼굴 합성

출처 : Judith Langlois.

한 입술 같은 특징들이 특별히 매력적인 것으로 나타났다(Cunningham, Roberts, Barbee, Druen, & Wu, 1995; Jones, 1995). 남성의 경우는 매력적인 얼굴에 대한 거의 합의가 나타나지 않지만 일반적으로 넓은 이마와 턱, 함박웃음이 매력적으로 보인다(Cunningham, Barbee, & Pike, 1990; Rhodes, 2006).

사람의 몸을 매력적으로 만들어 주는 특징에 대해서도 일반적인 합의가 있다. 여성부터 시작해 보자. 당신은 이미 허리-엉덩이 비율(waist-hip ratio, WHR)에 대한 것을 들어본 적이 있을 것이다. 남성들은 여성의 허리가 여성의 엉덩이보다 상당히 더 가늘 때 매력적으로 느끼며 0.7의 WHR(허리가 엉덩이보다 30% 더 가늘 때)이 가장 매력적인 것으로 나타났다. 자신의 WHR은 허리에서 가장 가는 부분의 둘레를 엉덩이에서 가장 넓은 부분의 몸 둘레로 나눔으로써 간단하게 계산할 수 있다. 전 세계의 남성들은 모래시계 모양의 여성을 선호한다. 한편, 앞을 보지 못하는 남성도 이 모양을 선호한다는 것(Singh, Dixson, Jessop, Morgan, & Dixson, 2010)을 알고 있었는가? 시각장애 남성(분명히 보는 것이 아니라 만지는 것으로 몸의 모양을 확인하는)을 대상으로 한 연구에서 그들도 곡선이 있는 여성을 선호한다는 것을 발견했다. 남성들은 실제로 엉덩이와 허리의 곡선에 매우 큰 관심을 보여서 여성의 매력을 평정할 때 WHR이 가슴 크기보다 판단에 더 많은 영향을 끼친다.

다시 말해 여성보다 남성이 조금 더 복잡하다. 고정관념대로 여성은 넓은 어깨와 근육이 많은 남성을 선호한다. 만약 당신이 남성이고 아직 당신의 WHR을 계산하지 않았다면, 지금 해 볼 필요가 있는데, 그 이유는 여성들이 가장 좋아하는 이 변인의 숫자가 0.9이기 때문이다. 즉, 여성은 남성의 허리가 그의 엉덩이보다 약간 더 좁은 치수를 가장 좋아한다. 실제로 이러한 특징을 가진 남성은 그렇지 않은 남성보다 더 이른 연령에 더 많은 수의 여성들과 성관계를 가졌다. 남성들에게 유리한 또 다른 득징은 키가 큰 것이다. 커플인 경우 남성과 여성 모두 키 큰 남성 파트너를 선호한다(Hitsch, Hortacsu, & Ariely, 2010).

중요한 것은 사람의 몸만이 아니다. 의복도 영향을 줄 수 있다. 사람들은 일반적으로 빨간 옷을 입은 이성을 더 매력적으로 느낀다(Elliott et al., 2010). 배란기(임신을 할 수 있는 시기)가 오면 여성들은 빨간 옷을 더 자주 입고, 남성을 더 많이 유혹하고, 나이트클럽에서 남성과 느린 춤을 추는 경향이 더 높고 그리고 평소보다 가벼운 섹스에 더 개방적인 경향을 보인다(Gangestad, Thornhill, & Garver-Apgar, 2010; Gueguen, 2009).

전 세계의 문화가 제시하고 있는 이상적인 아름다움이 많이 있다. 한 문화에서 아름답다고 여겨지는 사람은 보통 다른 문화에서도 매우 매력적으로 보인다(Jones, 1995). 외모는 삶이 더 힘들고 생존이 그 사람의 건강과 직결되는 삶을 살고 있는 지역 — 예를 들어 아프리카의 사하라 사막 이남의 나라들 — 에서 더 중요할 수 있다(Gangestad & Buss, 1993). 남성이든 여성이든 환한 피부와 빛나는 머리카락, 그리고 적당한 몸무게를 가진 사람이 건강한 상태인지 아닌지에 대해서는, 거의 즉시 말이 통한다. 몸무게는 그 시대가 처한 환경에 따라 그 가치가 변할 수 있다. 바로크 시대의 그림을 보면 확실히 여성들이 풍만한 것을 발견할 수 있을 것이다. 그리고 일반적으로 기아가 주요 문제였던 것(적어도 미국에서)으로부터 벗어난 최근까지도 더 큰 여성이 이상적인 아름다움이었다. 일반적으로 사람들의 부와 행복이 증가하면 아름다운 여성의 이상적인 몸무게는 내려갔다. 최근에는 패션쇼나 잡지 겉표지의 슈퍼모델들이 너무 말라서 많은 모델들이 섭식장애 진단을 받을 정도이다(Owen & Laurel-Seller, 2000). 그러나 미국 내 몇몇 인종들은 다른 인종보다 몸무게에 대해 좀 더 너그럽다. 몇몇 연구에서는 흑인 남성과 히스패닉 남성이 백인 남성보다 풍만한 여성에게 매력을 더 느끼는 것으로 나타났다(Glasser, Robnett, & Feliciano, 2009).

이전에 언급했던 것처럼 우리는 누군가의 신체적 매력을 매우 빠르게 평가하며 그 매력은 그나 그녀에 대해 잘 모를 때, 그 사람이 두 번째 데이트의 상대가 될 수 있는지를 결정하는 데 중요한 역할을 한다. 비록 우리가 순식간에 아름다움을 판단할 수는 있어도, 누군가의 성격이나 특징을 짧은 시간 안에 평가하기는 훨씬 더 힘들다. 그래서 아름다움을 고려함으로써 우리는 적어도 파트너로서의 바람직성을 결정하는 하나의 기준을 갖는다. 게다가 우리는 좋은 외모를 가진 사람이 사랑스러운 성격 특성을 갖게 되는 축복을 받았을 것이라고 가정하는 경향이 있다(Dion, Berscheid, & Walster, 1972). 그리고 여성의 아름다움은 남성과 상호작용하는 시간의 양과 상관이 없는 것으로 나타났지만, 남성의 외모는 정말 중요해서 남성이 매력적일 때 그들은 여성들과 더 많은 상호작용하는 경향을 보였다(Reis, Nezlek, & Wheeler, 1980).

사람들은 이처럼 신체적으로 매력적인 사람들에게 더 호의적으로 반응한다. 매력은 정말 매력적인 사람들이 많은 것을 얻는 데 도움이 되는가? 연구는 그렇다고 제안한다. 사람들은 아름다운 사람에게 더 많이 웃고 더 긍정적인 태도를 보여 주기 때문에 매력적인 사람은 상당히 사교적인 경향이 있다. 결국 그들은 다른 사람들과 즐겁게 상호작용할 기회를 많이 갖게 된다. 이러한 아이디어는 젊은 남성이 모르는 여성에게 전화 대화를 시도하게 한 연구에서 실제로 검증되었다. 그들은 전화를 걸기 전에 여성 대화 파트너라고 제시한 사진을 보게 된다. 그 사진은 매력적일 수도 있고 혹은 그렇게 매력적이지 않은 여성일 수도 있다. 남성은 그 여성이 예쁘다고 믿을 때, 그녀에게 더 친절한 방식으로 행동했다. 아름답다고 믿게 한 여성들도 더 친절했는데, 아마도 그들이 받았던 친절한 태도에 대한 응답이었을 것이다(Snyder, Tanke, & Berscheid, 1977). 직장에서도 매력적인 것이 성공적이었다. 매력적인 사람은 인터뷰 이후에 더 많은 일자리 제의를 받고 평범한 동료보다 첫 직장에서 더 많은 급여를 받게 되는 경향이 있다(Frieze, Olson, & Russell, 1991; Hamermesh & Biddle, 1994). 그러나 매력적인 것에 대한 대가도 있다. 사람들이 그들에게 친절하게 대하면 매력적인 사람들은 때때로 다른 사람의 칭찬을 믿는 것이 힘든데, 그 이유는 종종 그들이 열렬히 원하는 데이트 기회를 갖기 위해 진심을 왜곡하기 때문이다(Rowatt, Cunningham, & Druen, 1999).

우리는 커플들이 종종 많은 다른 방식에서 유사성이 있다는 것을 확인해 왔다. 그것이 매력에도 적용될까? 그렇다. 모든 사람들이 가장 잘생긴 파트너를 원하지만, 자신이 신체적으로 매우 매력적이지 않은 사람이라면 일반적으로 자신은 매우 매력적인 사람과 데이트를 할 수 없을지도 모른다는 것을 이해하고 있다. 거절에 대한 두려움 때문에 그들은 일반적으로 주변에 있는 가장 매력적인 사람에게 데이트를 신청하지 않고, 대신 자신의 매력 수준에 맞는 것으로 생각되는 사람에게 초점을 맞춘다. 이것을 짝 맞추기 현상(matching phenomenon)이라고 한다. 센토와 나지(Shanteau & Nagy, 1979)는 이러한 현상에 대해, 파트너의 바람직성을 상대의 매력과 거절 가능성이 포함된 공식으로 설명하고 있다.

잠재적인 파트너의 바람직성＝파트너의 신체적인 매력×수용 가능성

잠재적인 파트너의 신체적인 매력이 높을수록, 그나 그녀가 당신을 받아들일 가능성은 더 낮아진다. 만약 그 가능성이 0에 가깝다면, 분명히 파트너로서 상대의 바람직성은 매우 낮다. 마찬가지로, 만약 잠재적인 파트너의 매력이 매우 낮으면 그 사람이 당신을 짝으로 받아들일 가능성은 올라간다. 그러나 잠재적인 파트너로서 그 사람의 바람직성은 여전히 0을 향할 것이다. 따라서 사실상 각 개인은 잠재적인 파트너의 매력(그 사람 자신의 신체적 매력에 따른)과 그들이 잠재적인 파트너에 의해 수용될 가능성 간에 균형을 찾아야 한다. 이것은 보통 함께 만나는 사람들의 매력 간에 유사성을 만든다. 그러나 이전에 논의한 것처럼 다른 요인들 또한 여기에 관여된다. 예를 들어, 만약 잠재적인 파트너가 부유하거나 유명하거나 당신이 중요시하는 것에 영향을 끼치는 사람이라면 사람에 따라 그 사람의 매력에 관해 한쪽 눈을 감을 수도 있다.

종합적으로 매력과 관련하여 고려할 요인들이 많이 있다. 잠재적인 관계의 시작 단계에서 가장 영향력 있는 요인은 의심할 여지없이 신체적인 매력으로, 그것은 순식간에 평가할 수 있고 건강과 젊음의 지표가 된다. 따라서 커플들은 비슷한 수준의 매력을 가지고 시작하는 경향을 보인다. 신체적인 매력의 부족은 적어도 어느 부분에선 돈이나 명예로 보상될 수 있다. 물론, 근접성, 친숙성, 유사성, 호혜성, 그리고 성격과 같은 다른 요인들도 역할을 한다. 그러나 일반적으로 한 개인은 여러 면에서 다른 점이 있는 사람보다는 자신과 유사한 파트너와 함께 하는 것을 선호한다고 말할 수 있다.

7

관계의 단계 :
관계의 형성, 유지, 결별

이 장에서 우리는 관계의 전체 발전 과정을 살펴볼 것이다. 3장에서 조사했던 몇 가지 사랑의 종류들을 검토하고, 연구자들이 각 종류의 사랑의 시간적인 과정을 어떻게 이해하는지에 대해 논의할 것이다.

그다음 우리는 바로 실제로 옮겨가서 사람들이 짝을 찾는 새로운 방법, 스피드 데이트에 대해서 자세히 살펴볼 것이다. 그리고 혼전 동거의 효과와 동거 커플들이 결혼을 하게 되면 어떤 일이 일어나는지에 대해 생각해 볼 것이다. 우리는 또한 커플들이 관계를 유지하는 데 도움이 되거나 방해가 되는 기제에 대해 논의할 것이다. 마지막으로, 관계를 끝내는 일반적인 방식, 즉 이별 및 이혼에 대해 살펴볼 것이다.

다른 종류의 사랑과 발전 과정

당신은 3장에서 서로 다른 종류의 사랑에 대해 논의한 것을 기억할 것이다. 분명히 서로 다른 종류의 사랑의 궤도는 상당히 다를 것이다. 몇 가지 그런 사랑의 종류를 좀 더 세밀하게 살펴보고, 시간이 지남에 따라 일어날 가능성이 있는 과정에 대해 연구자들이 이야기하는 것을 알아보도록 하자.

다음 세 가지 시나리오가 있다.

- 래리와 앤은 오랫동안 서로 알고 지내 왔다. 그들은 대학 조정 팀에서 처음 만나 함께 운동을 즐겼다. 래리와 앤은 곧 조정부 동료 이상으로 발전해, 함께 영화를 보러 가고 서로의 시험 공부를 도왔다. 그들은 결코 낭만적인 관계로 빠지지는 않았지만 몇 년 동안 가까운 친구로 지냈다. 래리는 앤의 결혼식 때 들러리였고 앤은 래리가 결국 이별로 끝난 그의 오래된 여자 친구와의 관계에서 힘든 시기를 보낼 때 도움을 주었다. 그들은 지금 다른 지역에서 살고 있지만 이메일이나 주기적인 전화로 연락을 이어가고 있다.

- 미시와 조는 7년 동안 결혼 생활을 하고 있다. 그들은 조가 리포터로 일하던 지역 신문사에서 미시가 인턴을 할 때 서로 광적인 사랑에 빠졌다. 몇 달 안에 그들은 결혼을 했고, 신혼여행으로 3개월간의 세계여행을 다녀 왔다. 그 이후 그들에게는 2명의 아이들이 생겼고 미시는 현재 전업주부로 살고 있다. 그들이 한때 서로에게 느꼈던 열정은 거의 식어버렸지만, 그들은 어떠한 고난이 있어도 함께하는 견고한 관계를 만들었다고 느끼고 있다.

- 알리시아는 지역 교회에서 준비한 스파게티 디너에서 마리아를 만났다. 비록 알리시아가 마리아보다 상당히 어렸지만, 두 사람은 즉각 서로가 한 마음인 것 같은 기분이 들었다. 그 후 곧 마리아는 뇌졸중에 걸렸고 몇 주 동안 병원에 다녔다. 그녀는 가까이 사는 친척이 없어서

알리시아가 대신 가족 역할을 수행했다. 그녀는 매일 마리아를 방문하고 그녀의 의료검사 일정을 조정할 뿐만 아니라 의사와 병원 직원에 대한 마리아의 요구에 따라 후속 조치를 취하였다.

이러한 시나리오들이 어떤 종류의 사랑을 기술하고 있는지 알아맞힐 수 있는가? 그들 각각을 한 번 더 살펴보고 3장에서 읽은 사랑의 종류 중 가장 적합한 것을 떠올려 보라.

첫 번째 시나리오는 서로 흥미를 나누고 그들의 삶에서 많은 측면을 공유하는 두 사람 간의 우정, 즉 우애적인 사랑을 기술하고 있다. 두 번째 시나리오는 분명히 낭만적인 사랑이다. 이것은 알아맞히기에 어렵지 않을 것이다. 당신도 이미 알고 있겠지만, 미시와 조가 한때 서로에게 느꼈던 열정은 사라지고 비록 덜 불타오르긴 하지만 보다 안정적인 관계를 만들어 왔다. 세 번째 시나리오는 연민적인 사랑이다. 연민적인 사랑은 '순수한 사랑', '헌신적 사랑', 그리고 '이타적인 사랑' 외에도 여러 가지로 불린다. 이것은 사랑에 관한 문학뿐 아니라 종교에서도 그 특징이 두드러지게 나타나고 종종 보살핌의 관계에서도 발견될 수 있다.

우애적인 사랑은 일반적으로 아주 천천히 발전되는 사랑의 종류이다. 당신 자신의 친구들을 생각해 보라. 당신은 만난 지 하루나 일주일 만에 그들과 매우 친한 친구가 되지는 않았을 것이다. 대신 그런 우정은 시간이 지나면서 발전했을 것이다. 우정은 상당히 안정적이며 일생은 아니더라도 종종 오랜 기간 동안 지속된다. 래리와 앤의 사례에서, 그들의 우정이 좋은 시간도 힘든 시간도 함께 나누는 동안 오랜 세월이 지나면서 어떻게 두터워졌는지 볼 수 있다. 모든 경험을 함께 나눈 것이 그들을 더 가깝게 만들어 주었다. 그리고 우리는 어떤 중대한 사건이 일어나도 그들을 이별하게 만들지 않고 다가오는 긴 시간 동안에도 우정을 즐기게 될 것이라고 기대한다(Berscheid, 2010). 그러나 일반적으로 상황이 관계에 그렇게 희망적이지는 않다.

하트필드, 필레머, 오브라이언 그리고 르(Hatfield, Pillemer, O'Brien, & Le, 2008)의 종단연구는 결혼한 첫해에 낭만적인 사랑뿐만 아니라 우애적인 사랑도 감소한다는 것을 밝혀냈다. 따라서 우리는 우애적인 사랑이 우리가 추측한 대로 정말로 안정적이고 지속적인지를 밝히기 위한 추수적인 연구를 할 필요가 있다. 관계가 오랫동안 지속되면 열정적인 사랑은 진정이 되고 우애적인 사랑으로 발전한다고 믿는 것이 일반적이다(Walster & Walster, 1981). 그러나 우애적인 사랑은 낭만적인 관계에서 시간이 지난 후가 아니라 처음부터 중요하다는 증거가 있다(Berscheid, 2010).

지금 우리는 낭만적인 사랑에 대해 말하고 있으므로, 관계가 오랫동안 지속이 되면 낭만적인 사랑에 어떤 일이 일어나는지 살펴보자. 만약 당신이 낭만적인 사랑이 애정과 성적 욕망의 결합이라는 가설을 세운다면, 그래서 만일 두 요소들 중의 하나가 희미해지기 시작한다면 낭만적인 사랑 전체가 영향을 받을 것(Bcrscheid, 2010)이라고 가정하는 것은 매우 타당하다. 엘렌 버샤이드(Kelly et al., 2002 참고)는 관계를 맺는 사람들은 파트너가 어떻게 행동할 것인지 그리고 그들의 안녕감이 파트너의 행동에 따라 어떻게 영향을 받을지와 관련하여 기대를 가지고 있다고 제안했다. 만약 파트너가 당신의 행복을 강화시키는 무엇인가를 한다면 당신은 기분이 좋을 것이고 만약 파트너의 행동이 당신의 안녕감을 감소시킨다면 당신은 파트너에 대해 좋은 감정을 느끼지 않을 것이다.

관계의 초기에 당신은 파트너의 행동에 대한 반응에서 놀라움을 경험할 가능성이 매우 높다. 다시 말해 파트너가 당신의 기분을 좋게 하거나 당신을 지지하는 무엇인가를 한다면, 당신은 긍정적인 감정을 경험할 것이다. 반면에 파트너의 행동의 결과가 당신을 기분 나쁘게 하거나 당신의 목표를 방해한다면 당신은 부정적인 감정을 경험할 것이다. 그러나 관계를 오랫동안 지속할수록 그 관계는 점점 더 예측이 가능해진다. 그때의 파트너의 행동은 더 이상 거의 놀라운 것이 아니다. 사람들은 파트너가 특정한 방향, 보통은 그들의 행복을 강화시킬 수 있는 방향으로 행동하기를 기대하게 된다. 파트너의 긍정적인 행동은 더 이상 놀랍지 않고 따라서 더 이상 예기치 않은 행복과 축복의 감정이 일어나지 않는다. 그러나 예상하지 못했던 부정적인 행동에 대해서는 여전히 놀라고 그 관계를 심각한 위험에 빠트릴 수 있다. 즉, 오랜 관계를 지속하고 있는 파트너들은 거의 예상되는 방향으로 행동하고 그래서 대개 강렬한 감정은 시간이 흐르면서 감소한다. 성관계 또한 관계가 오래 될수록 줄어든다.

앞에서 언급했던 것처럼 하트필드와 동료들(Hatfield et al., 2008)은 낭만적인 사랑이 결혼의 첫해 동안에 상당히 감소한다는 사실을 밝혀 내었다. 우리는 이것에 대한 몇 가지 징후를 미시와 조의 관계에서 볼 수 있다. 그들의 관계에서 처음의 열정은 다소 사라졌지만 이후 단단한 우정으로 대체된다. 우정은 그들이 함께하는 삶을 예측할 수 있게 해 주고

극심하게 높낮이가 있는 열정적인 감정이 사라지면서 그들의 일상사를 더 쉽게 다룰 수 있도록 도와준다.

마지막으로, 연민적인 사랑의 시간적 과정에 대해 생각해 보자. 그것은 알리시아와 마리아의 사례처럼 상당히 빨리 발전할 수 있다. 사람에 따라서는 짧은 시간 내에 누군가의 운명에 관심을 기울일 수도, 즉각적인 행동을 취할 수도 있다. 공동의(communal) 사랑으로 발전하는 데 있어서 매우 중요한 요인은 한쪽이 상대에 대해 (a) 제공되는 지원을 수용하고, (b) 필요할 때 지원을 제공하기 위해, 믿을 수 있는 사람으로 느끼는가이다. 공동의 사랑은 또한 결혼과 같이 오랫동안 지속되는 관계의 한 부분이기도 하지만, 갈등과 단지 스트레스뿐인 일상이 파트너들을 지치게 만들 수 있고, 그들은 누가 언제 무엇을 했는지에 대해 횟수를 세기 시작하게 만든다. 이런 일이 일어나면, 결혼 만족도는 대체로 감소한다(Grote & Clark, 2001). 현재까지 연민적인 사랑이 오래 지속되는 것과 시간이 지남에 따라 그것이 발전하는 것에 대한 연구는 많지 않다. 이러한 관계의 과정은 한 개인의 이타적인 행동이 단기간 동안만 필요한 것인지, 또는 예를 들어 파트너가 아파서 오랜 시간 혹은 심지어 일평생 그나 그녀의 집중적인 보살핌이 필요한지에 따라 다를 수 있다.

짧은 여행 : 짝을 만나는 새로운 방법ー스피드 데이트

잠재적인 파트너를 만나는 방법은 최근 몇십 년 동안 상당히 바뀌었다. 과거에는, 사람들이 잠재적인 파트너를 선택할 때 종종 그들의 마을이나 지역에 사는 사람들로 제한되었다. 그들의 파트너도 함께 학교를 다녔 거나 일이나 취미생활에서 만난 사람들을 선택했다. 요즘 젊은 사람들은 한때 요구되었던 작은 노력만으로도 매우 많은 사람들과 소통할 수 있 다. 그들은 문자 그대로 전 세계의 모든 사람들과 소통하기 위해 원하는 대로 쓸 수 있는 다수의 미디어를 갖고 있다. 일반적으로 인터넷, 페이스 북, 데이트 서비스와 웹사이트, 스피드 데이트 이벤트 그리고 적정 가격 의 장거리 전화를 생각해 보라. 아마도 당신은 스카이프, 전화, 이메일을 이용하여 성공적인 장거리 관계를 맺는 사람들을 알고 있을 것이다. 그 리고 당신은 파트너를 온라인으로 만나는 사람들을 알고 있을 것이다.

잠재적인 파트너를 찾는 비교적 새로운 선택 방법 중 하나는 스피드 데이트다. 스피드 데이트에 익숙하지 않은 사람들을 위해 그것이 어떻 게 이루어지는지에 대한 짧은 요약을 제시하겠다. 스피드 데이트 이벤 트에서 당신은 비교적 다수의 사람들과 첫 인상을 갖기에만 충분할 정도 의 짧은 시간 동안 일대일로 만난 후 잠재적인 파트너에게 흥미가 있는 지 여부를 결정한다. 보통 한쪽은 남성들이 그리고 다른 쪽은 여성들이 테이블을 사이에 두고 앉는다. 모든 사람들은 번호를 배정받는다. 한 사 람과 3분 혹은 4분간의 대화 시간이 지나면 벨이 울리고 남성이 다른 자 리로 옮겨가 모든 사람은 새로운 파트너를 만나게 된다. 모든 절차는 각 각의 남성이 각각의 여성을 만날 때까지 계속해서 반복된다. 참가자들은 그들이 더 알고 싶은 사람들의 번호를 적을 수 있는 점수표를 받는다. 이 벤트 후에 그들은 선택한 번호를 시스템에 넣는다. 만약 그들이 관심을 둔 사람도 그들과 일치하는 번호를 넣는다면 그들은 각자의 연락처 정보를 이용할 수 있게 되면서 서로 연락을 취할 수 있다. 이벤트에 따라 하룻저녁에 당신은 15~30명의 잠재적인 파트너를 만날 수 있다. 북미에서 스피드 데이트 이벤트에 참가하는 성인의 평균 연령은 33.1세(표준편차 5.3년)로(Kurzban & Weeden, 2005), 즉 모든 참가자들의 3분의 2는 28~38세 사이이다.

최근의 한 연구는 독일에서 이루어진 스피드 데이트의 결과를 조사했다(Asendorpf, Penke, & Back, 2011). 각각의 이벤트에 평균 22명이 참가했고, 총 190명의 남성과 192명의 여성이 연구에 참여했다. 이벤트가 끝난 뒤 참여자들은 평균 3.9명의 사람을 선택했다. 당신은 상대방이 동시에 당신을 선택해야만 그 사람의 연락처를 받을 수 있다는 것을 기억할 것이다. 각 사람들은 평균 1.3회의 서로 일치하는 선택을 했다. 약 60% 정도의 참여자들이 최소 한 번 짝짓기에 성공했다.

스피드 데이트 이벤트에서 가장 인기 있었던 참가자들의 특징을 먼저 살펴보자. 이런 이벤트에선 그 누구도 주어진 사람과 대화할 시간이 많지 않기 때문에 남성과 여성 양쪽 모두의 인기는 주로 그들의 신체적 매력, 특히 그들의 몸무게와 신장뿐만 아니라 얼굴과 목소리의 매력 등에 기초하고 있다는 것이 놀라운 일은 아닐 것이다. 사실 남성들은 관심 있는 여성을 선택하는 데 거의 오로지 신체적인 단서를 사용하는 것처럼 보였다. 여성들은 선택할 때 다수의 다른 기준들도 사용했는데 남성들의 소득, 교육 그리고 경험에 대한 개방성뿐만 아니라 교제 이외의 성관계에 대한 생각(사회성적지향욕구)에 관심을 보였다. 흥미로운 사실은 신체적인 매력에 덧붙여서 여성들이 사용하는 단서들은 이상의 모든 특징들인데, 연구에서 보듯이 당신은 오직 짧은 시간 동안 누군가를 만났을 지라도 그것들을 정확하게 판단할 수 있다(예 : Boothroyd, Jones, Burt, DeBruine, & Perret, 2008; Kraus & Keltner, 2009 참고).

예상 외로 교제 이외의 성관계에 더 개방적인 남성일수록 여성들에게 더 인기가 있었다(비록 스피드 데이트 이벤트의 남성과 여성 모두 일반 적으로 긴 시간의 동반자 관계를 찾고자함에도 불구하고). 보다 성적 지 향적인 남성은 여성을 유혹하는 기술을 섬세하게 연마했을 가능성이 있 는 것이다. 어떤 경우에도 수줍음은 남성의 인기에 부정적인 영향을 주 었으며, 반면에 수줍음은 여성의 인기에서는 어떠한 차이도 만들어 내지 않았다.

누구나 예상하다시피 인기가 많은 사람일수록 선택을 하는 데 더 까 다롭다. 이것은 이치에 맞는 것으로, 왜냐하면 인기 있는 사람일수록 그 들에게 관심을 보이는 잠재적인 파트너가 더 많고, 그래서 그들은 선택 할 수 있는 더 많은 사람들이 있고, 더 까다롭게 고르려고 노력하기 때문 이다. 그러나 여성들은 연령이 증가할수록 덜 까다로운 경향을 보인다.

우리는 6장에서 유사성이 있는 사람들이 서로에게 더 끌린다는 것에 대해 언급한 바 있다. 하지만 이 유사성 효과는 스피드 데이트 연구에서 발견되지 않았다. 그 이유는 아마도 몇 분간의 상호작용으로는 그들의 유사성을 찾을 정도로 시간이 충분하지 않았기 때문일 것이다.

정리하면, 스피드 데이트 이벤트에서 낭만적인 파트너를 만날 기회는 5% 정도이다. 이것이 높은 확률로 들리지 않을 수도 있지만, 카페에서 시 간을 보내면서 파트너를 찾을 가능성을 생각해 보면 당신이 스피드 데이트 이벤트에서 누군가를 찾을 수 있는 가능성은 이보다는 높은 것이다.

동거

젊은 사람들이 아직 결혼할 계획 없이 커플로 함께 사는 것은 흔한 일이 되었다. 동거하는 젊은 커플 수는 최근 몇십 년 동안 꽤 늘었으며 2011년에 760만의 성인들이 동거하고 있다(1960년 44만 명에서). 결혼하려는 많은 커플들이 동거를 한다(Manning & Smock, 2002). 오늘날 결혼한 커플의 50% 정도가 혼전동거를 했다(Bumpass & Lu, 200). 하지만 결혼하지 않고 함께 사는 대부분의 커플들은 오랜 시간 함께 지내지 않는다. 즉, 그런 커플들의 반 이상이 그들이 함께 산 지 일 년 이내에 관계를 끝내고 90% 정도는 5년 이내에 헤어진다(Lichter, Qian, & Mellott, 2006).

제시카와 팀의 상황을 생각해 보자. 그들은 2년 정도 함께 살았다. 그들은 대학에서 만났지만 졸업할 때까지는 서로 함께하지 않았다. 졸업 후 그들은 둘 다 뉴욕에서 직장 생활을 시작했고, 둘 다 그곳이 생소하여 아는 사람이 별로 많지 않았기 때문에 자주 만나게 되었다. 또한 그들은 둘 다 작은 마을에서 대도시로 이사하는 도전적인 경험을 하고 있었다. 그들은 곧 커플이 되었고 서로 잘 지냈기 때문에 함께 살기로 결정했다. 그 이유는 그들이 함께 있는 것을 매우 좋아했기 때문이고 그리고 아파트를 2개보다는 1개만 빌리는 것이 많은 돈을 아낄 수 있기 때문이었다. 상황은 잘 돌아갔고 그들은 서로 아주 깊은 사랑에 빠졌다. 사실 팀은 최근 제시카에게 프러포즈를 했다. 당신은 2년 동안 행복하게 동거한 것이 결혼 이후 그들이 관계 속에서 즐기게 될 안정과 행복의 좋은 예측인자로 생각되는가?

많은 사람들이 혼전 동거가 파트너와의 결혼 생활을 오래 유지할 수 있을지 그들의 관계를 시험해 보는 좋은 방법이라고 생각한다. 그러나 연구는 사실상 이러한 견해에 대해 의문을 제기하고 있다. 많은 연구에서 동거는 결혼 만족도 및 안정과 부적상관이 있는 것으로 나타났다(예 : Jose, O'Leary, & Moyer, 2010; Stanley, Rhoades, & Markman, 2006). 호세(Jose et al., 2010)는 결혼의 질과 파경의 비율에 대한 혼전 동거의 영향을 조사한 수많은 연구 결과를 분석하는 메타분석을 실시했는데, 그 결과 동거와 결혼 생활의 안정 간에는 부적상관이 있는 것으로 나타났다. 즉, 동거를 했던 사람들은 결혼한 파트너와 헤어질 가능성이 더 높은 경향이 있다는 것이다. 부적인 관계는 동거와 결혼 생활의 질 간에도 나타났다. 한편, 왜 동거를 한 사람들과 그렇지 않은 사람들 간에 그러한 차이가 있는 것일까? 몇몇 연구들에서 동거를 하는 사람들은 일반적으로 덜 종교적이고 덜 전통적인 경향을 보이는 것으로 나타났다(예 : Stanley, Whitton, & Markman, 2004; Woods & Emery, 2002). 또한 동거하는 사람들은 부정적인 상호작용을 더 많이 하는 경향이 있다(Cohan & Kleinbaum, 2002). 반면에 비동거자들은 그들의 미래를 함께하는 것에 대해 더 자신감을 갖는 경향이 있고, 동거자들만큼 이혼에 대해 수용적이지 않은 경향이다(Cunningham & Thornton, 2005; Kline et al., 2004). 동거와 결혼 생활 안정 간의 부적인 관계는 특별히 미국에서 발표된 것으로, 다른 나라에서는 영향을 미치는 요인이 아니거나 혹은 영향을 덜 미칠 수 있다.

동거는 젊은 사람들 사이에서만 떠오르는 트렌드가 아니다. 50세 이상의 나이 많은 성인들도 결혼하지 않은 파트너와의 동거가 점점 더 늘고 있다. 2000년부터 2010년까지 10년 동안에 50세 이상 성인의 동거 수는 275만 정도로, 두 배가 넘었다. 나이 많은 사람들과 젊은 사람들의 동거의 큰 차이 중 하나는 나이 많은 동거 커플들이 가지고 있는 파트너십이 훨씬 더 안정적인 것으로 보인다는 것이다. 브라운, 블랜다, 그리고 리(Brown, Bulanda, & Lee, 2012)는 나이 많은 커플들의 동거에 대한 연구를 실시했는데, 연구에 참여한 커플들은 이미 평균 8년 정도 함께 살고 있었다. 이후 8년 동안 단지 18%의 커플들이 헤어졌다. 같은 시간 동안 그들 중 오직 12%만이 결혼했다. 보다 더 성숙한 사람들의 동거는 선구적 행동이라기보다 결혼의 대안인 것처럼 보인다.

관계 유지

파트너들이 안정된 관계를 형성하고 있을 때에도 여전히 많은 일이 남아 있다. 당신도 경험을 통해 알고 있을 수 있지만 어떤 종류의 관계도 좋은 모양새를 유지하기 위해서는 섬세한 작업이 필요하다. 만일 낭만적인 관계라면, 일반적으로 얼마 후 열정이 사라지는데, 파트너들이 한때 느꼈던 행복과 만족을 유지하기가 쉽지 않다. 사람들이 그들의 관계를 지속하기 위해 사용할 수 있는, 때때로 자동적으로 사용하는, 서로 다른 종류의 전략과 기제가 있다. 레아가 7년 된 그녀의 남편 마이클에 대해 이야기하는 내용을 들어 보자.

마이클은 내가 만난 사람들 중 가장 생각이 깊고 사려 깊은 사람 중 한 명
입니다. 그는 언제나 내가 사랑받고 있고 특별하다고 느낄 수 있도록 노력
하고, 항상 나를 행복하게 해 줄 방법을 찾고 있습니다. 그는 명랑한 태도
와 훌륭한 유머 감각을 가지고 있기 때문에 나와 잘 맞습니다. 그처럼 나를
웃게 하는 사람은 몇 명 없습니다. 그리고 그는 지금 40대임에도 자기관리
를 잘하고 있는데, 그를 보면 알 수 있을 것입니다. 물론 그는 때때로 그가
해 주기로 약속한 심부름을 잊어버려서 나를 화나게 하는데, 그는 정말로
자주 잊어버립니다. 하지만 그는 단지 건망증이 있을 뿐이고 나를 짜증나
게 하려는 의도는 없습니다. 나는 이해하려고 노력합니다. 그래서 대체로
나는 내 남편을 선택한 것이 큰 행운이라고 생각합니다.

레아의 마이클에 대한 묘사에서 몇 가지 관계유지기제가 작동하고 있
음을 발견했는가? 레아는 마이클과 그와의 관계에 대해 매우 긍정적인
관점을 가지고 있다. 그녀는 마이클이 거의 매일 크고 작은 일들을 통해
그녀에게 어떻게 사랑을 표현하는지, 그리고 그가 커플로서 그들의 생활
에 필요한 일상적인 심부름을 나누고 있는 것에 대해 언급하고 있다. 레
아는 마이클에게 매우 고마워하고 있고, 그의 결함을 최소화하면서 그를
최고로 보게 만드는, 착각일 수도 있는 몇 가지 긍정적인 사고로 그를 인
식하고 있다. 또한 그녀는 그가 대부분의 남성들보다 더 낫다고 믿고 있
다. 그래서 우리는 그녀가 사회적 관계를 맺고 있는, 대체 가능한 매력적

인 짝으로 보일 수도 있는 주변의 남성들에게 그다지 관심을 두지 않을 것임을 추측할 수 있다. 이러한 관계 유지의 기제들을 좀 더 자세하게 살펴보기로 하겠다.

카나리아와 스태퍼드(Canary & Stafford, 1992)는 관계유지모델 (Relational Maintenance Model)을 개발했는데, 그 모델은 두 사람이 가지고 있는 관계의 유형과, 그들이 사용하는 관계유지행동의 종류가 무엇인지 그리고 그러한 행동들을 얼마나 자주 사용하는지에 영향을 미치는 관계에서의 평등 수준에 대해 제안하고 있다. 그들은 서로 다른 다섯 가지 관계유지전략으로 구분하고 있다.

- 긍정성 : 파트너들은 그들의 관계에 대해 긍정적 전망과 태도를 가지고 있다.
- 개방성 : 파트너들은 기꺼이 소통하려 하고 자신에 대한 정보를 노출한다.
- 확신 : 파트너들은 서로에게 자신의 사랑을 표현하고 필요할 때 편안함을 제공한다.
- 과제 분담 : 파트너들은 매일의 의무와 책임을 나눈다.
- 사회적 관계망 : 파트너들은 또한 다른 사람들과 유대를 맺고 그들의 사회적 관계를 가치있게 여기고 공유한다.

에덴필드와 동료들(Edenfield et al., 2012)은 이러한 관계유지전략들이 성인애착 유형(2장에서 논의한 서로 다른 애착 유형을 기억하는가?)

과 관련된다는 연구를 실시하였다. 안정애착 유형의 사람들은 파트너에 대해서 더 긍정적이고 개방적이며 그들의 파트너에게 관계에 대한 확신을 주는 경향이 더 높은 것으로 나타났다. 회피애착 유형의 사람들은 파트너의 지지와 가용성을 신뢰하지 않고 정서적 친밀감을 회피하는 경향을 보였다. 이런 식으로 행동하는 것은 파트너 간에 거리를 만들고 기존의 문제를 악화시킬 수 있다.

사람들의 관계를 유지하는 데 기여하는 또 다른 요인은 감사를 느끼는 것이다. 매우 자주 언급되는 이혼의 사유는 파트너들이 더 이상 사랑이나 감사를 느끼지 못한다는 것이다(Gigy & Kelly, 1992). 연구는 파트너가 그들의 관계에서 고마움을 느낄 때 그들은 서로 더 가깝게 느끼고 일반적으로 관계를 통해 더 행복해 하는 것을 보여 주고 있다(Algoe, Gable & Maisel, 2010; Gordon, Arnette, & Smith, 2011). 고든, 임페트, 코간, 오베이스, 그리고 켈트너(Gordon, Impett, Kogan, Oveis, & Keltner, 2012)는 사람들이 그들의 파트너로부터 감사를 전달받았을 때 안전감을 느낀다는 모델을 제안했다. 당신이 안전하다고 느낄 때, 파트너에 대한 당신 자신의 감사의 느낌에 더 잘 집중하고 더 잘 인식할 수 있다. 파트너와의 관계에 대해 감사함을 느낄 때, 관계의 가치는 더 분명해지고 그것은 결국 관계를 유지하게 하는 다른 행동들을 증가시킨다. 연구자들은 그들의 모델을 확인하기 위한 연구를 진행하였는데, 사람들은 파트너가 감사해 한다고 느낄 때 그 보답으로 파트너에게 감사함을 느끼고 그들의 관계에서 더 많은 행복감을 느꼈다. 시간이 흐름에 따라 감사받는 파트너들은 덜 감사받는다고 느끼는 사람들보다 그들의 관계에 더 반응적이고 더 열중했다. 그 결과 그들의 관계가 더 오래 지속되는 경향을 보였다.

또한 파트너에게 매우 열중하는 사람은, 파트너와의 관계에 열중하는 데 도움이 되는 특별한 방식으로 사랑하는 파트너를 생각하는 경향을 보인다. 예를 들어, 그 사람은 파트너를 생각할 때 그나 그녀를 특별히 긍정적인 시각으로 본다. 그나 그녀를 특별히 똑똑하거나 사려 깊다고 보기도 하고 파트너를 다른 사람들보다 훨씬 더 잘생겼다고 지각할 수도 있다. 심지어 그 사람이 파트너의 결점에 대해서 생각할 때, 다른 사람의 똑같은 결점에 대해 지각하는 것보다 파트너의 결점들에 의미를 덜 두거나 덜 드러나는 것으로 지각한다. 관계에서 만들어진 파트너의 실수도 악의적인 것이 아니라 우연한 것으로 해석한다(Conley et al., 2009; Neff & Karney, 2003). 파트너의 행동과 특징에 대한 이러한 해석을 **긍정적인 착각**이라고 지칭하는데, 그 이유는 파트너를 특별히 긍정적인 시각으로 바라보기 때문이다. 이러한 긍정적인 착각은 또 다른 지각을 불러일으키는데, 즉 사랑하는 사람이 다른 사람보다 낫다는 우월성(**지각된 우월성**)에 대한 것이다. 그리고 앞에서 레아가 그녀의 남편에 대해 묘사한 것처럼, 누군가를 긍정적인 시각으로 바라보고 그 사람이 대부분의 다른 사람보다 훨씬 더 낫다고 믿는 것은 또 다른 결과를 가져온다. 만약 당신이 대단한 누군가와 있다면, 자동적으로 당신은 미주칠 수도 있는 다른 남성이나 여성에게 그다지 관심을 주지 않는다. 대체 가능한 잠재적인 짝에 대한 **무관심**은 다른 잠재적인 짝을 찾거나, 혹은 아마도 보다 우월한 관계를 맺게 되는 자신을 상상하는 데 많은 시간을 보내지 않는다는 점에서 그 관계를 보호해 준다.

사람들의 관계를 건강하고 행복하게 유지하는 데 도움이 되는 많은 요소 중 보다 상세하게 논의해야 하는 관계의 마지막 측면 중 하나는, 용서이다. 사람들은 다른 사람들과 관계를 맺을 때, 그것이 가벼운 마주침이든 친밀한 관계이든 상관없이 실수를 하곤 한다. 그리고 당신이 누군가를 더 많이 알수록, 그 사람의 강점만큼이나 약점도 잘 알기 때문에 그 사람에게 상처를 입히기 쉽다. 사람들은 일반적으로 낯선 사람의 발언이나 행동에 의해 상처를 받기보다 가까운 사람들에 의해 가장 많이 상처를 받는다. 따라서 관계를 유지하기 위해서는 친구나 사랑하는 사람의 잘못을 기꺼이 용서하려는 마음을 갖고 있어야 한다. 용서는 상처받은 마음과 화나는 감정을 내려 놓고 보복하는 행동을 포기하도록 요구한다. 이것은 누군가의 적극적인 결정이고 그 사람의 인생에 통합되도록 하기 위해서는 지속적인 작업이 요구된다(Hope, 1987; Waldron & Kelley, 2008).

용서에는 세 가지 방법이 있다. 직접적인 전략은 고통을 준 사건에 대한 논의가 요구되고, 이러한 경우 상처받은 사람이 잘못을 저지른 사람에게 직접 용서한다고 언급할 수 있다. 또한 얼굴 표정을 포함하는 비언어적 행동을 통해 간접적으로 이루어질 수도 있다. 그리고 가끔 용서는 어떤 단서와 함께 조건적으로 이루어진다(Kelly, 1998).

결혼하지 않은 파트너와의 이별

누구와 얼마나 오랫동안 사귀었는지와는 상관없이 이별은 언제나 힘들다. 당신이 사랑하거나 혹은 한때 사랑했던 사람에게 상처를 주는 것도 힘들고, 한때는 당신과 함께 인생을 나누던 누군가에 의해 가득 채워졌던 당신의 삶에서 공허함을 발견하는 것도 힘들다. 사람들이 결혼하지 않은 파트너와 헤어지는 이유를 조사한 연구는 많지 않은데, 1986년 레슬리 백스터(Leslie Baxter)에 의해 한 연구가 진행되었다. 백스터는 대학생들에게 그들의 파트너와 헤어지는 이유에 대해 기술해 줄 것을 요청했다. 그녀의 연구에 참여한 모든 학생들은 이별에 대해 전해 들은 사람들이 아니라 실제로 관계를 끝내 본 적이 있는 사람들이었다. 그 기술문들 사이에서 반복해서 나타나는 몇 가지 주제들이 있었다. 참여자들은 이별이 반복될 때 관계의 파경을 막을 가능성이 있는 관계의 가이드라인을 기술했다. 몇 가지 가이드라인은 다음과 같다.

- **자율성** : 파트너가 당신들의 관계 외에 우정을 갖는 것, 즉 친구들과 함께 지내는 것을, 그리고 파트너가 원한다면 독자적으로 행동하는 것을 허락하고 심지어는 격려하라.
- **유사성** : 당신에게 중요한 가치와 흥미를 공유하라.
- **지지** : 그나 그녀의 목표를 지지하라.
- **개방성** : 당신의 파트너와 당신 자신에 관한 개인적인 사항을 공유하라.
- **충실성** : 당신의 파트너를 속이지 마라.

당신이 알고 있듯이 관계에서 빈번하게 마찰의 원인이 되는, 몇 가지 되풀이되는 행동들이 있다. 관계가 더 이상 만족스럽지 않아 오래전 끝난 관계일지라도, 그리고 오랫동안 끝난 관계로 지내왔을지라도, 파트너와의 이별에는 많은 부작용이 따른다. 이별 후 안녕감은 심각하게 줄어들고, 사람들은 그들의 인생에 덜 만족하며, 슬픔과 분노를 더 많이 경험한다(Rhoades, Kamp Dush, Atkins, Stanley, & Markman, 2011; Sbarra & Emery, 2005; Simon & Barrett, 2010). 만약 당신이 이별을 경험한 적이 있다면 이것들 중 어느 것도 놀라운 것은 아닐 것이다. 역사를 통해 보더라도 결별은 항상 그 영향을 받은 사람들에게 심각한 고통을 야기해 왔다.

그러나 최근 변화하고 있는 것은 사람들이 관계를 끝내는 방법이다. 대부분의 사람들은 여전히 직접적으로 접근해서 곧 헤어지게 될 전 파트너에게 이를 직접 전하지만(Zimmerman, 2009), 이메일이나 문자 메시지와 같은 새로운 테크놀로지를 사용하는 사람들의 숫자가 증가하고 있다. 웨이스커치와 델레비(Weisskirch & Delevi, 2012)는 커뮤니케이션 테크놀로지와 관련된 결별 행동, 그리고 이러한 테크놀로지와 애착 유형 간의 관련성을 조사하는 연구를 실시했다. 불안애착의 사람들(예 : 그들은 파트너의 반응을 걱정한다)은 새로운 의사소통기술 방법으로 이별을 통보받고, 또한 그들 자신도 이별의 수단으로 그러한 기술을 사용하는 경향이 더 높았다. 불안애착 유형의 사람들은 관계의 파경으로 특히 마음이 상할 수 있는데, 아마도 그들의 파트너들은 이러저러한 방법으로 이것을 알고 있을 수 있다. 만약 파트너들이 관계를 끝내고 싶지만 커다란 정서적인 상황을 피하고 싶을 때, 그들은 파경의 수단으로 새로운 기술의 사용을 더 잘 받아들일 수 있다. 회피애착 유형의 사람들도 관계를 끝내기 위해 테크놀로지 사용을 더 잘 받아들인다. 그들은 일반적으로 파트너와 친밀해지거나 그나 그녀에게 기꺼이 의지하는 마음이 덜하기 때문에 그럴 것이다.

이혼

이혼은 미국 사회에서 꽤나 흔한 일이 되었고, 실제 너무나 흔해서 미국이 전 세계에서 이혼율이 가장 높다. 사실, 너무 흔해서 당신은 아마도 확실하게 이혼으로 영향을 받고 있는 사람을 한 명 이상 알고 있거나 당신 자신이 그러한 사람일 수 있다. 현재 모든 결혼의 절반 이상이 이혼으로 끝난다. 미국질병통제예방센터(Centers for Disease Control and Prevention, CDC)의 통계에 의하면 2010년에 국민 1,000명당 6.8명이 결혼을 했고, 같은 해 인구 1,000명당 3.6명이 이혼을 했다. 50세 이상 성인의 이혼율은 1990년과 2009년 사이에 두 배로 증가했으며, 2009년의 이혼 중 25%는 50세 이상이다.

주마다 이혼율의 차이가 큰 편이다. 네바다, 아칸소, 오클라호마, 와이오밍은 이혼의 수치가 상당히 높아서 인구 1,000명당 대여섯 건 사례 사이를 맴돌고, 코네티컷, 뉴저지, 펜실베이니아, 그리고 뉴욕은 인구 1,000명당 두세 건의 이혼율을 나타내고 있다.

이혼의 대부분은 결혼 8년 안에 이루어지지만(Kreider & Fields, 2001)

많은 사람들은 이혼한 후 재빨리 재혼을 해서 이혼과 새로운 결혼 사이의 평균적인 기간은 4년이 채 안 된다(Goodwin, Mosher, & Chandra, 2010). 일반적으로 이혼율은 초혼인 사람들보다 재혼인 사람들이 더 높았다(Brown & Lin, 2012). 재혼하는 사람들은 종종 첫 결혼의 자녀가 있는데, 그것이 재원과 애정에 대한 경쟁으로 이어져 새로운 결혼을 복잡하게 만들 수 있기 때문이다.

이혼 사유는 분명히 결혼한 사람 수 만큼이나 다양하다. 그러나 사람들에게 이혼 사유를 물으면 반복해서 나타나는 주제가 몇 가지 있다. 이혼으로 이끄는 문제들은 외도와 신체적 혹은 정서적인 학대에서 알코올과 약물 남용, 서서히 멀어지거나 혹은 서로 맞지 않는 감정에 이르기까지 다양하다(Amato & Previti, 2003).

당신은 인터넷 사용이 이혼율 증가와 어떤 관련이 있는지 궁금할 것이다. 사람들은 더 이상 사는 동네나 인근 환경에 국한하지 않기 때문에 지금은 자신에게 맞는 짝을 찾는 것이 훨씬 더 쉬워졌다. 데이트 웹사이트 그리고 페이스북과 같은 소셜 웹사이트가 풍부하고, 그리고 그러한 사이트들은 현재 사귀고 있는 사람보다 훨씬 더 매력적인 잠재적인 파트너에 대한 선택권을 거의 무한대로 제공한다. 새로운 파트너를 찾는 비용도 틀림없이 인터넷이 처음 출현하기 전보다 훨씬 낮을 것이다. 그렇다면 추측해 볼 때, 당신은 인터넷을 접속하는 사람들의 수가 많을수록 이혼율이 더 높아질 것이라는 주장을 믿는가? 토드 캔들은 이러한 질문에 대한 연구를 했는데, 가계 소득과 같은 다른 변인들을 통제했을 때 인터넷 접속률과 이혼율 간에는 전혀 상관이 없는 것으로 나타났다

(Kendall, 2011).

흥미롭게도 이혼율에 영향을 주는 한 가지 요인은 재난의 발생이다. 지진, 쓰나미, 혹은 허리케인과 같은 자연적인 재난은 재난의 장소에서 가까운 지역의 이혼율을 증가시켰고(Cohan & Cole, 2002), 반면에 사람이 만든 재난은 이혼율에 그 반대의 영향을 미쳐서, 최소한 일시적으로나마 이혼율을 낮춘다(Nakonezny, Reddick, & Rodgers, 2004). 불일치를 일으키는 자연재해와 인재의 차이를 보면, 자연재해 여파에서의 강조점은 파괴된 것을 재건축하는 데 있는 반면에, 예기치 않은 인재의 경우에는 그 강조점이 그로 인해 야기된 죽음에 있다는 것이다.

캐서린, 코핸 그리고 로버트 쉔(Catherine, Cohan, & Robert Schoen, 2009)은 2001년 9월 11일 세계무역센터의 공격이 그라운드 제로에서 가까운 지역과 전국 도시 지역의 이혼율에 미친 영향에 대한 조사를 실시했다. 공격 한 달 뒤 이혼율 감소가 뉴욕 그리고 인접한 뉴저지의 베르겐 카운티뿐만 아니라 필라델피아와 로스앤젤레스에서도 나타났다. 시카고에서는 공격에 의한 어떤 영향도 나타나지 않았다. 따라서 특정 지역의 사람들은 9.11 사건 이후 이혼을 미루거나 심지어 포기하기로 결심했다. 뉴욕과 베르겐 카운티가 지리적으로 그라운드 제로에 가깝기 때문에 이 지역의 이혼율이 내려갈 것이라는 것이 예상되었다. 심지어 필라델피아도 비교적 뉴욕과 가깝고, 그리고 투입된 비행기 중 하나는 펜실베이니아에 부딪쳤다. 그러나 시카고에서는 이혼율의 어떠한 감소도 나타나지 않았기 때문에 도시 지역의 위협에 대한 심리적인 자극으로 이혼율의 감소를 설명하기에는 충분하지 않다. 그러나 만약에 납치된 비행기 중 세

대가 원래 로스앤젤레스로 향하고 있었다고 생각한다면, 당신은 그 도시의 사람들이 그 사건에 의해 특별히 얼마나 영향을 받았을지 알 수 있을 것이다. 그것은 그 사건이 '심리적으로' 집과 가까운 곳에서 발생하는 한, 지리적으로 재난 지역과 가깝지 않은 지역에서까지 재난의 영향을 느낄 수 있다는 것을 의미한다.

이혼율의 감소는 우리가 2장에서 논의한 것처럼 볼비(Bowlby)의 애착 이론으로 설명할 수 있다. 스트레스와 재난 시에 가족 구성원들은 서로 가까이 있으려고 하는데, 이것은 가까움이 편안함을 주기 때문이다. 극단적으로 어떠한 삶의 변화도 시도하지 않고, 현재의 위협이 사라질 때까지는 신체적 근접을 유지할 것이다. 따라서 2001년 9월 11일의 공격 직후 사람들의 첫 반응은 편안함과 안전을 위해 가족 곁에 머무는 것이었다. 의식적이든 아니든 사람들은 생존의 기회를 증가시키고 자원을 보호하기 위해 그들의 삶에 적응했다. 또 다른 것으로, 공격에 대한 생물학적인 영향도 있었는데, 공격 3개월 뒤 뉴욕과 로스앤젤레스 두 도시에서 남성의 출생률이 의미 있게 줄어들었다. 코핸(Cohan)에 의하면 이것은 진화 이론의 관점으로 설명될 수 있는데, 즉 여성들이 스트레스 환경하에서 생존하여, 결국은 재생산할 수 있는 기회를 증가시키기 위해 약한 남성들은 생존하지 않는다는 것이다.

그러나 사람들이 이혼을 하면 다음에는 어떤 일이 일어날까? 그들은 영원히 행복하지 않은가, 아니면 그들이 이혼으로부터 비교적 쉽게 회복할 것을 기대할 수 있는가? 물론 두 사람이 오랜 기간 아마도 여러 해 동안 불행한 결혼생활을 했다면, 이혼은 안도감으로 다가올 것이다. 그렇지만 이혼은 대단히 충격적인 사건이다. 그러나 이혼 6년 후에 그들의 이혼이 궁극적으로는 좋은 것으로 결론이 났는지를 물었을 때 이혼한 사람의 약 75%는 그렇다고 대답했다(Hetherington, 2003). 언급했듯이 만약 사람들이 재혼을 결심했다면, 재혼은 평균적으로 이혼 후 4년 안에 이루어진다. 이혼으로 좋은 일이 일어날 수 있음에도 불구하고 그것은 항상 관계된 모든 사람들에게는 매우 힘든 시기이다. 어떤 사람들은 파경으로 인한 트라우마와 스트레스로부터 결코 완전히 극복해 내지 못할 수도 있다.

사랑의 심리학 101

8

온라인 데이트

온 라인 데이트는 젊은 사람들뿐만 아니라 장년층 사이에서도 점점 더 성행하고 있는 추세이다. 이것은 확실히 몇십 년 전과는 다르게 변해가는 데이트 풍경이다. 데이트 웹사이트에 대한 논란도 많다. 심지어 인터넷이 더 매력적이거나 혹은 덜 매력적인 사람들 간에 활동의 장을 균등화하고 있다는 주장도 있다. 또한 사람들은 예전보다 훨씬 더 많이 잠재적인 데이트 상대에게 접근할 수 있다고 한다. 몇몇 웹사이트들은 개인 프로필과 질문지를 기입하면 오랜 기간 동안 행복한 관계를 가질 가능성이 있는 사람과 연결시켜 줄 것이라고 장담한다. 온라인 데이트는 정말로 효과가 있는가? 그리고 그것은 어떻게 작동하는가? 이 장에서는 이러한 궁금증을 포함하여 훨씬 더 많은 질문들을 다룰 것이다.

온라인 데이트는 어떻게 이루어지는가

요즈음 온라인 데이트에 관심 있는 사람들이 사용하거나 구독할 수 있는 많은 웹사이트들이 있다. 몇몇 웹사이트들은 특정한 틈새 집단 사람들, 예를 들어 단기간의 성적 만남을 찾는 사람들의 구미를 맞춰 주고 있다.

또한 많은 데이트 서비스들이 있는데 그것들은 다수의 사람들을 겨냥해서 그들이 제공하는 특정 짝짓기 서비스 또는 사이트에 접속하는 사람들의 잠재적인 파트너의 수로 자신들의 서비스를 차별화하려고 한다. 그러나 이 모든 서비스들이 사용자들에게 제공하는 것은 잠재적인 데이트 상대와의 접촉이다.

유사 이래 최근까지 데이트 상대의 선택은 지리적인 구속을 받았다. 당신은 주변에 있는 사람들과 알고 지냈고 결국 당신과 인접한 환경의 사람들과 데이트를 시작했다. 당신이 다른 사람을 만난 장소는 당신이 갔던 곳에 따라 다르다. 당신은 미래의 배우자를 카페, 요가 수업, 직장, 혹은 일요일 아침 교회 가는 버스 안에서 만났을 수 있다. 하지만 오늘날 사람들은 종종 그들의 선택이 제한적이라고 느낀다. 어떤 사람들은 사교모임을 그다지 좋아하지 않거나 너무 수줍어서 낯선 사람들과 공개적으로 만나서 이야기하는 것이 어렵다. 어떤 사람들은 많은 수의 잠재적인 파트너와 만날 수 없는 곳에 살고 있다. 어떤 사람들은 그들의 외모가 달라서 이성을 만날 좋은 기회를 갖지 못하기 때문에, 우선 그들의 성격을 주목받게 할 수 있는 온라인에서 누군가를 만나는 것이 그들에게 잠재적인 데이트 상대를 만날 수 있는 기회를 엄청나게 향상시켜 줄 것이라고 느낀다. 또 다른 사람들은 여전히 영혼의 짝을 찾지 못하고 있고 그래서 성격적으로 서로 잘 맞는 사람끼리 연결시켜 주는 특별한 프로그램을 통해서 상대를 찾기 바라고 있다. 따라서 온라인 데이트 서비스를 이용하는 이유와 욕망이 무엇이든 그 사람의 요구에 맞는 그럴싸한 데이트 서비스가 있는 것이다.

몇몇 온라인 서비스는 무료이고 다수의 사람과의 접근을 제공하고 있다고 스스로 찬사를 보내고 있다. 예를 들어, PlentyOfFish 웹사이트는 매일 5만 명의 새로운 싱글이 들어오고 그들의 플랫폼에서 매일 700만 이상의 대화가 이루어진다(PlentyOfFish.com, 2013)고 광고한다. 캐나다 웹사이트는 사람들이 단기간의 성적 만남, 데이트 관계, 혹은 장기간의 관계를 찾는지에 따라 다르게 그들의 프로필을 올려 놓는, 세 가지로 구별되는 카테고리를 제공하고 있다. 매칭 서비스를 제공하는 다른 웹사이트에서는 고객이 데이트 회사가 자신의 데이터를 사용하는 것을 허락해야 한다. 그 이유는 그 서비스가 그 고객이 행복한 관계를 가질 가능성이 있다고 주장하는 누군가와 그나 그녀를 연결시킬 수 있게 하기 위해서이다. e-하모니(eHarmony)는 '당신에게 꼭 맞는' 독신을 찾는 것을 목표로 29개의 '적합성 차원'을 기초로 사용자들을 연결시켜 준다고 약속한다(eHarmony, 2013).

하지만 온라인 데이트 과정이 이루어지는 일반적인 규칙들이 몇 가지 있다. 당신은 먼저 당신의 흥미를 끄는 옵션들을 제공하는 데이트 웹사이트를 하나 이상 선별한다. 이후 당신은 그들의 서비스에 가입하고 (무료일 수도 혹은 상당한 액수의 비용을 지불할 수 있다) 최소한의 당신에 대한 기본 정보, 예를 들어 키, 몸무게, 머리카락과 눈 색깔, 피부 색깔, 그리고 체형과 같은 신체적 외모가 포함된 프로필을 만든다. 또한 당신의 흥미와 취미, 직업, 그리고 봉급에 관한 정보가 포함되어 있을 수도 있다. 당신의 가족 관련 정보도 포함될 수 있는데, 즉 당신이 독신인지, 이혼했는지, 혹은 배우자와 사별한 사람인지 그리고 자녀가 있는지와 같은 것이다. 그러나 신체적 특징에 관한 한, 연구자들은 80% 이상의 온라인 데이트 사용자들이 적어도 몇 가지의 정보를 부정확하게 보고한다는 사실을 발견했다. 이러한 오류들의 대부분은 비교적 사소한 정도여서 장래의 데이트 상대를 실제 만나더라도 발견될 가능성이 적은 것들이다. 일반적으로 남성들은 그들의 키를 과장하는 경향이 있고 여성들은 그들의 몸무게를 진짜 몸무게보다 더 적게 보고하는 경향을 보인다(Hitsch, Hortacsu, & Ariely, 2010).

당신은 또한 미래 파트너가 갖고 있기를 원하는 특징을 구체적으로 명시할 수도 있다. 게다가 당신은 한두 장의 사진을 올릴 수 있다. 이것은 의무는 아니지만, 사진을 올린 사람들은 사진을 전혀 올리지 않은 사람들보다 훨씬 더 많은 방문 건수를 올린다(Fiore, Taylor, Mendelsohn, & Hearst, 2008). 만약 당신이 사용하는 데이트 서비스가 관계를 맺는 데 관심이 있는 다른 사람과 접속할 수 있는 권한을 제공하는 것으로 특화되어 있는 서비스라면, 당신은 다른 사람들의 프로필을 둘러볼 기회를 갖게 된다. 연구 결과 사용자들은 평균 한 주에 5시간 이상 프로필을 둘러보는 것으로 나타났다(Frost, Chance, Norton, & Ariely, 2008). 당신은 연령, 관계 상태, 그리고 취미 같은 다른 많은 범주들로 결과들을 필터링할 수 있다. 당신이 관심 있는 사람을 발견했다면, 당신은 데이트 웹사이트를 통해 개인적으로 연락을 취할 수 있다. 사이트를 통해 어떻게 다른 사람과 연결하고 소통하느냐는 당신이 사용하는 서비스에 달려 있다. 몇몇 웹사이트는 당신이 상대에게 가상의 '윙크'나 개인적인 메시지를 보낼 수 있게 한다. 몇몇 웹사이트들에서는 인스턴트 메신저(Instant

Messenger, IM)로 소통할 수 있다. 다른 사이트들은 이메일과 비슷한 시스템을 가지고 있다. 당신은 가능성 있는 사람과 이야기하거나 심지어 영상 대화도 할 수 있다. 그리고 물론 다른 사람들이 당신의 프로필을 보고 관심이 있으면 당신에게 연락해 올 수 있다. 당신 또한 관심이 있다면 그 사람의 연락 시도에 답을 할 수 있고, 만약 관심이 없다면 무시하거나 관심 없음을 전달하는 공식화된 메시지를 자유롭게 보내거나, 몇몇 웹사이트에서 제공하는 '싫어요' 버튼을 누를 수도 있다. 그때부터 당신의 새로운 연락 상대와 무엇을 할지는 당신에게 달려 있다.

만약 당신이 매칭 서비스를 제공하는 사이트에 가입하면 아마도 당신은 회사의 매칭 알고리즘에 근거하여 당신에게 잘 맞는다고 결정한, 제한된 프로필만 볼 수 있을 것이다. 그 알고리즘은 회사마다 다른 소유주의 정보로, 회사들은 공공 액세스 권한을 부여하지 않는다. e-하모니는 매칭을 특화한 회사이다. 그들은 당신이 다른 사람과 만나는 것에 기초가 되는 29가지 다른 차원을 평가하는 프로필을 작성하게 한다. 그 회사는 그러한 차원들을 핵심 특성과 필수 속성으로 분류하고 있는데, 알려진 바에 의하면 핵심 특성(core traits)은 일생 안정적으로 유지된다. 그리고 필수 속성(vital attributes)들은 학습된 경험에 기초한 것으로 변할 수 있는 것이다. 네 가지의 핵심 특성의 분류는 다음과 같다(eHarmony. com, 2013).

- **정서적 기질** : 자아개념, 정서 상태, 에너지, 열정
- **사회적 유형** : 개성, 친절함, 지배성, 사교성, 자주성, 적응성

- 인지적 방식 : 지성, 호기심, 유머, 예술적 열정
- 신체성 : 에너지, 열정, 활력, 안전, 근면, 외모

세 가지 필수 속성들은 다음과 같다.

- 관계 기술 : 의사소통 유형, 정서관리, 갈등해결
- 가치와 신념 : 영성, 가족 목표, 전통주의, 야망, 이타성
- 주요 경험 : 가족 배경, 가족 상태, 교육

e-하모니 웹사이트에는 '좋고 싫음이 아닌 진정한 적합성인, 더 깊은 수준의 적합성에 근거한 독신들'을 연결해 준다고 공언하고 있다 (eHarmony.com, 2013). 이러한 적합성은 당신이 앞으로 여러 해 동안 성공적으로 낭만적인 관계를 가질 가능성이 있는 동반자를 찾는 데 도움을 줄 것으로 여겨진다.

몇몇 서비스들이 e-하모니에서 사용하는 것과 유사한 심리적 구인을 근거로 한 매칭 알고리즘을 사용하지만 웹상에서 연결해 주는 다른 접근 방법들도 있다. 예를 들어, 케미스트리(Chemistry)에 의해 제안된 것이 하나 있다. 그것은 헬렌 피셔(Helen Fisher)의 이론을 기초로 하고 있으며, 사람들을 네 가지 구별되는 집단으로 묶는 방법으로 성 호르몬과 신경전달물질을 사용하고 있는데, 그것이 적합성의 기초가 된다는 것이다. 또한 데이트 웹사이트의 보완으로 사용할 수 있는 생물학적 접근 방법들이 있는데, 이러한 방법들은 종종 이런 사이트들에서 통합적으로 사용된

다. 예를 들어, 당신과 잠재적인 파트너가 유전적으로 적합한지를 알아보기 위해서 진파트너(GenePartner)사는 유전자 검사를 제공하는데, 이것은 (a) 지속적이고 성공적인 관계를 형성할 가능성의 증가, (b) 더 만족스러운 성 생활 그리고 (c) 더 높은 출생률을 야기한다고 주장하고 있다(GenePartner.com, 2013).

온라인 데이트와 전통적인 데이트는 어떻게 다른가

분명히 온라인 데이트와 전통적인 데이트 사이에는 상당한 차이점이 있다. 당신이 온라인 데이트에 가입하면, 당신은 고향에서 집밖으로 나가 사람들을 만날 때보다 많은, 그리고 때때로 상당히 많은 잠재적인 데이트 상대에게 접근할 수 있다. 몇몇 온라인 데이트 웹사이트는 당신이 프로파일을 둘러볼 수 있는 몇만 명의 회원을 가지고 있다. 내가 지금 이 글을 쓰고 있는 이 시점에 PlentyOfFish.com 사이트 1개에만 50만 명 이상의 독신들이 있다.

당신이 온라인 데이트를 사용할 때, 당신은 현실 세계에서는 할 수 없는 방식으로 당신의 파트너들을 사전 차단할 수 있다. 당신은 누군가와 연락하기 전에, 당신의 선호에 맞추어 이상적인 가족의 크기, 태도, 흥미, 봉급, 교육 그리고 훨씬 더 많은 그러한 매개 변수에 대해 사전에 차단할 수 있다. 현실에서는 누군가에 대해서 오직 서서히 배울 수 있던 모든 것들을 인터넷의 가상세계에서는 사전에 거를 수 있다. 그리고 당신이 누군가와 연락하기로 결정하면 그 사람과 연락하는 방법도 다르다.

마우스 클릭으로 당신은 그들에게 개인적인 메시지를 보낼 수 있다. 당신은 또한 인스턴트 메시지(IM)를 보내거나 영상 채팅을 시작할 수도 있다. 종종 사람들은 그들의 대화를 상당히 빠르게 데이트 웹사이트 밖으로 옮겨가 서로를 더 잘 알기 위해 이메일이나 전화로 대화를 나눈다. 그들이 서로를 직접 만나는 순간 온라인 데이트와 전통적인 방법의 차이는 사라지기 시작한다.

온라인 데이트가 전통적인 데이트보다 나은가

우리는 지금까지 온라인 데이트가 어떻게 이루어지는지, 그리고 그것이 전통적인 방법으로 잠재적인 데이트 상대를 만나는 것과 어떻게 다른지에 대해 살펴보았다. 이제 전통적인 데이트보다 온라인 데이트가 대부분의 사람들에게 더 큰 도움이 되는지에 대해 살펴보자. 가장 큰 차이점 중 하나는 접근이 인접한 환경의 사람들에게만 제한되는 것이 아니고, 수천만 명은 아니더라도 수백만 명의 다른 독신들에게 접근이 가능하다는 것이다. 그러한 수많은 선택을 하는 것은 사람들이 더 나은 결정을 하게 만들거나 영혼의 짝을 찾는 더 나은 기회로 이끄는가? 당신이 연락할 누군가를 선택해야만 하는 서로 많은 다른 프로필들을 마주할 때, 당신은 잠재적인 데이트 상대들을 비교하게 된다. 이것은 당신이 술집에서 관심이 가는 사람을 만나는 것과는 다른데, 그 이유는 아마도 직접적으로 그 사람을 다른 사람과 비교하지 않기 때문일 것이다. 오히려 당신은 그 사람을 더 잘 알려고 노력하고 그나 그녀가 파트너로 찾고 있는 사람인지 알아볼 것이다. 프로필을 비교할 때 사람들은 그들이 파트너에게 중요하다고 생각하는, 쉽게 검색 가능한 성격과 특징에 집중하는 위험이 있다. 그러나 그들이 프로필을 비교할 때 가장 무게를 두는 특징들이 만족스러운 관계를 시작하고 유지할 때는 정말로 중요하지 않은 것들이라는 것이다. 실제로, 몇몇 연구들에서 사람들은 종종 어떤 요인들이 그들의 행복에 가장 크게 영향을 미치는 지에 대해 말할 수 없는 것으로 나타났다(예 : Dunn, Wilson, & Gilbert, 2003 참고). 또한 유머와 같이 보다 경험적인 특징을 파악하는 것은 어렵다. 만약 누군가가 프로필에 유머러스한 사람이라고 표시한다고 해도 사람들마다 유머의 개념이 다르고 어떤 사람은 재미있다고 생각하지만 다른 사람은 전혀 재미있지 않다고 생각할 수도 있다. 당신이 직접 어떤 사람을 만나서 유머를 나눈다면 비교적 쉽게 전달될 수 있지만 온라인에서는 전달이 쉽지 않다. 궁극적으로, 온라인 데이트를 사용하는 사람들이 다른 많은 사람들을 평가할 때, 그들은 누군가를 술집에서 만날 때와는 다른 의사결정 기준을 사용하는 경향을 보이고, 나중에 관계에서 행복으로 이끄는 데 정말 중요한 기준을 사용하지 않을 가능성이 있다(Finkel, Eastwick, Karney, Reis, & Sprecher, 2012).

몇몇 데이트 웹사이트들, 특히 매칭 서비스를 제공하는 데이트 웹사이트들은 단지 매우 제한된 숫자의 잠재적인 데이트 상대들과 접근할 수 있는 기회를 제공한다. 많은 사람들에게 있어 온라인 데이트의 매력의 일부는 그들이 매우 많은 숫자의 다른 독신들에게 접근할 수 있다는 것이다. 그러나 그들이 그렇게 많은 프로필들과 마주했을 때 그들은 정보의 과부화로 고통받곤 하는데, 그 이유는 그렇게 많은 옵션들을 둘러보고 각각의 잠재적인 데이트 상대에 대한 다량의 사실들을 담고 있는 프로필들을 훑어보는 것은 시간 소모가 큰 노력이기 때문이다. 이것은 온라인 데이트 사용자가 어느 순간에 인지적으로 온라인을 닫아버리게 하고 많은 다양한 옵션에 직면하여 흥미를 잃어버리게 만든다(Iyengar & Lepper, 2000). 그렇게 많은 세트의 옵션을 선택하는 것은 누군가와 관계를 시작할 때 행복해지는 것을 더 어렵게 할 수도 있다. 연구에 의하면 관계를 시작한 이후에 대체적인 데이트 파트너를 찾는 사람은, 관계에서 더 낮은 수준의 헌신을 보이는 경향이 있고 현재의 파트너와 헤어지는 경향이 더 높은 것으로 나타났다(Le, Dove, Agnew, Korn, & Mutso, 2010). 이와는 반대로 많은 옵션을 갖고 있지 않다고 생각하고 잠재적인 파트너에게 접근하는 것이 제한되어 있다고 믿는 사람들은, 잠재적인 파트너를 장밋빛 렌즈를 통해 바라보는 경향이 높다(Gladue & Delaney, 1990).

데이트 상대를 찾는 사람들이 온라인에서 확인된 한 명 또는 여러 명의 사람들에게 집중하기로 선택한 후 그들과의 의사소통 과정은 컴퓨터로 시작된다. 이 과정 또한 오프라인 데이트에서 가능한, 잠재적인 미래 파트너와 나누는 직접적인 면대면 소통과는 다르다. 연구 결과 컴퓨터를 매개로 한 의사소통(computer-mediated communication, CMC)이 매우 효과적인 것으로 밝혀졌다. 그리고 CMC를 통하여 의사소통할 수 있는 사회적 단서가 더 적을 수 있기 때문에 사람들은 면대면 대화를 할 때보다 개인적인 정보를 더 빨리 노출할 수 있다(Reis & Shaver, 1988). 만약 해석할 필요가 있는 대화 공백이 있다면, 온라인 데이트를 사용하는 사람들은 종종 최상의 것을 추측할 것이다. 그들의 잠재적인 새로운 관계에 대한 기대와 낙관주의는 빛을 발할 것이고, 그들이 함께 의사소통하는 사람을 긍정적인 시각으로 지각하는 기회가 증가할 것이다. 대부분의 사람들은 CMC를 시작한 지 일주일 안에 직접 만난다(Whitty & Carr, 2006). 상호작용이 오프라인으로 빠르게 이동하면 빠른 친밀감 형성에 도움이 되어 확실히 관계에 방해가 되기보다는 도움이 될 수 있다. 더욱이 사람들이 너무 오랫동안 그들의 대화를 온라인 매체로만 제한하면, 그들은 잘못된 기대를 형성하고 최종적으로 대면 관계를 갖게 되었을 때 불가피하게 실망할 수도 있다. 디지털 영역의 모든 이점에도 불구하고, 여전히 면대면으로 누군가와 함께하는 것 외에는 평가될 수 없는 것들이 몇 가지 있다. 여기에는 그 사람에 대한 전반적인 인상, 상대를 '클릭' 할지 혹은 말지 하는 감정 그리고 다른 사람의 냄새에 대한 반응과 같은 감각적인 경험이 포함된다(Finkel et al., 2012; 또한 Zhou & Chen, 2009 참고).

마지막은, 물론 다양한 웹사이트들이 제공하는 매칭 과정이 실제 효과가 있는지에 대한 궁금증이다. 매칭 알고리즘들은 데이트 웹사이트를 소유하고 있는 회사에게 소유권이 있는 정보이고 연구자들이나 대중들과 공유하지 않기 때문에 이들 알고리즘을 평가하는 것은 어려운 일이다. 핀켈과 동료들(Finkel et al., 2012)은 관계가 성공할 것인지 아닌지를 예측하는 데 도움이 되는 변인들에 대한 세 가지 일반적인 범주를 제안했다. 첫째, 관계를 맺는 사람들의 개인적인 특징들로, 그들의 특성, 태도 그리고 신뢰가 여기에 속한다. 둘째, 관계 속에서의 상호작용의 질로,

파트너 각자가 효과적으로 의사소통하고 서로를 지지하는가? 셋째, 파트너들과 그들의 관계를 둘러싼 상황들이다. 실직, 사랑하는 사람의 죽음, 그리고 질병 같은 요인들은 종종 그들의 통제를 넘어서 관계를 시험하는 중요한 스트레스 요인이 될 수 있다. 파트너들끼리 아직 만나지 않았고 그래서 그들의 상호작용의 질은 알 수 없기 때문에 분명히 매칭 웹사이트들은 그들의 알고리즘에 두 번째 유형의 정보를 포함시킬 수는 없다. 이와 비슷하게 인생의 많은 여건들은 오직 미래에만 알 수 있는 것으로 그들이 파트너 매칭을 위해 시도하는 수학적인 알고리즘으로는 계산해 낼 수가 없다. 그러나 매칭 알고리즘이 할 수 있는 것은 사람들의 특성을 보고 유사성과 적합성으로 매칭을 시도하는 것이다. 그러나 이와 관련하여 있을 수 있는 문제는, 몇몇 사람들은 분명히 누구와 연결되든 상관없이 자동적으로 상대를 더 좋은 혹은 더 나쁜 파트너로 만드는 특성을 소유하고 있다는 것이다. 예를 들어, 높은 신경성 점수를 받은 사람은 일반적으로 관계에서 불만족할 위험성이 더 높다(Bouchard, Lussier, & Sabourin, 1999). 또한, 부모가 이혼한 사람들은 일반적으로 그들이 누구를 만나든지 역기능적인 관계를 가질 위험성이 더 높다(Amato & Booth, 2012). 그러나 성격적인 특성은 일반적으로 관계 만족도에서의 차이를 그렇게 많이 설명해 주지 못한다. 심지어 가장 많이 연구되어 왔고 관계(불)만족의 가장 중요한 예측 변수들 중의 하나로 나타나고 있는 특성인 신경성조차 관계 만족에 대한 변량의 5%에도 미치지 못한다(Karney & Bradbury, 1995). 이처럼 그들의 파트너가 누구든 상관없이 단순히 더 좋은 관계만 가지려는 경향을 보이는 사람들이 있는 것처럼 보인다. 따라서 사람들의 특성에 대한 지식은 웹사이트에서 누군가와 짝이 되길 기대하는 수천 명의 개인들의 짝짓기에 특별히 도움이 되지 않을 수도 있다.

많은 데이트 서비스들은 그들과 유사한 사람들을 연결해 준다고 약속하지만, 이러한 접근 또한 문제가 있다. 사람들의 많은 특징들이 평가되고 프로필이 비교되면 부정적인 차이와 긍정적인 차이가 단순히 서로를 상쇄시킬 수 있을 것이다(Finkel et al., 2012). 또한 유사성 차원이 가장 중요하다는 일반적인 합의는 없다. 사실 두 가지 성격들 간의 유사성이 관계의 만족에 유의미한 영향을 미치는지에 대한 연구 결과들은 기껏해야 뒤섞여 있다(예 : Gonzaga, Carter, & Buckwalter, 2010; Luo et al., 2008). 적합성의 주장에서도 마찬가지다. 적합성에서 사람들은 그들이 가지고 있지 않은 특성을 가진 사람들을 찾는다. 예를 들어, 누군가가 매우 비조직적인 사람이라고 해 보자. 그 사람은 조직적이어서 그나 그녀의 인생에 어떤 질서를 가져다줄 수 있는 파트너와 매우 잘 지낼 수 있다. 그러나 연구 결과 적합성이 행복한 관계에 유의미하게 기여하는지 증명하는 데에 지속적으로 실패해 왔다(White & Hatcher, 1984). 이와 같이 관계의 성공에 대한 대부분의 예측은 그들이 파트너와 함께 할 때까지는 알 수가 없다. 그러나 매칭에 대해 말할 수 있는 것은, 몇 가지의, 특히 문제가 되는 상대들은 걸러지고 그래서 적절한 상대를 소개할 수 있다는 것이다. 예를 들어, 몇몇 온라인 데이트 웹사이트에서는 정신적인 질병의 징후가 있거나 또는 형법상으로 유죄 판결을 받은 사용자들의 참여가 금지된다.

온라인에서 거절의사 표현하기

당신은 사람들이 직접 만났을 때보다 온라인에서 상호작용을 할 때 억제를 적게 하며, 그리고 면대면으로 누군가와 상호작용할 때보다 더 무례하게 구는 경향을 보인다(Wall Street Journal Online, 2012)는 것에 대해 알고 있었을 것이다. 온라인 데이트를 하는 사람들은 언젠가 누군가의 데이트 요청을 거절해야 하는 상황이 올 것이다. 연구자들은 직접 사람을 만나는 것과는 대조적으로 온라인에서 만날 때 데이트 요청이 다르게 거절되는가에 대해 궁금하게 생각했다. 만일 누군가가 데이트 요청자가 모르는 사람이고, 그 사람을 만날 일도 없고, 그리고 현실세계에서 그 사람을 만나는 것보다 집에 있는 컴퓨터 앞에서 더 안전함을 느낀다면, 그것은 그나 그녀가 행동하는 방식에 영향을 줄 것인가?

일반적으로 온라인에서 데이트 요청을 거절하는 세 가지 방법이 있다. 첫째, 무시하는 것이다. 이것은 아니라고 말할 시간을 절약하는 방법으로 온라인 데이트 사이트에서 상당히 흔하게 사용된다. 둘째, 많은 사이트들은 특별히 사람들이 클릭할 수 있는 '거절함' 버튼을 가지고 있다. 이 버튼을 클릭하면 자동 메시지가 전해져서 그나 그녀에게 데이트 요청이 거절되었다는 것을 알린다. 셋째, 자신이 직접 개인적인 거절 메시지를 통해 사과할 수도 있고, 거절 이유를 전할 수도 있고, 상대방의 기분에 대한 석성을 표현할 수도 있고, 이외의 많은 것을 전할 수 있다.

슈테파니 통과 조지프 발터(Stephanie Tong & Joseph Walther, 2010)는 190명의 학생들에게 그들이 데이트에 관심이 있는 가상의 사람들과 연락하고 있다는 시나리오를 읽게 했다. 모든 학생들은 온라인 혹은 이메일 데이트에 대한 사전 경험이 있었다. 데이트 요청 메시지를 받은 것은 이메일 혹은 매치닷컴(Match.com)을 통해서였다. 더 나아가, 사회적 거리에는 차이가 있었다. 하나의 조건은 요청하는 사람이 한때 참여자와 수업을 들은 적이 있는 같은 대학교의 재학생이었고(낮은 사회적 거리), 다른 조건은 요청하는 사람이 참여자들이 이전에 만나본 적이 없는(높은 사회적 거리) 남자 졸업생이나 여자 졸업생이었다. 학생들은 어떻게 메시지에 반응하고 어떻게 거절 메시지를 작성하는지를 보여 달라고 요청받았다. 또한 매치닷컴 조건에 있는 참여자들은 그들이 '거절함' 버튼을 사용할 것인지에 대해서도 질문을 받았다.

놀랄 것도 없이 거절 메시지를 만들 때, 그들이 거절하는 사람을 몰랐던 참여자들과 비교해서 낮은 사회적 거리 조건의 참여자들(예 : 요청자가 다소 거리가 있는 지인인 경우)에게 더 정중히 대했다. 여성들은 남성들보다 용기를 주는 단어(예 : "당신은 다른 이벤트에서 좋은 사람을 만나게 될 거예요.")를 더 많이 사용했고 또한 그들의 데이트 요청에 더 자주 감사를 표현했다. 사과(예 : "미안합니다만, 당신을 만날 수 없습니다.")는 높은 사회적 거리 조건에 있는 참여자들에게 더 자주 사용되었다. 그러나 낮은 사회적 거리 조건에서, 학생들은 계속 연락할 것을 제안했다. 참여자들에게 '거절함' 버튼의 옵션을 준 매치닷컴에서, 사람들은 데이트 요청자를 모를 때 이 버튼을 훨씬 더 자주 사용했다.

인터넷은 공평한 경쟁의 장인가

파티, 카페, 나이트클럽, 또는 단지 학교 수업에 참석하는 등 현실 세계에서 사람을 만나게 되면, 당신은 말을 건네기도 전에 어떤 사람에 대한 첫인상을 형성한다. 사람들은 주로 외모에 기초해서 첫인상을 형성하며, 분명히 더 매력적인 사람일수록 자신을 더 드러낼 기회가 없어도 판단 당하는 입장에서 이점을 갖는다. 연구 결과에서도 사람들은 매력적인 상대방이 긍정적인 특성이 더 높고 지능이 더 높다고 여기는 것으로 나타났다(Eagly, Ashmore, Makhijani, & Longo, 1991). 따라서 놀랄 것도 없이, 많은 사람들은 인터넷 데이트의 출현에 흥분했는데 그 이유는 인터넷 데이트는 더 매력적인 것과 덜 매력적인 것에 대해 공평하게 해 줄 것이라고 가정했기 때문이다. 이런 가정 뒤의 생각은, 당신이 온라인 데이트를 하면 잠재적인 데이트 상대를 직접 만나지 않아도 되고, 그 결과 당신의 성격을 '빛나게' 하고, 파리나 뉴욕 런웨이의 슈퍼 모델은 아닐지라도 당신이 정말 얼마나 아름다운 사람인지 보여 줄 수 있는 시간을 가질 수 있다는 것이다. 그러나 정말 그럴까? 우리는 좋은 외모와 같은 피상적인 겉모습이 데이트에서 그다지 큰 차이를 만들지 않는다는 그 지점에 실제로 도달했는가? 지금부터 이러한 질문에 대해 살펴볼 것이다.

그러나 신체적인 외모가 온라인 데이트에 미치는 영향을 살펴보기 전에 우리는 당신이 그것에 대하여 생각해 보았을 수도, 그렇지 않을 수도 있는 다른 주제부터 살펴볼 것이다. 일반적으로 사람들의 이름이 다른 사람들에 의하여 취급되는 방식과 온라인 데이트의 성공에 대해 미치는 영향에 관해서이다.

온라인이든 오프라인이든 누군가를 만날 때, 그 사람에 대해 알게 되는 첫 번째 사항 중 하나는 그 사람의 이름이다. 그래서 이름은 언제나 그 사람에 대한 인상을 형성하는 데 영향을 미친다. 연구 결과, 이름이 누군가에게 만드는 인상은 이후 관찰자가 그 이름 소지자에 대해 만드는 일반화에 폭넓게 영향을 미칠 수 있음을 보여 주었다(Nisbett & Wilson, 1977). 첫인상은 이후 정보처리 과정에 영향을 미친다. 당신이 그 사람을 더 잘 알게 되면서 그 사람을 지각하는 데는 부분적으로 당신이 그 사람을 처음 만났을 때 그 사람에게서 받은 인상이 영향을 준다(Kruglanski & Ajzen, 1983). 따라서 좋지 않은 이름을 가지고 있는 사람은 차별적으로 취급되고 대부분의 다른 사람들보다 더 불리한 취급을 받는다. 그들은 더 많은 차별과 편견의 대상이 된다. 놀리기 쉬운 이름을 가진 몇몇 아이들이 학교에서 수년 동안 참아야만 하는 끝없는 놀림에 대해 생각해 보라. 이런 나쁜 취급은 그들 자신에 대한 지각, 즉 자존감과 효능감에 영향을 미친다(Leary & Baumeister, 2010). 이름은 또한 흡연(DeWall & Pond, 2011), 학업 성취 문제(Cohen & Garcia, 2008) 등과 같은 습관에도 영향을 미친다. 사실 칼리스트와 리(Kalist & Lee, 2009)의 연구 결과 인기 없는 이름과 청소년 범죄 간에 상관이 있는 것으로 나타났다. 즉, 소년의 이름이 인기가 없을수록, 청소년 범죄자가 되는 경향이 더 높았고, 이러한 결과는 그 소년이 백인이든 아프리카계 미국인이든 상관없이 사실임이 밝혀졌다. 이 연구는 미국에서 실시되었는데 아마도 미국인들은 가장 인기 없는 이름으로 나타난 몇몇 이름들에 관심이 있을

지도 모른다. 가장 인기가 낮은 세 이름은 내림차순으로 루크(Luke), 월터(Walter) 그리고 갈란드(Garland)였다. 독일에서 실시된 한 연구에서는 온라인 데이트의 성공과 관련하여 불행한 이름의 영향을 조사했다(Gebauer, Leary, & Neberich, 2012). 덜 매력적인 이름을 가진 사람이 더 매력적인 이름을 가진 사람보다 연락이 덜 될 가능성이 있는가? 이것을 알아내기 위하여 연구자들은 독일 온라인 데이트 웹사이트의 인기 없는 이름을 가진 사람들의 프로필에 대한 응답을 추적했는데, 그들은 이름의 영향이 실제로 상당히 강하다는 것을 발견했다. 즉, 더 부정적인 이름을 가질수록, 프로필을 본 사람이 적었다. 매우 인기가 있는 알렉산더라는 이름은 덜 매력적인 이름인 케빈이라는 이름을 가진 사람보다 102% 더 많은 방문자 수를 얻었다. 이것은 미국에서 행해진 연구와도 맥락을 같이 하는데, 백인 이름을 가진 구직자들이 아프리카계 미국인의 이름을 가진 구직자들보다 유의미하게 더 높은 숫자의 직업 면담을 가진 것으로 나타났다(Bertrand & Mullainathan, 2004). 이러한 연구 결과를 좋아하지 않을 수도 있지만, 이것은 사실이다!

이제 온라인 프로필에 사용되는 사진의 영향으로 넘어가 보자. 사람들은 그들의 목표를 달성하기 위해, 즉 호감 가는 파트너 기준에 맞는 짝에게 매력을 보여 주기 위해 어떤 종류의 사진을 사용하는가? 이 질문을 조사하기 위해 우리는 남성과 여성을 구별해야만 하는데, 그 이유는 적어도 진화론적 관점에서 두 성별은 서로 다른 짝짓기 전략을 갖고 있기 때문이다. 여성들은 일반적으로 짝을 선택하는 데 훨씬 더 까다로운데, 그 이유는 그들의 자식에게 많은 시간을 투자하기 때문이다. 그래서 그들은 자신과 자녀들을 가장 잘 돌봐줄 수 있는 파트너를 선택한다. 만약 여성이 단기간의 관계를 맺는다면, 그들은 특히 좋은 유전자를 가지고 있고 자녀들을 위해 그 결과를 개선할 수 있을 것으로 지각되는 사람을 찾는 경향이 있다. 진화론적인 논쟁에 따르면 남성은 그들의 자녀에게 많은 시간을 투자하지 않는다. 그들의 주된 목적은 아이를 낳을 수 있는 연령이고 아이를 갖고 또 잘 기르기에 최적화되어 있는 파트너를 찾는 것이다. 질문은 이러한 서로 다른 목표들이, 온라인 프로필에 올리는 사진에도 반영되는지의 여부이다. 즉, 남성들은 생식할 수 있는 여성에 관심이 있기 때문에, 여성들은 그들의 젊음, 아름다움, 그리고 건강을 강조하는 사진을 제시해야만 한다. 그리고 여성들은 미래의 자녀를 부양할 수 있는 파트너에 관심이 있기 때문에 남성들은 신분, 재력, 그리고 성공을 드러내는 사진을 올려야만 한다. 서지 갈란트, 윌리엄스, 피셔 그리고 콕스(Gallant, Williams, Fisher, & Cox, 2011)는 캐나다 온라인 데이트 웹사이트에 있는 파트너를 찾는 150개의 남성 사진과 150개의 여성 사진을 분석했다. 이 웹사이트는 독특하게 사용자가 세 가지 범주, 즉 장기간의 관계, 데이트 관계, 그리고 주로 성적 만남을 찾는 사람들을 위한 범주 중 한 가지를 선택해서 홍보할 수 있게 하고 있다. 사진을 분석한 결과, 여성들은 실제로 더 자주 웃고 실내 장소(그들이 가정적임과 자녀들을 기르는 능력을 보여 주기 위해)에서 찍은 사진을 올렸다. 또한 그들은 남성들보다 더 많은 피부 노출을 했다. 또한 성적 만남을 위한 범주의 여성들은 맨살이 훤히 드러난 옷을 입고 있는 경우가 더 많았다. 반면에 남성들은 더 커 보이기 위해 아래에서 위로 찍은 사진을 올렸고, 사진에서 그들의 근육을 강조하는 일이 더 많았고, 여성들보다 백발을 더 많이 드러냈다.

브랜드, 보나트소스, 도라치오(Brand, Bonatsos, D'Orazio, & DeShong, 2012)는 단순히 온라인 데이트에서 사진의 영향을 조사하는 것보다 한걸음 더 나아갔다. 연구자들은 잘생긴 외모가 지능이 더 높을 뿐만 아니라 좋은 사회적 기술을 가진다는 것이 사실이라면 아마도 인터넷이 결국은 경쟁의 장을 공평하게 하지 못할 수도 있다는 가설을 세웠다. 온라인 데이트에서 사람들은 그들에게 관심을 가지는 사람에게 자신을 보여 주는 프로필과 사진들을 함께 싣는다. 만약 특별히 매력적인 사람들이 인지적으로도 유능한 경향이 있다면 그들이 쓴 글 또한 보다 매력적일 것이다. 이것이 사실이라면, 연구자들은 프로필 사진의 매력과 동반하는 글의 매력 간에 정적 상관을 찾을 수 있을 것이다. 이 질문을 조사하기 위해, 연구자들은 50명의 여대생들에게 진짜 온라인 데이트 웹사이트의 사진과 글을 평가하도록 했다. 여성이 글을 평가할 때 사진의 영향을 받거나 혹은 그 반대의 경우를 막기 위해 그들에게 남성의 사진이나 글만 보게 했고 둘 다 보게 하지는 않았다. 여성들은 사진을 신체적인 매력, 친절, 자신감, 남성성 그리고 균형으로 평가했다(전반적인 평가뿐 아니라 단기간의 성적 관계 그리고 장기간의 관계를 목적으로). 글에 대해서는 친절, 자신감, 지능 그리고 유머뿐만 아니라 남성이 얼마나 매력적인지(다시, 짧은 성적 만남 그리고 장기간의 관계뿐만 아니라 전반적으로)로 평가하게 했다. 결과는 예상한 대로 글의 매력과 사진의 매력 간에 정적 상관이 있음을 보여 주었다(비록 한 사람의 사진과 글은 같은 여성에 의해 평가되지 않았을지라도). 이것은 일반적으로 그 사람의 사진이 더 매력적일수록 사진과 동반되는 글이 더 매력적이라는 의미이다. 매력적으로 평가된 글들은 대부분 그들이 자신감을 풍길 때였다. 그리고 그 결과로 글이 특정 수준의 자신감을 전할 때, 사진도 더 매력적으로 보이는 경향이 있었다. 따라서 남성이 글을 통해 더 많은 자신감을 풍길 때, 여성은 그의 글을 더 매력적이라고 생각하고 그의 사진 또한 더 매력적이라고 생각할 것이다. 특별히 매력적인 남성들이 평균적인 외모의 남성들보다 더 자신감의 분위기와 연결되는 이유는 확실하지 않지만, 연구자들은 매력적인 남성이 그들의 인생을 통해 비교적 대우를 잘 받은 역사를 갖고 있고 잠재적인 짝을 찾는 시장에서도 상당히 높은 가치를 가지고 있다고 인식하고 있기 때문일 것이라고 믿는다.

따라서 남성들이 온라인 데이트 웹사이트에 글을 쓸 때 가능한 자신감 있게 보이도록 노력해야 한다고 주장할 수 있다. 확실하게 알 수는 없지만, 덜 매력적인 사진과 함께 오는 자신감 넘치는 글은 여성에게 좋은 인상을 주는 것이 아니라 그 남성을 뽐내고 우쭐대는 사람으로 보이게 할 수도 있다. 따라서 매력적인 사람들은 온라인조차 여전히 경쟁에서 유리한 입장에 있는 것으로 보인다.

온라인 데이트의 위험성

당신은 인터넷 사용자들을 이용하려는 온갖 종류의 사기꾼들에 관해 들어봤을 것이다. 그들의 범위는 나라 밖으로 거액의 돈을 옮기기 위해 희생자의 도움을 필요로 하는 다른 나라의 부유한 가족들로부터, 많은 돈을 따게 해 주는 대신에 우승의 대가로 피해자가 돈의 일부를 지불해야 한다고 유혹하는 로또 사기꾼까지 다양하다. 그리고 현금카드 번호와 비밀번호를 온라인으로 제출하라고 하는 은행 이메일 사기도 있다. 2012년에 영국에서 사기로 잃은 돈은 총 730억 파운드 이상이며, 그것은 1,110억 달러를 넘는다. 사기 액수는 가파르게 상승하여 380억 파운드였던 2011년보다 거의 두 배 가까이에 이르렀다(National Fraud Authority, 2012). 사기꾼들은 피해자들에게 돈을 뺏기 위해 최신의 기술을 사용하는 새롭고 독창적인 방법을 사용하며, 2008년부터는 사기 행각에 온라인 데이트도 포함되었다(Whitty & Buchanan, 2012). 사기꾼들은 피해자에게 온라인 데이트 웹사이트를 통해 연락하고 그나 그녀와 관계를 형성한다. 이러한 관계는 6~8개월 정도 유지되고 그 기간 동안 사기꾼들은 피해자와 강한 정서적 유대관계를 맺으려고 노력한다. 그러고 나서 사기꾼은 해외여행에서 신분증명서의 분실, 갑작스럽고 심각한 질병, 혹은 예상하지 못한 지출의 원인이 되는 일과 같이, 그에게 닥친 몇몇 불행한 운명의 일격과 같은 이야기를 들고 나온다. 사기꾼들은 피해자들에게 경제적인 도움을 요청한다. 온라인 로맨스 사기는 사람들의 돈을 빼앗을 뿐만 아니라 피해자가 가까운 개인적인 관계라고 생각했던 누군가에 의한 배신으로 심각한 정서적 트라우마를 경험할 수도 있다.

휘티와 뷰캐넌(Whitty & Buchanan, 2012)은 200명이 넘는 온라인 데이트 사용자들에게 설문조사를 실시했는데, 그들 중 0.65%의 사람들이 사기를 당한 적이 있는 것으로 나타났다. 영국 전체 인구를 대상으로 추산해 볼 때 약 23만 명의 사람들이 온라인 데이트 사기에 희생양이 되었다고 추정할 수 있다. 더한 것은 2.28%의 응답자들이 온라인 로맨스 사기로 속이려고 했던 사람들을 개인적으로 알고 있는 것으로 나타났다. 이러한 수치는 백만 명 이상의 영국 성인을 의미한다. 이와 같이 사람들이 그들의 인생에서 사랑을 찾는 데 도움을 받기 위해 인터넷을 사용하지만, 개인적으로 친숙하지 않은 사람이 지나친 것을 요구하거나 심지어 돈을 요구할 때는 항상 주의를 기울이고 경계해야 한다.

온갖 종류의 인터넷 사기가 유행하면서 온라인 로맨스 사기의 경제적 위험에 정서적 취약성이 더해져서 인터넷 데이트 사용자들이 온라인에서 만날 수 있는 사람에 대해 다소 경계를 하는 것은 이상한 일이 아니다. 그들의 걱정은 (a) 거짓과 기만적인 정보에 대한 걱정, (b) 성적인 위험, (c) 정서적 상태와 신체적 안전에 대한 위험, 그리고 (d) 부정직한 사람을 만날 위험으로 분류될 수 있다(Couch, Liamputtong, & Pitts, 2012).

또 다른 연구도 위와 유사한 걱정에 대해 발견했으며, 또한 사람들이 그들의 불확실성을 줄이기 위하여 무엇을 하는지를 조사했다. 기브스, 엘리시온 그리고 라이(Gibbs, Ellison, & Lai, 2011)는 인터넷 데이트 사용자들이 세 가지의 지배적인 걱정을 하고 있다는 것을 밝혀내었는데, 개인적인 안전에 대한 위험, 장래의 데이트 상대에 대한 진실의 왜곡, 그리고 온라인에서 데이트를 하는 것이 그들을 난처하게 할 수 있다는 것이다. 그러한 위험을 줄이기 위해서 기브스와 동료들은 온라인 데이터 사용자들이 몇 가지의 정보 추적 또는 평가 전략을 사용할 수 있다고 언급하고 있다. 인터넷 검색 엔진을 사용하여 그들의 잠재적인 파트너를 찾아볼 수 있고, 일관성을 확인하기 위해 이메일이나 인스턴트메시지 텍스트를 비교하거나 후속 질문을 이메일이나 인스턴트메시지 텍스트, 또는 전화를 통해 물어볼 수 있다. 그리고 그들의 잠재적인 데이트 상대의 프로필 사진을 인구학적으로, 그리고 그 사람이 제공한 글에 표현된 정보와 비교할 수 있다. 연구에서, 인터넷 데이트 상대의 신분을 확인하기 위하여 이런 전략을 더 많이 사용하는 참여자들은 불확실성 감소 전략을 사용하지 않는 참여자들보다 더 많은 개인 정보와 감정을 노출하는 경향이 있었다. 몇몇 사람들은 공문서를 확인하는 것까지 하지만 연구자들은 대부분의 사람들이 그들에 대해 더 많이 알기 위해 단지 데이트 상대에게 온라인 대화로 질문을 하거나 다른 온라인 데이트 사이트들이나 페이스북과 같은 여러 가지 웹사이트들로부터 데이트 상대에 대한 정보를 비교한다는 것을 발견하였다.

흥미롭게도, 인터넷 검색 엔진을 사용하여 다른 사람을 검색하는 것은 온라인 데이트 사용자들이 사용하는 전략 중에 가장 인기가 없었다. 마지막 교훈은, 당신이 온라인에서 데이트할 때는 주의가 필요하다는 것이다!

사랑의 심리학 101

9

사랑과 성격

우 리 각자는 어떤 사람과는 잘 지낼 수 있지만 어떤 사람과는 그렇지 못할 수 있다. 우리가 누군가와 잘 지내지 못할 때, 우리는 그 사람과 '성격 갈등'을 겪는 중이라고 말한다. 우리가 누군가와 잘 지낼 때, 우리는 '잘 어울리는 성격'을 가졌다고 볼 것이다. 우리는 잠재적인 가능성이 있는 파트너의 성격을 이해함으로써 누가 좋은 연애 상대인지 알 수 있는 것일까?

유사성 대 상보성

사랑 관련 문헌에서 성격에 관해 기본적으로 던지는 질문은, 성격이 비슷한 사람과 더 잘 맞는지, 또는 성격이 상호보완적인 사람과 더 잘 맞는지, 이 둘 간의 차이가 있는지 등이다.

심리학자들은 양쪽 모두에 대해 의견을 제시하고 있다. 예를 들어, 유사성 이론의 지지자인 번과 그리핏(Byrne & Griffit, 1973)은 유사성의 중요성을 주장했다. 이들의 견해에 따르면 만약 당신이 외향적이라면 당신은 아마도 다른 외향적인 사람과 짝을 이루고 싶을 것이다. 예를 들어,

당신이 파티에 가서 다른 사람들과 만나고 이야기하는 것을 좋아한다면, 당신은 파티에 가서 다른 사람들을 만나는 것을 좋아하는 파트너와 짝을 이루고 싶을 것이다. 만약 당신이 파티에 가기를 두려워해 차라리 집에서 책 읽기를 선택하는, 집에 있기 좋아하는 사람과 짝을 이룬다면, 당신은 좌절하게 되고 결국 상당히 불행해 하기 쉽다. 유사성 이론은 성격적 특성에만 적용되는 것이 아니다. 당신은 어떤 일을 함께 할 수 있도록 당신의 흥미를 공유하고, 두 사람이 모든 일들을 같은 관점으로 볼 수 있도록 가치를 공유하는 사람과 함께 하기를 원할 것이다. 만약에 당신들이 매우 다른 가치를 가지고 있다면 예를 들어, 당신 중 한 사람은 자녀들에게 다정해야 한다고 믿고, 다른 한 사람은 매를 아끼면 자녀를 망친다고 믿는다면, 당신들은 자녀들을 양육하는 데 큰 갈등을 경험할 것이다. 신체적 매력의 유사성도 중요하다. 한 파트너는 관계에서 미운 오리 새끼가 되고 다른 파트너는 누군가 더 매력적인 사람과 더 잘 어울린다고 느끼면 안 되기 때문이다.

대안적인 견해는 상보성 이론이라고 부르며 커코프와 데이비스 (Kerckhoff & Davis, 1962)에 의해 제안되었다. 이 견해에 따르면, 파트너들은 서로가 상호보완적일 때, 즉 그들이 중요한 측면에서 서로 다를 때 더 잘 지낸다는 것이다. 예를 들어, 매우 성실한 어떤 사람을 생각해 보자. 유사성 이론에서는 그나 그녀가 매우 성실한 누군가와 파트너가 되는 것이 가장 좋을 것이라고 생각한다. 그러나 상보성 이론에서는 두 사람 모두 극도로 성실한 사람들이면 각자를 궁지로 몰아 넣게 될 것이라고 제안한다. 매우 성실한 남성은 가끔은 긴장을 풀고 기꺼이 편하게 쉴 수 있는 여성과 지낼 필요가 있을 것이다. 덜 성실한 여성은 그녀에게 압력을 넣을 누군가와 지낼 필요가 있을 것이다. 상보성 이론은 부분적으로 이치에 맞다.

유사성의 영향에 대한 증거는 상당한 데 반해 상보성의 영향에 대한 증거는 매우 적은 편이다(예 : Miller, 2012; White & Hatcher, 1984). 일반적으로 차이는 결혼 생활의 불안정 및 이별과 관련된다. 그러나 또 다른 관점은 유사성 대 상보성의 문제에 대한 정의가 잘못 내려져 있다고 보는 것이다.

가설이 충분히 검증되지 않았기 때문에 유사성에 비해 상보성에 대한 증거가 약하다는 것은 가능한 일이다. 유사성과 상보성에 대한 논란이 어떻게 개선되었는지에 대한 예를 살펴보자.

사랑의 이야기 이론에서 로버트 스턴버그(Sternberg, 1998)는, 우리는 자신의 것과 잘 어울리는 사랑의 이야기를 가진 사람들을 찾는다고 주장했다. 이러한 이야기들은 우리가 아주 어렸을 때부터 사랑의 관계를 관찰하면서 자란 환경 속에서 우리의 성격과 경험이 상호작용하면서 발전해 온 것이다. 예를 들어, 우리 부모님의 이야기와 친구 부모님의 이야기, 영화에서 본 이야기, 읽은 적이 있는 이야기 등등이다. 이러한 이야기들 중 몇 가지에서 두 파트너의 역할은 유사하다. 예를 들어, 비즈니스 이야기에서는 두 명의 비즈니스 파트너들이 개인적인 모험을 성공시키기 위해 노력하고, 여행 이야기에서는 두 사람이 함께 인생을 여행하는 이야기를 담고 있고, 그리고 동화에서는 왕자가 공주를 찾아다니거나 혹은 그 반대로 찾아다니는 이야기가 담겨 있다. 그러나 다른 이야기들에서의 역할들은 상호보완적이다. 그 예로는 교사가 학생에게 인생에 대해 교육하는 이야기, 경찰이 조심스럽게 잠재적인 범죄자를 추적하는(배우자의 외도를 의심하는 것과 같은) 경찰 이야기, 그리고 테러범이 피해자에게 몰래 접근하는 공포 이야기가 있다.

이 이론에서는 단순히 유사성 또는 상보성에 대해 이야기하는 것이 '순진하다(naïve)'고 가정한다. 유사성 또는 상보성 중 어떤 것이 성공의 더 좋은 예측변수인가는 이야기에 달려 있다는 것이다. 두 명의 파트너가 비슷한 역할을 가진 이야기에서는 유사성이 관계의 성공을 예측하지만 역할이 상호보완적일 때는 상보성이 성공을 예측한다. 더 나아가, 사람들은 하나의 이야기만을 가진 것이 아니라 어떤 이야기들이 다른 이야기들보다 더 강력한 이야기의 위계구조를 가지고 있다. 그러므로 유사성 혹은 상보성의 적용은 특정한 파트너들의 이야기의 위계구조에 따라 달라진다. 서로 다른 관계에서는 서로 다른 패턴의 예측이 적절할 것이다. 사람들은 각각의 파트너들을 보고, 그리고 그들이 만들어 내는 사랑의 이야기를 봐야만 한다.

브라이언과 진을 생각해 보자. 그들이 행복한 결혼 생활을 하고 있지만 그것은 그들이 유사하거나 혹은 상호보완적이기 때문일까? 그들의 사례에서는 둘 다이다. 그들은 비슷한 가치와 비슷한 흥미를 가지고 있고, 그러한 점은 그들이 결정을 하거나 어떤 것을 추구할 때 도움이 된다. 그들은 자녀들의 역할에 대해서나 종교의 역할에 대해서도 비슷한 기대를 가지고 있다. 그들은 둘 다 비교적 검소하다. 이런 유사성은 그들이 힘든 일상을 견뎌내는 데 도움을 준다.

하지만 한 측면에서 그들은 다르다. 브라이언은 진보다 15살이 많고 재혼이다. 그는 대도시에서 자랐고 이른 나이에 수많은 어려움을 극복하고 학교에 다녔다. 그는 경험들을 통해서, 그리고 5년간의 외국 생활 경험으로부터 인생에 관해 많은 교훈을 얻은 바 있다.

진은 온실 속의 화초처럼 자랐다. 그녀는 작은 마을에서 자랐고 그 마을에 있는 학교에 다녔다. 그리고 외부 사람들과 연락하는 것을 권장하지 않는 종교적 배경의 대학에 입학했다. 브라이언은 그녀가 진지하게 사귄 첫 번째 남자친구였다. 그녀는 관계를 시작하면서 자신이 인생의 많은 도전을 성공적으로 극복할 수 있는 삶에 대한 지식이 부족하다고 느꼈다.

동시에 브라이언은 진의 경험 부족을 보완해 줄 수 있는 인생 경험을 가지고 있다고 느꼈고, 그녀가 배우고 싶어 하는 것만큼 가르치는 것에 적극적이었으며, 지금도 그렇다. 본질적으로, 그들의 이야기는 '교사-학생'의 이야기이다. 그들은 그것에, 그리고 그들의 상호보완적인 역할에 편안함을 느낀다. 따라서 브라이언과 진이 성공을 추구하는 방법은 유사하면서도, 두 사람 관계의 성공을 이끌어 온 하나의 중요한 측면에서는 상호보완적이다. 브라이언은 만일 진이 그에게서 배우고 싶어 하지 않았더라면 불행했을 것이고, 진은 브라이언이 그녀를 가르치기를 원하지 않았다면 불행했을 것이다. 그들은 그들의 관계를 더 향상시키는 방법으로 상보성의 이점을 취하고 있다.

빌과 수잔 또한 많은 측면에서 유사하면서도, 한 가지 중요한 차이점을 갖고 있다. 빌은 수잔을 꿈속의 공주로 보았다. 수잔은 빌에게 강하게 끌렸는데, 왜냐하면 그는 잘생겼을 뿐만 아니라 경제적으로 성공했고 그녀가 경제적으로 도움이 필요한 시기에 도움을 줄 수 있는 사람이기 때문이다. 그녀는 매우 가난하게 자랐고 어린 시절 내내 감내하고 살았던 불확실성을 결코 잊을 수가 없었다. 그녀는 그 경험을 반복하지 않기 위해 애쓰고 있었다.

서로에게 매력을 느꼈지만 빌과 수잔의 이야기는 상충된다는 점이 문제다. 빌은 왕자와 공주가 있는 동화 속 이야기의 파트너를 찾고 있는 반면, 수잔은 두 경제적인 파트너가 일생 동안 일하는 비즈니스 이야기의 파트너를 찾고 있다. 결말은, 빌은 수잔이 너무 돈에 사로잡혀 있다는 것을 발견했고, 수잔은 빌이 세상이 어떻게 돌아가는지 이해를 못하는, 그녀가 생각하기에는 이상적인 몽상가라는 것을 알았다. 따라서 빌과 수잔 간에 있는 상당한 유사성은 그들의 관계를 성공시키기에 충분하지 않았고 그들은 헤어졌다.

유사성과 상보성이 단순하게 이것 아니면 저것으로 비교되거나 근거가 될 수 없다고 주장하는 로버트 스턴버그의 또 다른 이론이 있다. 스턴버그(Sternberg, 1997)에 따르면, 사람들은 서로 다른 사고 유형을 가지고 있다. 예를 들어, 입법가형의 사람들은 어떤 것을 할 때 그들 자신의 방식대로 하는 것을 좋아하며 구조와 방향 제시가 거의 주어지지 않는 것을 선호한다. 그들은 때때로 틀에 박힌 것을 하도록 깅요받는다고 느끼면 저항한다. 반대로 행정가형의 사람들은 어느 정도의 구조나 방향 제시를 선호한다. 그들은 오히려 수행해야 할 필요가 있는 과제에 대해 가이드라인이 있는 것을 선택한다. 사법가형의 사람들은 어떤 일이나 다른 사람들에 대해 판단하기를 좋아한다. 그들은 삶 속에서 마주치는 것들을 다룰 때 평가적인 접근 방법을 취하는 경향이 있다.

이 이론에 따르면 유사성과 상보성은 각각의 관계에서 장점과 단점을 갖고 있다. 예를 들어, 두 명 모두 입법가형인 사람들은 서로를 흥미롭고 매력적으로 생각하는 경향이 있다. 그러나 만일 두 사람 모두 자신이 어떤 일을 계획하고 결정하는 사람이 되기를 원한다면 갈등을 겪을 수도 있다. 두 사람 모두 행정가형인 사람들은 어떻게 일이 진행되어야만 하는지에 대해 강력한 견해를 갖고 있지 않기 때문에 서로 편안함을 느낄 수 있다. 이들은 둘 다 외부에서의 안내를 기대한다. 그러나 위험한 것은 아무도 관계에서 계획이나 일의 진행에 대해 책임을 지려고 하지 않기 때문에 결국 불만족스럽게 끝날 수 있다는 것이다. 두 사람 모두 사법가형인 사람들은 다른 사람에 대한 각자의 평가에 대해 이야기를 나누면서 즐거운 시간을 가질 수 있지만, 평가의 방향을 서로에게 돌리기 시작하게 될 때 다른 한 사람이 그 평가에 동의하지 않는다면 갈등으로 번질 것이다. 반대로, 입법가형과 행정가형의 사람들은 자연스러운 커플이 되는데 그 이유는 한 사람은 방향을 정하고 다른 사람은 그것을 따르는 경향이 있기 때문이다. 그러나 그들은 입법가형의 사람이 행정가형의 사람에게 지루함을 느끼거나 행정가형의 사람이 입법가형 사람의 방식으로 일하는 것에 대해 분개하기 시작하면 갈등에 처하게 될 수도 있다.

한 예로, 베스와 마크는 매우 즐거운 관계이다. 그들은 둘 다 무엇을 할 지 그리고 그것을 어떻게 할지에 대한 아이디어로 가득 차 있다. 베스와 마크는 특히 여행을 좋아하고, 그래서 그들은 함께 나누는 흥미에 짜

릿해하고 계속해서 시야를 넓히기 위해 노력한다. 하지만 그들에게는 상당히 지속적으로 갈등을 일으키는 문제가 한 가지 있는데, 베스는 많은 활동을 미리 계획하는 것을 좋아하고 짧은 시간이라도 볼 것들과 할 것들로 채우는 것을 좋아한다. 그녀의 이유는 여행 시간은 한정되어 있고 그래서 그 시간 동안 할 수 있는 모든 것을 해야 한다는 것이다. 이와 반대로 마크는 기회 지향적인 경향이 있어서, 특정 장소로 가서 마주치는 대로 보고자 한다. 그는 여행 중에 쉬고 있다는 것을 느낄 수 있을 만큼 얼마간 움직이지 않고 쉬는 시간을 갖고 싶어 한다. 그는 자신과 베스가 계속해서 돌아다니기만 하면 긴장을 풀 시간이 정말로 없다는 것을 알고 있다. 그들은 둘 다 관계에서 '입법가형'의 접근 방법을 갖고 있기 때문에 각자 자신의 방식대로 움직이고자 한다. 의제를 정하고자 하는 그들의 공통된 욕망은 그들을 갈등과 실망으로 이끌고, 어떠한 여행도 그들이 원했던 대로 끝나지 않는다. 그들 각자 여행에서 얻고자 원하는 것이 다르기 때문에, 그들이 입법가형이라는 유사성은 그들을 갈등으로 이끈다.

결론적으로, 증거들은 유사성이 상보성보다 대부분의 관계에서 더 중요하다고 제안하고 있다. 그러나 이론들이 서로에 대해 정확하게 검증된 적이 있는가? 정확한 검증은 성공적인 커플들이 특정 측면의 속성에서 더 유사한지 혹은 다른지의 여부에 대한 단순한 조사보다는, 특정 커플들에게 적용된 특정의 속성들을 살펴보는 등, 더 정교해야만 할 것이다.

빅파이브 성격 특성

오늘날 가장 폭넓게 활용되는 성격이론은 종종 빅파이브 이론(Big Five theory; 예 : Costa & McCrae, 1992; Goldberg, 1993 참고)으로 거론되곤 하는데, 그 이유는 다섯 가지 중요한 성격 차원이 다른 덜 일반적인 성격 차원보다 더 지배적이고, 그리고 다섯 가지 특성들이 전 세계적이지는 않지만 적어도 개인들과 국가들 간에 매우 폭넓게 적용되고 있다는 것이 사실로 받아들여지고 있기 때문이다. 그 다섯 가지 차원은 친화성, 성실성, 외향성, 신경성 그리고 개방성이다. 친화적인 사람은 쉽게 친해지고, 동정적이며, 다른 사람에게 관심이 있다. 성실한 사람은 그들이 하는 것을 빈틈없이 하는 경향이 있고, 과제의 세부적인 것에 까다로운 사람이며, 정해진 시간에 일을 마치기 위해 동기화된다. 외향적인 사람은 새로운 사람들과 만나고 싶어 하고, 파티에서 편안해하며, 사람들과 어울리기 좋아하고, 말하기를 즐긴다. 신경증인 사람은 쉽게 방해받고 초조해하며, 지나치게 걱정하는 경향이 있고, 그리고 일반적으로 기분 변화가 심하다. 그리고 개방적인 사람은 새로운 것을 배우는 것에 관심이 있고, 새로운 경험을 추구하고, 그리고 창의적인 방식으로 사고한다.

당신이 예상할 수 있듯이 친화성은 만족이나 안정성 같은, 관계를 성공으로 이끄는 변인들과 정적으로 관련된다(Karney & Bradbury, 1955). 이 차원에 위험이 있다면, 둘 다 친화성이 높은 커플들은 문제를 해결하기 위해 갈등이 빚어질 때 갈등을 피하려고 할 수 있다는 것이다. 이런 이유로 관계에서 합의를 위해 노력하고 파트너의 욕구를 배려하는 것이 중요할 뿐만 아니라 불일치가 있을 때 그것을 풀기 위해 노력하는 것 또한 중요하다.

미셸과 토미를 살펴보자. 그들은 관계의 초기에 서로에게 항상 동의하고 있다는 사실을 발견했다. 둘 다 과거에 관계가 있었고 그때는 훨씬 더 험난했기 때문에 자신들이 거의 갈등이 없는 관계를 찾은 것에 기뻐했다. 그들은 서로 폭넓게 일치하는 것이 자랑스러웠고 그들의 친구들에게 자신들보다 더 잘 어울리는 커플은 없을 것이라고 말했다. 그들은 진지한 관계로 발전하여 약혼을 했다. 문제가 시작된 것은 약혼 이후였다. 언제 자녀를 가질 것인지, 직업적 포부, 살고 싶은 장소 등, 대화가 더 진지해지자 미셸은 토미의 의견과 거의 일치하지 않는다는 것을 알았다. 그러나 그녀는 사실상 모든 것에 대해 동의를 했던 그들 자신에 대해 자랑스러워했기 때문에 동의하지 않는 것을 주저했다. 그래서 그녀는 자신이 다르게 생각하고 있을지라도 말로는 토미의 의견에 동의하고 있다는 것을 알았다. 그녀가 못마땅한 일에 동의하는 자신을 발견했을 때 그녀는 둘의 관계에 대해 만족을 덜 느끼기 시작했다. 결국 관계는 불안정해졌고 커플은 헤어졌다. 서로에게 동의하고자 하는 그 커플의 욕구는 불일치를 가렸고 그들이 가질 필요가 있었던 협상을 막은 것이다. 그 커플의 친화성에서의 유사성은 결국 맞지 않는 것으로 드러났다. 분명히 친화성에서의 유사성이 커플 관계를 가능하게 하는 다른 사례들이 있을 것이다. 여기서 중요한 것은 유사성이 좋을 수도 나쁠 수도 있다는 것이다.

성실성 또한 관계 만족과 관련되어 있다(Botwin, Buss, & Shackelford, 1997; Engel, Olson, & Patrick, 2002; Karney & Bradbury, 1995; Kwan,

Bond, & Singelis, 1997). 그러나 남성의 성실성은 관계의 실패와 관련될 수 있다(Newcomb & Bentler, 1981). 왜 성실성은 성공과 실패 모두와 관련될까? 우선, 성실한 사람들은 중요한 사건들을 기억하는 것, 상대방의 욕구에 관심을 기울이려고 노력하는 것 그리고 재정적인 문제와 부부 갈등을 일으키는 돈 문제에 참여하는 것 등, 관계의 세부 사항에 관심을 기울이는 경향이 더 높고, 그런 세심함은 관계를 보다 큰 성공으로 이끈다. 다른 한편, 성실성이 높은 사람들은 각자, 그리고 자신에 대해 지키기 어려운 기준을 세울 수도 있다. 그들은 상대가 할 수 있거나 기꺼이 주고자 하는 것보다 더 많은 것을 기대하고, 만일 그들의 높은 기대가 충족되지 않으면 불만족을 느낄 수 있다.

론과 리즈는 성실성에서 상호보완적이다. 때때로 이 상보성은 그들에게 도움이 된다. 리즈는 그녀의 일과 사생활 모두에서 그녀가 할 것을 확실하게 해 주는 성실한 사람을 필요로 한다. 리즈는 론의 성실한 본성에 높은 가치를 둔다. 동시에 론은 자신이 지나칠 정도로 성실하다는 것을 알고 있으며 자신과 비슷할 정도로 완벽주의자가 아닌 누군가와 있는 것을 즐긴다. 그러나 그의 성실성에는 대가가 따른다. 론은 물건들이 제자리에 있지 않으면 반사적으로 그것들을 제자리로 돌려놓는다. 리즈는 물건을 거의 제자리에 두지 않는다. 론은 자신이 항상 물건을 제자리에 놓는 사람이 되는 것에 대해 짜증이 난다. 그는 장난감을 정리하지 않는 자녀를 가질 수도 있을 거라는 생각이 들기 시작했다. 그는 리즈와 그 문제에 대해 여러 번 이야기했고 그녀는 제자리에 물건을 두겠다고 약속했다. 그리고 그녀는 며칠 동안 그렇게 하다가 으레 예전 모습으로 되돌아가 물건을 정리하지 않아 론을 더 좌절하게 만든다. 따라서 론은 그가 느끼기에 리즈의 책임이라고 생각하는 물건들을 질서 있게 두는 일에 매달려 있게 되면서 그들의 상보성이 때때로 좌절의 근원이 되는 것을 알고 있다. 이 커플에게는 상보성이 관계를 돕기도 하고 상처가 되기도 한다. 이 커플들이 보여 준 바와 같이 상보성과 관계의 성공 간에 직접적인 관련성은 없다.

외향성 또한 전체적으로 관계의 만족과 관련되지만(Bentler & Newcomb, 1978; Kelly & Conley, 1987), 남성들 사이에서는 보다 낮은 만족과 관련된다는 관련 증거가 있다(Bentler & Newcomb, 1978). 즉, 외향성은 성실성과 마찬가지로 좋기도 하고 나쁘기도 하다. 외향적인 두 사람은 서로에게 다가가서 자신들을 포함하여 무리를 이룰 가능성이 높다. 또한 높은 외향성을 가진 사람은 배우자에 대한 부정의 위험요인이 되는 커플 외의 관계를 형성할 수 있다.

데이비드와 베스는 둘 다 외향적이고, 데이비드가 베스보다 훨씬 더 그렇다. 데이비드는 행복을 유지하기 위해 다른 사람들과 함께 있을 필요가 있는 것처럼 보인다. 베스는 다른 사람들과 함께 있는 것을 즐기지만 혼자 있는 시간 또한 좋아한다. 그녀는 데이비드가 그녀에게 주고자 하는 것보다 더 많은 공간이 필요하다고 생각하기 시작한다. 그러나 다른 심각한 문제가 있다. 데이비드와 베스는 같은 회사에서 일한다. 그들은 둘 다 다른 사람들과 소통하지만 데이비드는 베스가 편안하게 느끼는 것 이상으로 다른 여성들과 잘 지낸다. 그녀가 데이비드에게 이점에 대해 문제시하면 그는 자신이 단지 친절한 사람일 뿐이고 베스가 자기처럼 지낸다면 그녀도 훨씬 더 행복할 것이라고 반박한다. 두 사람 모두 외향성인 경우, 외향성 수준의 비유사성이 문제를 야기하는 것이다.

신경성과 관계의 성공 간의 관계는 일관되게 부정적이다(Karney & Bradbury, 1995; Newcomb & Bentler, 1981). 신경성은 사랑의 열병과 관련된 것으로 알려져 왔는데, 열병은 일반적으로 장기간의 관계를 성공시키는 예측 변수가 아니다. 감정적이고 안정적이지 못한 사람들은 일반적으로 단지 친한 사람들만이 아니라 모든 관계에서 보다 큰 어려움을 겪는다.

브렌다와 알렉스는 문제가 있는 관계의 표본이다. 알렉스는 감정기복이 심하다. 그가 브렌다에게 사랑을 줄 때, 그녀는 그가 멋지다고 생각한다. 그러나 그는 어느 날은 사랑하고 관심을 가졌다가 그 다음날엔 거리를 두고 냉담하다. 그는 마치 브렌다가 그에게 잘못이라도 한 것처럼 행동한다. 그러나 그녀가 혹시 그를 불쾌하게 하는 어떤 것이라도 했는지 물어보면 그는 그녀의 질문을 묵살해버린다. 그녀는 자신이 실제로 그를 화나게 했는지, 아니면 단지 감정적인 것인지 확신할 수가 없다. 브렌다는 정말로 알렉스를 변화시키고 싶어 한다. 누군가가 그에게 행복을 줄 수 있다면 그녀는 자신이 그렇게 할 수 있을 거라고 생각한다. 그러나 그녀는 그의 신경증을 이겨낼 수가 없는데, 그러한 문제는 그뿐만 아니라 그의 가족 중 다른 사람들에게도 있는 것처럼 보인다. 알렉스는 그가 누구와 함께 있든 그저 어려운 사람 중 하나이다. 한 파트너는 신경증적이고 다른 파트너는 그 사람의 신경성을 치료하려고 애쓰는 많은 유사한 관계에서처럼 알렉스의 신경성은 관계에 걸림돌인 것이다.

경험에 대한 개방성 또한 결과가 서로 다르다. 그것은 관계의 성공

(Karney & Bradbury, 1995) 그리고 관계의 지속성 감소(Shaver & Brennan, 1992)와도 부적상관이 있는 것으로 나타났다. 이것은 경험에 개방적인 사람은 다른 관계에도 개방적이고 기꺼이 대체 가능한 관계를 실험해 보고자 하기 때문일 것이다.

레아와 제이슨은 둘 다 경험에 대한 개방성이 낮다. 그들은 주중에는 일을 하고 주말이 되면 토요일엔 테니스, 일요일엔 골프를 치는 고정된 일과로 지낸다. 만약 주말 활동 중 어느 하나라도 놓치면 그들은 속았다는 느낌이 든다. 그들은 새로운 것을 시도하거나 새로운 경험을 찾는 것에 별로 관심이 없다. 그들의 친구들이 이국적인 장소로 여행하는 것을 보면, 자신들은 좋은 집을 가지고 완벽하게 만족스러운 부유층 지역에 살고 있는 것에 대해 자축한다. 새로운 것을 시도하는 것에 대한 열망의 부재는 그들이 함께 있는 것을 행복하게 만드는 요소이다.

일반적으로 친화성, 성실성, 그리고 외향성은 관계의 성공과 연관이 있는 것으로 보이고 경험에 대한 개방성과 신경성은 성공과 부적으로 관련될 가능성이 더 높다(White, Hendrick, & Hendrick, 2004). 신경성은 또한 친밀하지 않은 관계에서의 성공과도 부적으로 관련된다. 그러나 연구 결과는 앞의 예들이 보여 준 것처럼 혼합되어 있다. 성격 특성 그 자체보다 더 중요한 것은 주어진 관계에서 어떻게 그것을 활용하느냐이다. 한 관계에서 성공으로 이끄는 것이 다른 관계에서는 실패로 이끌 수도 있다. 성격을 뛰어넘어 아마도 관계에서 가장 중요한 성공 예측 변수는 환경적인 도전과 여타의 다른 도전에 마주하게 되더라도 관계를 잘해나가고자 하는 강렬한 의지일 것이다.

사랑의 심리학 101

10

사랑의 위기 : Q&A

LOVE LOADING...

이 책에서 배운 모든 것을 관계의 도전에 직면한 자신과 또는 다른 사람들을 돕기 위해 어떻게 사용할 것인가? 이 장에서는 당신 자신을 바라볼 수 있도록 몇 가지 질문과 답변을 제공할 것이다.

> 1 제 남자친구가 바람을 피우다가 저한테 두 번이나 걸렸습니다. 저는 다른 사례도 있다고 의심합니다. 그는 우리가 결혼하면 완전한 일부일처제가 될 것이라고 약속했습니다. 그는 결혼 전 그것이 어떤 의미이든 "놀아볼" 필요가 있다고 말합니다. 제가 그를 믿을 수 있을까요?

심리학의 원리 중 하나는, 특정 종류의 미래 행동에 대한 최상의 예측변수는 같은 종류의 과거 행동이라는 것입니다(Ajzen, 2005). 심리학자들이 종종 그 사람이 미래에 어떻게 행동할 것인가를 예측하기 위해서는 과거의 행동을 보라고 하는 것이 바로 그런 이유 때문입니다. 사람들이 변할 수 없다고 말하는 것은 아닙니다. 물론 그들은 변할 수 있습니다. 하지만 변하는 것은 힘들고, 살을 빼는 것이나 혹은 금연이 증명하는 것처럼 영구적으로 변하는 것은 더욱 더 힘든 일입니다. 따라서 당신의 남자친구가 당신에게 말한 대로 믿을 수는 있지만, 살을 뺐다가 다시 찐 사람들의 90%가 그들의 다이어트가 영구적인 체중 감소로 이어질 것이라는 그들의 맹세를 믿는 것과 같은 것입니다. 결론은 만약 그가 바람 피우는 것을 지금 멈출 수 없거나 멈출 생각이 없다면, 그가 미래에 바뀔 것이라는 기대를 하지 말라는 것입니다. 그는 바뀔 수도 있지만 당신은 미래의 행복에 내기를 걸고 싶진 않을 것입니다.

> **2** 저와 여자친구는 정말로 즐겁고 열정적이었습니다. 그럼에도 최근엔 우리의 열정이 많이 약해진 것 같습니다. 헤어질 때일까요?

대부분의 사랑 이론들은 시간이 지나가면 관계에서 열정이 흔들리기 시작한다고 예측합니다. 예를 들어, 사랑의 삼각형 이론(Sternberg, 1986)에 따르면, 열정은 관계에서 가장 빠르게 발달하는 요소이지만 또한 가장 빨리 약해지기도 합니다. 그것은 중독처럼 기능합니다. 커피 마시는 것에 대한 비유를 생각해 봅시다. 사람들이 커피를 마시기 시작할 때는 한 잔의 보통 커피만으로도 카페인의 영향이 강해서 그들이 집중하고 깨어 있도록 도와줍니다. 그러나 시간이 지남에 따라, 카페인의 효과에 길들여지고, 한 잔의 커피는 더 이상 같은 효과를 내지 못합니다. 그들은 같은 효과를 얻기 위해 두 잔이나 그 이상의 커피를 필요로 합니다. 열정도 같습니다. 사람들은 열정을 경험하도록 야기하는 자극에 길들여지고, 시간이 지남에 따라 그 효과를 더 적게 느낍니다. 그러므로 질문은 이중적인 것입니다. 첫째, 열정을 유지할 방법이 있는가? 둘째, 열정이 가라앉고 나서도 관계를 유지할 만한 가치가 있는가?

첫 번째 질문과 관련하여, 열정을 유지하는 가장 좋은 방법은 당신의 파트너와 계속해서 새로운 종류의 즐거움을 만들어 내는 것입니다. 새로운 것을 함께 하거나, 새로운 장소에 함께 가거나, 그리고 새로운 것을 위해서 당신의 오래된 일상을 깨 보십시오. 아마도 관계의 가장 초기에 느꼈던 완전한 열정을 느낄 수는 없겠지만 당신 스스로를 계속해서 만족시키기에 충분하게 만들 수는 있을 것입니다. 열정의 가장 나쁜 적은 지루함입니다.

두 번째 질문과 관련해서, 당신은 사랑의 삼각형 이론의 다른 두 요소, 즉 충분한 양의 친밀감과 헌신을 가지고 있는지 자신에게 질문해 보십시오. 만약 당신이 좋은 친구라면, 만약 당신이 따뜻함, 연민, 신뢰, 배려, 그리고 좋은 의사소통을 경험한다면, 그리고 관계가 잘 유지되도록 노력한다면, 당신은 시간이 지나 그것이 우애적인 사랑으로 발전하더라도 견고한 장기간의 관계를 위한 기초를 구축하고 있는 것입니다. 당신이 항상 관계 초기의 짜릿함만을 필요로 한다면, 당신은 더 깊은 만족의 경험없이 한 관계에서 다른 관계로 전전하고 있는 자신을 발견하게 될 것입니다. 더 나아가, 당신이 관계에 열중하고 있더라도, 그것은 짧은 기간 동안인 것을 발견할 것입니다. 이처럼, 그 관계가 열정이 식지 않고 강렬하게 지속되는 중이라 해도 열정은 시간이 지남에 따라 감소하는 경향이 있다는 것을 받아들이고, 또한 당신의 인생에 즐거움을 첨가해가면서 어느 정도 관계가 새로워질 수 있다는 것을 받아들이면서 관계가 유지되도록 노력하십시오.

3 남자친구와 저는 4년 동안 함께 했습니다. 우리는 항상 좋고 탄탄한 관계를 가졌습니다. 문제는 우리가 더 이상 젊지 않다는 것이고, 영원한 관계 맺음에 대해 이야기할 때마다 그가 얼어버린다는 것입니다. 그는 우리의 관계를 지속하는 것에 주저하는 것처럼 보입니다. 이것에 대해 이야기할 때마다 그는 준비가 안되었다고 할뿐입니다. 저는 그가 결코 준비되지 않을까 봐 두렵습니다. 어떻게 해야 할까요?

많은 사람들에게 약속 기피증이 있습니다. 그렇지만 종종 누가 기피증이 있는 것이고 누가 단지 장기간의 관계를 약속하는 데에 준비가 되어있지 않은지 정확히 말하기는 어렵습니다. 그것은 부분적으로 당신의 나이에 달려 있습니다. 당신이 기술한 그 양상은 당신이 20대일 때보다 30대일 때 더 걱정됩니다. 당신이 약속을 이야기할 때 그가 얼어버린다는 사실은 좋은 신호가 아니고, 깊고 근본적인 불안 수준을 나타내는 것일 수도 있습니다. 하나의 선택으로 당신은 이 관계에서 행복을 느끼지만 만약 특정 일까지 그가 관계를 확고히 할 준비가 되어 있지 않다고 느낀다면 이별할 것이라고 그에게 말하는 것입니다. 만약 그가 기꺼이 노력해 볼 마음이 있다면 그 날짜를 함께 정할 수도 있을 것입니다. 어떤 경우라도 당신은 당신이 정한 그 날짜를 지켜야 하고 만약 그가 여전히 약속하기를 꺼려한다면 힘들지라도 당신은 앞으로 나아가야만 합니다.

당신 스스로에게 물어봐야 할 또 다른 질문이 있습니다. 그가 약속을 기피하는 공포증 외에 약속을 주저하는 또 다른 이유가 있는지요? 관계가 그가 원하는 방향으로 진행되고 있는지요? 만약 그렇지 않다면 당신은 지금 그것을 알아야 하고 두 사람이 그가 원하는 방향으로 관계를 만들 수 있는지 살펴볼 필요가 있습니다. 또한 당신은 그 관계가 당신이 원하는 방향에 맞는지에 대해서도 스스로에게 물어볼 수 있습니다. 로버트 스턴버그의 사랑의 이론(Sternberg, 1998)에 의하면, 사람들은 위계적으로 배열된 사랑 이야기를 갖고 있습니다. 우리는 자신의 이야기와 비슷한 이야기를 가진 사람에게 끌리는 경향이 있습니다. 우리는 보통 자신의 이야기가 무엇인지 잘 모릅니다. 단지 우리가 어울리는 짝이라고 느끼는 감각에 따라 가깝게 연결되어 있다고 느끼거나 혹은 더 멀게 느낄 뿐 입니다. 예를 들어, 커플 중 한 파트너는 비즈니스 이야기를 가지고 있고 다른 사람은 동화 이야기를 가지고 있다면 두 사람이 다른 측면에서 얼마나 유사한가에 상관없이 관계는 힘들게 진행될 것입니다. 한 사람은 비즈니스 파트너를 찾을 것이고 다른 한 사람은 왕자나 공주를 찾을 것입니다. 스턴버그의 책 속에는 커플들의 이야기를 알아보고 그들이 어울리는지 여부를 결정할 수 있는 퀴즈가 담겨 있습니다. 약속하기 전에 스스로 물어봐야 할 한 가지는 당신들이 어울리는 이야기를 가지고 있는지의 여부입니다. 즉, 당신들이 사랑의 관계에서 같은 것을 추구하고 있는지 입니다. 만약 그렇지 않다면, 당신들이 다른 것들에서 얼마나 유사한 가치를 갖고 있는지와는 상관없이 서로 앞날을 약속하는 것이 실수가 될 수도 있습니다. 이야기의 부조화는 정치적 신념, 자녀를 갖는 것에 대한 욕망, 혹은 종교적 소속과 같은 차이에 대한 불일치만큼 확실하지는 않지만, 그것은 단지 관계에 대한 도전이 될 수 있습니다.

저는 최근에 약혼녀와 헤어진 남자와 교제 중입니다. 우리는 아주 좋은 관계로 지내고 있고, 진심으로 서로에게 관심을 기울이고 있습니다. 그는 제가 전 약혼녀가 주지 못했던 모든 것을 준다고 말합니다. 예를 들어, 그 둘은 기본적으로 3년 전에 사랑 나누기를 멈췄다고 합니다. 저를 걱정시키는 한 가지는 그가 그의 실패한 관계에 대한 이야기를 너무 많이 한다는 것입니다. 제가 주제를 바꾸려고 할 때마다, 대화는 어떻게든 그의 예전 관계로 돌아가고 그 얘기로 바져듭니다. 어떻게 하면 그가 벗어날 수 있을까요?

사람들은 커피 마시기, 흡연, 불법적인 약물 복용을 멈출 때 대부분 금단 증상을 겪습니다. 그 습관이 더 심각했을수록 금단 증상 기간은 더 오래 지속됩니다. 친밀한 사람과 분리된 사람들이 금단 증상을 경험하는 것은 이상한 일이 아닙니다. 당신의 파트너가 특히 그의 약혼자와 최근에 헤어진 것을 고려하면 바로 그 금단 단계에 있는 것 같습니다. 관계의 목적에서 볼 때, 비교적 긍정적인 면은 다른 사람이 차지하기 전에 당신이 그를 잡았다는 것입니다. 만약 그가 좋은 상대라면 당신을 위해 아주 잘한 일입니다. 당신의 관계에 대해 불리한 면은 당신이 세 가지의 상당한 위험에 직면하게 될 것이라는 것입니다.

첫째, 두 사람이 헤어지고 재결합하는 것은 흔한 일입니다. 당신의 새로운 남자친구가 그의 예전 관계에서 벗어나는 데에 실패했을 뿐만 아니라, 그가 그 관계에서 경험한 문제가 무엇인지, 당신과의 관계를 통하여 그것을 알게 된다면 그는 여전히 예전으로 돌아가고 싶어 할 수도 있다는 것입니다. 또는 전 약혼녀가 그를 그녀에게로 돌아오도록 부추길 수도 있습니다. 따라서 당신의 첫번째 위험은 그를 전 약혼녀에게 잃을 수도 있다는 것입니다.

둘째, 사람들이 진지한 관계를 끝낼 때 그들은 종종 새로운 관계에 들어갈 준비가 되지 않은 시기를 거칩니다. 사실상, 그들은 새로운 사람과 친해지기 전에 예전 관계에서 자신을 분리해야 합니다. 사랑의 삼각형 이론(Sternberg, 1986)의 측면에서, 만약 그들이 여전히 금단 증상을 경험하고 있다면 그들은 예전 습관으로 되돌아가기 쉽습니다. 당신의 남자친구가 당신이 멈추려고 할 때 조차도 예전 관계에 대해 말하는 것을 멈출 수 없는 것처럼 보인다는 사실은 그가 과거를 아직 이겨내지 못한 것으로, 진지한 관계로부터의 휴식이 필요할지도 모릅니다.

셋째, 반발심 때문에 이루어진 것은 관계가 아니라는 것을 확실하게 해야 합니다. 한 사람이 관계를 끝낼 때는, 최소한 피상적인 수준에서, 때때로 첫 번째 파트너가 아니면 되는 누군가를 찾습니다. 더 깊은 수준에서 보면 새로운 파트너와 예전의 파트너는 반발심을 느낀 사람이 깨닫는 것보다 훨씬 더 많이 닮아 있을 수 있습니다. 반발심으로 이루어진 그런 관계는 예후가 좋지 않습니다. 그런 관계가 깊어지면, 그것은 나쁘게 끝날 가능성이 큽니다. 반발심으로 관계를 맺는 사람이 정말 새로운 관계를 시작할 준비가 되고, 예전 관계를 불러일으키지 않는 누군가를 원할 때 그 관계는 끝날 가능성이 더 커집니다.

따라서 매수자 위험부담 원칙, 즉 구매자의 경각심을 잃지 마십시오. 당신이 설명한 관계에는 많은 위험 요소가 있지만 만약 당신이 그 관계를 확실히 원한다면 어떤 일이 있더라도 관계가 잘 진행되도록 노력하기 바랍니다.

5 저와 여자친구와의 관계는 그녀가 질투만 하지 않는다면 완벽합니다. 그녀는 끊임없이 저의 행동을 관찰하고, 제가 다른 사람에게 이성적인 관심을 갖고 있다는 표시를 찾아내려고 합니다. 그녀는 제가 그저 친절할 뿐이라고 말해도 제가 다른 여성에게 보여 주는 어떤 긍정적인 반응도 그 중요성을 과장합니다. 저는 그녀를 정말 사랑하고 있고 그녀의 질투심을 '치료'하고 싶습니다. 어떻게 해야 할까요?

당신은 못합니다. 질투심이 있는 사람은 종종 기질적으로 그 방향으로 기울어져 그것은 심각하게 힘들고 때때로 그들을 변화시키는 것은 불가능합니다. 종종 그들은 리(Lee, 1977)가 광적인 사랑의 유형이라고 부른 것을 사용하고 있습니다. 한 극단에서 다른 극단으로 이동하는 것을 말합니다. 광적인 사랑을 하는 연인들은 하루는 파트너에게 지나치게 열정적이고 가깝게 느끼다가 다음 날에는 정색하고 멀어집니다. 그들은 소유욕이 강하고 질투심이 있는 경향을 보입니다. 그래서 "어떻게 할까요?"라는 질문에 대신해서 다음의 세 가지 질문이 요구됩니다.

첫째, 만약 파트너가 계속 질투심이 강한 사람으로 남아 있어도 당신은 그녀와 함께 살 수 있습니까? 만약 답이 그럴 수 없다면 당신은 당신의 손실을 최소화해야 합니다. 그녀가 안정적인 사람으로 바뀔 수 있는 가능성은 높지 않습니다. 질투심이 강한 사람들은 셰이버, 하잔, 브래드쇼(Shaver, Hazan, & Bradshaw, 1988)가 구분한 불안/양가애착 유형을 가지고 있을 가능성이 특히 더 높습니다. 그들은 어느 순간에는 매우 가까웠다가 그다음에는 밀어내는 행동을 합니다. 이런 사람들과의 사랑 관계는 일반적으로 다소 격렬합니다.

둘째, 그녀와의 관계가 유지될까요? 현재 그녀가 질투를 하고 있다면, 그녀의 질투심은 당신과의 관계가 깊어질수록 더 심각해질 것이고 따라서 이별 부담도 더 커질 것입니다. 어느 순간 그녀가 당신이 단지 매우 믿을만한 사람이 못되어서 만족할 만한 파트너가 아니라고 결정한다면 그녀는 당신을 내칠 것입니다. 물론, 그녀는 이후의 관계에서도 똑같은 행동을 보일 수 있습니다.

셋째, 당신은 그녀가 질투심을 일으킬 만한 행동을 한 적이 있습니까? 지금까지 우리는 그녀에게 문제가 있다고 가정했습니다만, 그것이 맞는지요? 당신이 늘 연애할 기회를 노리고 있고 당신 자신의 문제 행동을 그녀에게 투사하고 있을 가능성도 있습니까? 오직 당신만이 이 질문에 정직하게 대답할 수 있습니다. 당신 자신은 현재 고민에 어느 정도의 원인 제공을 하고 있을까요?

> **6** 처음 만났을 때, 남자친구와 저는 무엇이라도 이야기할 수 있는 것처럼 보였습니다. 우리는 깊은 대화를 나눴고 아무것도 논의의 경계를 넘어서지 못하는 것 같아 보였습니다. 시간이 지나면서, 우리의 대화는 점점 더 피상적이 되어가고 있습니다. 무슨 일이 일어난 것인지 알 수 없지만 우리 사이에는 어느 순간 다소 지루한 일상이 자리 잡은 것 같습니다. 사실 저는 우리가 처음 몇 달 동안의 관계보다 덜 친밀하다고 생각합니다. 이것이 우리의 관계가 실패라는 것을 의미할까요?

당신이 묘사한 상황은 관계에서 실제로 꽤 흔하고, 사랑의 삼각형 이론(Sternberg, 1986)으로 예측할 수 있는 것입니다. 초기의 친밀감에는 약간의 위험이 존재합니다. 예를 들어, 만약 당신의 파트너가 믿을 만한 사람이 아니라면 그는 다른 사람들에게 당신의 비밀을 말할 수 있습니다. 그러나 당신이 직면하지 않은 한 가지 종류의 위험이 있는데, 그것은 당신이 당신 자신의 관계에 대해 간직하고 있는 비밀과 관련된 것입니다. 당신이 이전 관계에서 잘못했던 모든 일들은 말하기 쉽지만 현재의 관계에서 잘못해 온 것에 대해 말하기는 훨씬 더 어렵습니다.

이렇듯 친밀감이 분명하게 감소하는 한 가지 이유는 생활이 개입하기 때문입니다. 두 사람이 처음 만났을 때, 그 관계는 종종 다른 무엇보다 우선적이었을 것입니다. 그러나 평생 이렇게 매달릴 수는 없고, 종종 시간이 지남에 따라 당신 스스로가 해결해야 할 점점 더 많은 일들이 당신 앞에 나타나는 것을 발견할 것입니다. 이것이 바로 관계를 위해 진정으로 많은 노력이 필요한 이유입니다. 관계는 저절로 유지되지 않습니다. 당신은 관계를 유지하기 위해서 노력해야 하고 특히 관계에서 의사소통의 원활함을 유지하기 위해서 노력해야 합니다. 그것이 그냥 저절로 이루어지는 일이라고 기대하지 마십시오.

때때로 의사소통의 소강 상태를 경험하는 것이 인생의 개입 때문인지 혹은 진정 관계가 내리막이기 때문인지 아는 것은 어렵습니다. 그것은 당신과 당신 파트너가 어느 정도 떨어져 지낼 때 발견할 수 있으므로, 그것을 찾는 가장 좋은 방법은 공백 기간을 갖는 것입니다. 떨어져 지낼 때, 만일 당신이 "떨어져 있으면 그리움은 더 깊어진다."라는 속담을 확인한다면 당신의 관계는 아마도 잘 되고 있는 것입니다. 다른 한편으로, 만약 당신이 "눈에서 멀어지면 마음에서도 멀어진다."가 더 사실인 것을 알게 된다면 두 사람의 관계는 문제가 될 수도 있습니다.

본(Vaughn, 1990)은 이별에 관한 훌륭한 분석을 실시했는데, 그것은 보통 비밀로부터 시작된다고 결론지었습니다. 한 파트너는 상대 파트너와 공유하지 않는 비밀을 가지고 있습니다. 시간이 지날수록 비밀은 점점 더 숨기기 어려워지거나 혹은 다른 비밀들이 축적되기 시작합니다. 만일 한 사람이 비밀을 간직하기 시작한다면 그 사람은 어디서 멈춰야 할까요? 따라서 당신 스스로에게 물어봐야 하는 질문은 의사소통이 감소하는 이유가 단순히 당신이 너무 바쁘기 때문인지 혹은 부분적으로라도 중요한 것에 대해 말하기를 주저하는 경우가 늘어났기 때문인지 입니다. 만약에 후자라면 당신이 그런 일들에 대해 이야기하지 않는 한 관계는 곤란에 처할 것입니다.

7 저는 여자친구가 저를 사랑하는지 제 이미지를 사랑하는지 확신할 수가 없습니다. 저는 인생에서 큰 성공을 거둘 수 있는 행운을 얻었습니다. 저는 대학교를 차석으로 졸업했고, 지금 의과대학에 다니고 있으며, 외과 전문의가 될 것으로 기대하고 있습니다. 우리가 미래에 대해 이야기할 때마다, 저는 그녀가 외과 전문의와 결혼하는 상상을 사랑하는 것 같은 느낌이 듭니다. 그녀가 저를 사랑하는지 아니면 단지 제 이미지를 사랑하는지 그리고 우리가 인생을 함께 해야 할지를 어떻게 알 수 있을까요?

사랑의 이야기 이론에 따르면, 우리가 다른 사람에 대해 알고 있는 모든 것은 다른 사람에 대한 우리의 이야기를 통해서 여과됩니다. 어떤 의미에서, 다른 사람이 정말로 당신의 있는 그대로를 사랑하는지의 여부를 결코 확실하게 알 수는 없습니다. 왜냐하면 다른 사람들은 당신이 정말로 누군지를 결코 알지 못하기 때문입니다. 실제로 고프먼(Goffman, 1990)은 아무도 '실제 자기'는 없다고 주장하고 있습니다. 오히려, 사람들은 그 사람이 맡은 역할을 하는 것입니다. 그래서 여기 당신 스스로에게 물어볼 질문이 있습니다. 당신의 여자친구가 마음속에 그리는 인생은 당신이 행복해지는 인생입니까? 그렇지 않다면, 당신이 원하는 인생에 대해 그녀와 이야기해 본 적이 있습니까? 그렇지 않다면, 하지 않은 이유는 무엇입니까? 마지막으로, 당신이 가지고 있는 그녀의 이미지는 옳다고 확신합니까?

스턴버그와 바네스(Sternberg & Barnes, 1985)는 우리가 연애 중인 파트너가 우리에 대해 느낀다고 생각하는 것과 파트너가 실제로 느끼는 것 사이에는 단지 약한 관계만 있을 뿐이라는 것을 발견했습니다. 따라서 사람들이 각자에 대한 이미지가 같지 않은 것을 발견하는 것은 흔한 일입니다. 질문해야 할 중요한 점은 두 사람 모두 함께 하는 삶에 대해 같은 이미지를 가지고 있는지의 여부입니다. 만일 그렇지 않다면 적어도 함께 인생을 성공적으로 살아갈 수 있을 만큼 충분한 유사성이 있는지가 중요합니다.

이상은 심리학적인 연구들이 낭만적인 관계에 대해 답하도록 도와줄 수 있는 많은 질문들 중 몇 가지로, 질문의 수는 끝이 없을 것이다. 그리고 친밀한 관계에서의 사랑과 그 현상들을 이해하도록 도와주는 심리학의 수용 능력 또한 마찬가지이다. 당신의 사랑에 행운이 함께 하기를 기원한다!

 참고문헌

Acevedo, B., Arthur, A., Fisher, H. E., & Brown, L. L. (2012). Neural correlates of long-term intense romantic love. *Scan, 7,* 145–159.

Ackerman, J. M., Ledlow, S. E., & Kenrick, D. T. (2003). *Friends are family, friends are strangers: Social cognition in social relationships.* Paper presented at the annual meeting of the Society for Personality and Social Psychology, Austin, TX.

Adler, N. L., Hendrick, S. S., & Hendrick, C. (1986). Male sexual preference and attitudes toward love and sexuality. *Journal of Sex Education and Therapy, 12*(2), 27–30.

Ainsworth, M. D. S. (1989). Attachments beyond infancy. *American Psychologist, 44,* 709–716.

Algoe, S. B., Gable, S. L., & Maisel, N. C. (2010). It's the little things: Everyday gratitude as a booster shot for romantic relationships. *Personal Relationships, 17,* 217–233.

Amato, P. R., Booth, A., Johnson, D. R., & Rogers, S. J. (2007). *Alone together: How marriage in America is changing.* Cambridge, MA: Harvard University Press.

Amato, P. R., & Previti, D. (2003). People's reasons for divorcing: Gender, social class, the life course, and adjustment. *Journal of Family Issues, 24*(5), 602–626.

Amichai-Hamburger, Y., Kingsbury, M., & Schneider, B. H. (2013). Friendship: An old concept with new meaning? *Computers in Human Behavior, 29,* 33–39.

Aries, P. (1962). *Centuries of childhood: A social history of family life.* New York, NY: Vintage.

Aron, A., Dutton, D. G., Aron, E. N., & Iverson, A. (1989). Experiences of falling in love. *Journal of Social and Personal Relationships, 6,* 243–257.

Aronson, E., & Linder, D. (1965). Gain and loss of esteem as determinants of interpersonal attractiveness. *Journal of Experimental Social Psychology, 1*, 156–172.

Asendorpf, J. B., Penke, L., & Back, M. D. (2011). From dating to mating and relating: Predictors of initial and long-term outcomes of speed-dating in a community sample. *European Journal of Personality, 25*, 16–30.

Azjen, I. (2005). *Attitudes, personality, and behavior* (2nd ed.). Maidenhead, Berkshire, UK: Open University Press.

Back, M. D., Schmukle, S. C., & Egloff, B. (2008). Becoming friends by chance. *Psychological Science, 19*, 439–440.

Backman, C. W., & Secord, P. F. (1959). The effect of perceived liking on interpersonal attraction. *Human Relations, 12*, 379–384.

Bartels, A., & Zeki, S. (2000). The neural basis of romantic love. *NeuroReport, 11*, 3829–3834.

Bartels, A., & Zeki, S. (2004). The neural correlates of maternal and romantic love. *NeuroImage, 21*, 1155–1166.

Bartholomew, K., & Horowitz, L. M. (1991). Attachment styles among young adults: A test of a four-category model. *Journal of Personality and Social Psychology, 61*, 226–244.

Beauregard, M., Levesque, J., & Bourgouin, P. (2001). Neural correlates of conscious self-regulation of emotion. *Journal of Neuroscience, 21*(18), RC165.

Belsky, J., Steinberg, L., & Draper, P. (1991). Childhood experience, interpersonal development, and reproductive strategy: An evolutionary theory of socialization. *Child Development, 62*, 647–670.

Bentler, P. M., & Newcomb, M. D. (1978). Longitudinal study of marital success and failure. *Journal of Consulting and Clinical Psychology, 46*, 1053–1070.

Berscheid, E. (1985). Interpersonal attraction. In G. Lindzey & E. Aronson (Eds.), *The handbook of social psychology* (3rd ed., Vol. 2, pp. 413–484). New York, NY: Random House.

Berscheid, E. (2006a). Searching for the meaning of "love." In R. J. Sternberg & K. Weis (Eds.), *The new psychology of love* (pp. 171–183). New Haven, CT: Yale University Press.

Berscheid, E. (2006b). Seasons of the heart. In M. Mikulincer & G. Goodwin (Eds.), *Dynamics of love: Attachment, caregiving, and sex* (pp. 404–422). New York, NY: Guilford Press.

Berscheid, E. (2010). Love in the fourth dimension. *Annual Review of Psychology, 61*, 1–25.

Berscheid, E., & Regan, P. (2005). *The psychology of interpersonal relationships.* New York, NY: Prentice Hall.

Bertrand, M., & Mullainathan, S. (2004). Are Emily and Greg more employable than Lakisha and Jamal? A field experiment on labor market discrimination. *American Economic Review, 94*, 991–1013.

Boothroyd, L. G., Jones, B. C., Burt, D. M., DeBruine, L. M., & Perret, D. I. (2008). Facial correlates of sociosexuality. *Evolution and Human Behavior, 29*, 211–218.

Botwin, M. D., Buss, D. M., & Shackelford, T. K. (1997). Personality and mate preferences: Five factors in mate selection and marital satisfaction. *Journal of Personality, 66*, 107–136.

Bowlby, J. (1969/1982). *Attachment and loss: Vol. 1. Attachment* (2nd ed.). New York, NY: Basic Books.

Bowlby, J. (1980). *Attachment and loss: Vol. 3. Sadness and depression.* New York, NY: Basic Books.

Brand, R. J., Bonatsos, A., D'Orazio, R., & DeShong, H. (2012). What is beautiful is good even online: Correlations between photo attractiveness and text attractiveness in men's online dating profiles. *Computers in Human Behavior, 28*, 166–170.

Brown, S. L., Bulanda, J. R., & Lee, G. R. (2012). Transitions into and out of cohabitation in later life. *Journal of Marriage and the Family, 74*, 774–793.

Brown, S. L., Lin, I.-F., & Payne, K. K. (2012). *Age variation in the divorce rate, 1990–2010* (FP-12-05). National Center for Family & Marriage Research. Retrieved from http://ncfmr.bgsu.edu/pdf/family_profiles/file108695.pdf

Bumpass, L., & Lu, H.-H. (2000). frends in cohabitation and implications for children's family contexts in the United States. *Population Studies 54*(1), 29–41.

Buss, D. M. (2006). The evolution of love. In R. J. Sternberg & K. Weis (Eds.), *The new psychology of love* (pp. 65–86). New Haven, CT: Yale University Press.

Buston, P. M., & Emlen, S. T. (2003). Cognitive processes underlying human mate choice: The relationship between self-perception and mate preferences in Western society. *Proceedings of the National Academy of Sciences of the United States of America, 100*, 8805–8810.

Byrne, D., & Clore, G. L. (1970). A reinforcement model of evaluative processes. *Personality: An International Journal, 1,* 103-128.

Byrne, D., & Griffitt, W. (1973). Interpersonal attraction. *Annual Review of Psychology, 17,* 316-336.

Byrne, D., & Nelson, D. (1965). Attraction as a linear function of proportion of positive reinforcements. *Journal of Personality and Social Psychology, 1,* 659-663.

Canary, D. J., & Stafford, L. (1992). Relational maintenance strategies and equity in marriage. *Communication Monographs, 59,* 243-265.

Chisholm, J. S. (1999). Steps to an evolutionary ecology of the mind. In A. L. Hinton (Ed.), *Biocultural approaches to the emotions* (pp. 117-149). Cambridge, UK: Cambridge University Press.

Clark, M. L., & Drewry, D. L. (1985). Similarity and reciprocity in the friendships of elementary school children. *Child Study Journal, 15*(4), 251-264.

Clark, M. S., & Finkel, E. J. (2005). Willingness to express emotion: The impact of relationship type, communal orientation and their interaction. *Personality Relationships, 12,* 169-180.

Clark, M. S., & Mills, J. R. (2012). A theory of communal (and exchange) relationships. In A. W. Kruglanski & E. T. Higgins (Eds.), *Handbook of theories of social psychology* (Vol. 2, pp. 232-250). Thousand Oaks, CA: Sage.

Clark, M. S., & Monin, J. K. (2006). Giving and receiving communal responsiveness as love. In R. J. Sternberg & K. Weis (Eds.), *The new psychology of love* (pp. 200-221). New Haven, CT: Yale University Press.

Clore, G. L., & Byrne, D. (1974). A reinforcement-affect model of attraction. In T. L. Huston (Ed.), *Foundations of interpersonal attraction* (pp. 143-170). New York, NY: Academic Press.

Cohan, C. L., & Cole, S. (2002). Life course transitions and natural disaster: Marriage, birth, and divorce following Hurricane Hugo. *Journal of Family Psychology, 16,* 14-25.

Cohan, C. L., & Kleinbaum, S. (2002). Toward a greater understanding of the cohabitation effect: Premarital cohabitation and marital communication. *Journal of Marriage and the Family, 64,* 180-192.

Cohan, C. L., & Schoen, R. (2009). Divorce following the September 11 terrorist attacks. *Journal of Social and Personal Relationships, 26,* 512-531.

Cohen, G. L., & Garcia, J. (2008). Identity, belonging, and achievement: A model, interventions, implications. *Current Directions in Psychological Science, 17,* 365–369.

Collins, N. L., & Read, S. J. (1990). Adult attachment, working models, and relationship quality in dating couples. *Journal of Personality and Social Psychology, 58,* 644–663.

Conley, T. D., Roesch, S. C., Peplau, L. A., & Gold, M. S. (2009). A test of positive illusions versus shared reality models of relationship satisfaction among gay, lesbian, and heterosexual couples. *Journal of Applied Social Psychology, 39,* 1417–1431.

Costa, P. T., Jr., & McCrae, R. R. (1992). *Revised NEO Personality Inventory (NEO-PI-R) and NEO Five-Factor Inventory (NEO-FFI) manual.* Odessa, FL: Psychological Assessment Resources.

Couch, D., Liamputtong, P., & Pitts, M. (2012). What are the real and perceived risks and dangers of online dating? Perspectives from online daters. *Health, Risk, and Society, 14*(7–8), 679–714.

Cunningham, M., & Thornton, A. (2005). The influences of parents' and offsprings' experience with cohabitation, marriage, and divorce on attitudes toward divorce in young adulthood. *Journal of Divorce and Remarriage, 44,* 119–144.

Cunningham, M. R., Barbee, A. P., & Pike, C. L. (1990). What do women want? Facialmetric assessment of multiple motives in the perception of male facial physical attractiveness. *Journal of Personality and Social Psychology, 59,* 61–72.

Cunningham, M. R., Roberts, A. R., Barbee, A. P., Druen, P. B., & Wu, C. (1995). "Their ideas of beauty are, on the whole, the same as ours": Consistency and variability in the cross-cultural perception of female physical attractiveness. *Journal of Personality and Social Psychology, 68,* 261–279.

Cuperman, R., & Ickes, W. (2009). Big five predictors of behavior and perceptions in initial dyadic interactions: Personality similarity helps extraverts and introverts but hurts "disagreeables." *Journal of Personality and Social Psychology, 97,* 667–684.

deMunck, V. C., Korotayev, A., deMunck, J., & Khaltourina, D. (2011). Cross-cultural analysis of models of romantic love among U.S. residents, Russians, and Lithuanians. *Cross-Cultural Research, 45*(2), 128–154.

DeWall, C. N., & Pond, R. S. (2011). Loneliness and smoking: The costs of the desire to reconnect. *Self and Identity, 10*, 375–385.

Dion, K. K., Berscheid, E., & Walster, E. (1972). What is beautiful is what is good. *Journal of Personality and Social Psychology, 24*, 285–290.

Dion, K. K., & Dion, K. L. (1991). Psychological individualism and romantic love. *Journal of Social Behavior and Personality, 6*, 17–33.

Dion, K. K., & Dion, K. L. (1993). Individualistic and collectivistic perspectives on gender and the cultural context of love and intimacy. *Journal of Social Issues, 49*, 53–69.

Dion, K. K. & Dion, K. L. (2006). Individualism, collectivism, and the psychology of love. In R. J. Sternberg & K. Weis (Eds.), *The new psychology of love* (pp. 298–312). New Haven, CT: Yale University Press.

Dion, K. L., & Dion, K. K. (1993). Gender and ethnocultural comparisons in styles of love. *Psychology of Women Quarterly, 17*, 463–473.

Dion, K. L., & Dion, K. K. (2005). Culture and relationships: The downside of self-contained individualism. In R. M. Sorrentino, D. Cohen, J. M. Olson, & M. Zanna (Eds.), *Culture and social behavior: The Ontario Symposium* (Vol. 10, pp. 77–94). Mahwah, NJ: Erlbaum.

Doherty, R. W., Hatfield, E., Thompson, K., & Choo, P. (1994). Cultural and ethnic influences on love and attachment. *Personal Relationships, 1*, 391–398.

Dunn, E. W., Wilson, T. D., & Gilbert, D. T. (2003). Location, location, location: The misprediction of satisfaction in housing lotteries. *Personality and Social Psychology Bulletin, 29*, 1421–1432.

Eagly, A. H., Ashmore, R. D., Makhijani, M. G., & Longo, L. C. (1991). What is beautiful is good, but. . . : A meta-analytic review of research on the physical attractiveness stereotype. *Psychological Bulletin, 110*, 109–128.

Edenfield, J. L., Adams, K. S., & Briihl, D. S. (2012). Relationship maintenance strategy use by romantic attachment style. *North American Journal of Psychology, 14*(1), 149–162.

eHarmony.com. (2013, February 25). Retrieved from http://www.eharmony.com

Elliot, A. J., Kayser, D. N., Greitemeyer, T., Lichtenfeld, S., Gramzow, R. H., Maier, M. A., & Liu, H. (2010). Red, rank, and romance in women viewing men. *Journal of Experimental Psychology, 139*(3), 399–417.

Engel, G., Olson, K. R., & Patrick, C. (2002). The personality of love: Fundamental motives and traits related to components of love. *Personality and Individual Differences, 32,* 839–853.

Fehr, B. (1995). *Friendship processes.* Thousand Oaks, CA: Sage.

Festinger, L., Schachter, S., & Back, K. (1950). *Social pressures in informal groups: A study of human factors in housing.* Stanford, CA: Stanford University Press.

Fink, B., Neave, N., Manning, J. T., & Grammer, K. (2006). Facial symmetry and judgments of attractiveness, health, and personality. *Personality and Individual Differences, 41,* 491–499.

Finkel, E. J., Eastwick, P. W., Karney, B. R., Reis, H. R., & Sprecher, S. (2012). Online dating: A critical analysis from the perspective of psychological science. *Psychological Science in the Public Interest, 13*(1), 3–66.

Fiore, A. T., Taylor, L. S., Mendelsohn, G. A., & Hearst, M. (2008). Assessing attractiveness in online dating profiles. In *Proceedings of the 26th annual SIGCHI conference on Computer-Human Interaction* (pp. 797–806). New York, NY: ACM Press.

Fisher, H. (1998). Lust, attraction, and attachment in mammalian reproduction. *Human Nature, 9*(1), 23–52.

Fisher, H. (2004). *Why we love: The nature and chemistry of romantic love.* New York, NY: Henry Holt.

Fisher, H. (2006). The drive to love: The neural mechanism for mate selection. In R. J. Sternberg & K. Weis (Eds.), *The new psychology of love* (pp. 87–115). New Haven, CT: Yale University Press.

Fisher, H., Aron, A., Mashek, D., Strong, G., Li, H., & Brown, L. L. (2003). *Early stage intense romantic love activates cortical-basal-ganglia reward/motivation, emotion and attention systems: An fMRI study of a dynamic network that varies with relationship length, passion intensity and gender.* Poster presented at the Annual Meeting of the Society for Neuroscience, New Orleans, November 11.

Fonteille, V., & Stoleru, S. (2011). The cerebral correlates of sexual desire: Functional neuroimaging approach. *Sexologies, 20,* 142–148.

Fraley, R. C., Waller, N. G., & Brennan, K. A. (2000). An item response theory analysis of self-report measures of adult attachment. *Journal of Personality and Social Psychology, 78,* 350–365.

Freud, S. (1955). Certain neurotic mechanisms in jealousy, paranoia, and homosexuality. In S. Freud (Ed.), *Collected papers* (Vol. 2, pp. 235, 240, 323). London: Hogarth Press. (Original work published 1922)

Frieze, I. H., Olson, J. E., & Russell, J. (1991). Attractiveness and income for men and women in management. *Journal of Applied Social Psychology, 21*(13), 1039–1057.

Frost, J. H., Chance, Z., Norton, M. I., & Ariely, D. (2008). People are experience goods: Improving online dating with virtual dates. *Journal of Interactive Marketing, 22*, 51–61.

Gallant, S., Williams, L., Fisher, M., & Cox, A. (2011). Mating strategies and self-presentation in online personal advertisement photographs. *Journal of Social, Evolutionary, and Cultural Psychology, 5*(1), 106–121.

Gangestad, S. W., & Buss, D. M. (1993). Pathogen prevalence and human mate preferences. *Ethology and Sociobiology, 14*, 89–96.

Gangestad, S. W., & Thornhill, R. (1997). The evolutionary psychology of extrapair sex: The role of fluctuating asymmetry. *Evolution and Human Behavior, 18*, 69–88.

Gangestad, S. W., Thornhill, R., & Garver-Apgar, C. E. (2010). Fertility in the cycle predicts women's interest in sexual opportunism. *Evolution and Human Behavior, 31*, 400–411.

Gao, G. (2001). Intimacy, passion and commitment in Chinese and U.S. American romantic relationships. *International Journal of Intercultural Relations, 25*, 329–342.

Gaunt, R. (2006). Couple similarity and marital satisfaction: Are similar spouses happier? *Journal of Personality, 74*(5), 1401–1420.

Geary, D. C. (1998). *Male, female: The evolution of human sex differences.* Washington, DC: American Psychological Association.

Gebauer, J. E., Leary, M. R., & Neberich, W. (2012). Unfortunate first names: Effects of name-based relational devaluation and interpersonal neglect. *Social Psychological and Personality Science, e*(5), 590–596.

GenePartner.com. (2013, February 25). Retrieved from http://www.genepartner.com

Gibbons, A. (2004). Tracking the evolutionary history of a "warrior" gene. *Science, 304*, 818–819.

Gibbs, J. L., Ellison, N. B., & Lai, C. (2011). Reduction strategies and self-disclosure in online dating: First comes love, then comes Google: An investigation of uncertainty. *Communication Research, 38*(1), 70–100.

Gigy, L., & Kelly, J. B. (1992). Reasons for divorce: Perspectives of divorcing men and women. *Journal of Divorce & Remarriage, 18,* 169–188.

Gingrich, B., Liu, Y., Cascio, C., Wang, Z., & Insel, T. R. (2000). Dopamine D2 receptors in the nucleus accumbens are important for social attachment in female prairie voles (microtus ochrogaster). *Behavioral Neuroscience, 114*(1), 173–183.

Gladue, B. A., & Delaney, H. (1990). Gender differences in perception of attractiveness of men and women in bars. *Personality and Social Psychology Bulletin, 16,* 378–391.

Glasser, C. L., Robnett, B., & Feliciano, C. (2009). Internet daters' body type preferences: Race-ethnic and gender differences. *Sex Roles, 61*(1-2), 14–33.

Goel, S., Mason, W., & Watts, D. J. (2010). Real and perceived attitude agreement in social networks. *Journal of Personality and Social Psychology, 99,* 611–621.

Goffman, E. (1990). *The presentation of self in everyday life.* London: Penguin.

Goldberg, L. R. (1993). The structure of phenotypic personality traits. *American Psychologist, 48*(1), 26–34.

Gonzaga, G. C., Carter, S., & Buckwalter, G. J. (2010). Assortative mating, convergence, and satisfaction in married couples. *Personal Relationships, 17,* 634–644.

Gonzales, J. E., & Luevano, V. X. (2011). *Forget the little black dress: Fertility, women's use of red, sexual desire, and men's mating-effort.* Retrieved from http://psychology.ucdavis.edu/images/FCK_Uploads/research/bb/file/JEG_EstrusRed_SPSP2011.pdf

Goodwin, P. Y., Mosher, W. D., & Chandra, A. (2010). Marriage and cohabitation in the United States: A statistical portrait based on Cycle 6 (2002) of the National Survey of Family Growth. *Vital and Health Statistics, 23*(28). Retrieved from http://www.cdc.gov/nchs/data/series/sr_23/sr23_028.pdf

Gordon, A. M., Impett, E. A., Kogan, A., Oveis, C., & Keltner, D. (2012). To have and to hold: Gratitude promotes relationship maintenance in intimate bonds. *Journal of Personality and Social Psychology, 103*(2), 257–274.

Gordon, C. L., Arnette, R. A. M., & Smith, R. E. (2011). Have you thanked your spouse today? Felt and expressed gratitude among married couples. *Personality and Individual Differences, 50*, 339–343.

Grote, N. K., & Clark, M. S. (2001). Perceiving unfairness in the family: Cause or consequence of marital distress? *Journal of Personality and Social Psychology, 80*, 281–293.

Grote, N. K., & Frieze, L. H. (1994). The measurement of friendship-based love in intimate relationships. *Personal Relationships, 1*, 275–300.

Gueguen, N. (2009). Menstrual cycle phases and female receptivity to a courtship solicitation: An evaluation in a nightclub. *Evolution and Human Behavior, 30*, 351–355.

Hamer, D., Hu, S., Magnuson, V., & Pattatucci, A. M. (1993). A linkage between DNA markers on the X chromosome and male sexual orientation. *Science, 261*, 321–327.

Hamermesh, D. S., & Biddle, J. E. (1994). Beauty and the labor market. *American Economic Review, 84*(5), 1174–1194.

Hammock, G., & Richardson, D. S. (2011). Love attitudes and relationship experience. *Journal of Social Psychology, 151*(5), 608–624.

Hatfield, E. (1988). Passionate and companionate love. In R. J. Sternberg & M. L. Barnes (Eds.), *The psychology of love*. New Haven, CT: Yale University Press.

Hatfield, E., Pillemer, J. T., O'Brien, M. U., & Le, Y. L. (2008). The endurance of love: Passionate and companionate love in newlywed and long-term marriages. *Interpersona, 2*, 35–64.

Hazan, C., & Shaver, P. R. (1987). Romantic love conceptualized as an attachment process. *Journal of Personality and Social Psychology, 52*, 511–524.

Heider, F. (1958). *The psychology of interpersonal relations*. New York, NY: Wiley.

Hendrick, C., & Hendrick, S. S. (1986). A theory and method of love. *Journal of Personality and Social Psychology, 50*, 392–402.

Hendrick, C., & Hendrick, S. S. (2006). Styles of romantic love. In R. J. Sternberg & K. Weis (Eds.), *The new psychology of love* (pp. 149–170). New Haven, CT: Yale University Press.

Hendrick, C., Hendrick, S. S., & Dicke, A. (1998). The Love Attitudes Scale: Short form. *Journal of Social and Personal Relationships, 15,* 137–142.

Hendrick, S. S., & Hendrick, C. (1987a). Love and sex attitudes: A close relationship. In W. H. Jones & D. Perlman (Eds.), *Advances in personal relationships* (Vol. 1, pp. 141–169). Greenwich, CT: JAI Press.

Hendrick, S. S., & Hendrick, C. (1987b). Love and sex attitudes and religious beliefs. *Journal of Social and Clinical Psychology, 5,* 391–398.

Herbst, K. C., Gaertner, L., & Insko, C. A. (2003). My head says yes but my heart says no: Cognitive and affective attraction as a function of similarity to the ideal self. *Journal of Personality and Social Psychology, 84,* 1206–1219.

Hetherington, E. M. (2003). Intimate pathways: Changing patterns in close personal relationships across time. *Family Relations, 52,* 318–331.

Hetsroni, A. (2012). Associations between television viewing and love styles: An interpretation using cultivation theory. *Psychological Reports, 110*(1), 35–50.

Hitsch, G. J., Hortaçsu, A., & Ariely, D. (2010a). Matching and sorting in online dating. *American Economic Review, 100*(1), 130–163.

Hitsch, G. J., Hortaçsu, A., & Ariely, D. (2010b). What makes you click? Mate preferences in online dating. *Quantitative Marketing and Economics, 8,* 393–427.

Hohmann-Marriott, B. E. (2006). Shared beliefs and the union stability of married and cohabiting couples. *Journal of Marriage and Family, 68,* 1015–1028.

Homans, G. C. (1974). *Social behavior: Its elementary forms* (Rev. ed.). New York, NY: Harcourt Brace Jovanovich.

Hope, D. (1987). The healing paradox of forgiveness. *Psychotherapy, 24,* 240–244.

Hughes, S. M., & Gallup, G. G., Jr. (2003). Sex differences in morphological predictors of sexual behavior: Shoulder to hip and waist to hip ratios. *Evolution and Human Behavior, 24,* 173–178.

Imamoglu, E. O. (2004). Family. Modern Islamic discourses: Turkey and the Caucasus. In S. Joseph (Ed.), *Encyclopedia of women and Islamic cultures, Vol. 2: Family, law, and politics* (pp. 165–166). Leiden, Netherlands: Brill.

Ingersoll-Dayton, B., Campbell, R., Kurokawa, Y., & Saito, M. (1996). Separateness and togetherness: Interdependence over the life course in Japanese and American marriages. *Journal of Social and Personal Relationships, 3*(13), 385–398.

Inman-Amos, J., Hendrick, S. S., & Hendrick, C. (1994). Love attitudes: Similarities between parents and between parents and children. *Family Relations, 43,* 456–461.

Iyengar, S. S., & Lepper, M. R. (2000). When choice is demotivating: Can one desire too much of a good thing? *Journal of Personality and Social Psychology, 79,* 995–1006.

Jankowiak, W. R., & Fischer, E. F. (1992). A cross-cultural perspective on romantic love. *Ethology, 31,* 149–155.

Jones, D. (1995). Sexual selection, physical attractiveness, and facial neotony: Cross-cultural evidence and implications. *Current Anthropology, 36,* 723–748.

Jones, J. T., Pelham, B. W., Carvallo, M., & Mirenberg, M. C. (2004). How do I love thee? Let me count the Js: Implicit egotism and interpersonal attraction. *Journal of Personality and Social Psychology, 87,* 665–683.

Jose, A., O'Leary, D. K., & Moyer, A. (2010). Does premarital cohabitation predict subsequent marital stability and marital quality? A meta-analysis. *Journal of Marriage and the Family, 72,* 105–116.

Kalist, D. E., & Lee, D. Y. (2009). First names and crime: Does unpopularity spell trouble? *Social Science Quarterly, 90*(1), 39–49.

Karney, B. R., & Bradbury, T. N. (1995). The longitudinal course of marital quality and stability: A review of theory, method, and research. *Psychological Bulletin, 188,* 3–34.

Kelley, D. L. (1998). The communication of forgiveness. *Communication Studies, 49,* 255–271.

Kelley, H. H., Berscheid, E., Christensen, A., Harvey, J. H., Huston, T. L., Levinger, G., McClintock, E., Peplay, L. A., & Peterson, D. R. (2002). *Close relationships.* Clinton Corners, NY: Percheron.

Kelly, E. L., & Conley, J. J. (1987). Personality and compatibility: A prospective analysis of marital stability and marital satisfaction. *Journal of Personality and Social Psychology, 52,* 27–40.

Kendall, T. (2011). The relationship between Internet access and divorce rate. *Journal of Family and Economic Issues, 32*(3), 449–460.

Kendler, K. S., Thornton, L. M., Gilman, S. E., & Kessler, R. C. (2000). Sexual orientation in a U.S. national sample of twin and nontwin sibling pairs. *American Journal of Psychiatry, 157*, 1843–1846.

Kenrick, D. T. (2006). A dynamical evolutionary view of love. In R. J. Sternberg & K. Weis (Eds.), *The new psychology of love* (pp. 15–34). New Haven, CT: Yale University Press.

Kerckhoff, A. C., & Davis, K. (1972). Value consensus and need complementarity in mate selection. *American Sociological Review, 27*, 295–303.

Kirkpatrick, L. A. (1998). Evolution, pair-bonding, and reproductive strategies: A reconceptualization of adult attachment. In J. A. Simpson & W. S. Rholes (Eds.), *Attachment theory and close relationships* (pp. 353–393). New York, NY: Guilford Press.

Kline, G. H., Stanley, S. M., Markman, H. J., Olmos-Gallo, P. A., St. Peters, M., Whitton, S. W., & Prado, L. M. (2004). Timing is everything: Pre-engagement cohabitation and increased risk for poor marital outcomes. *Journal of Family Psychology, 18*, 311–318.

Klohnen, E. C. & Luo, S. (2003). Interpersonal attraction and personality: What is attractive—self similarity, ideal similarity, complementarity, or attachment security? *Journal of Personality and Social Psychology, 85*, 709–722.

Kraus, M. W., & Keltner, D. (2009). Signs of socioeconomic status: A thin-slicing approach. *Psychological Science, 20*, 99–106.

Kruglanski, A. W., & Ajzen, I. (1983). Bias and error in human judgment. *European Journal of Social Psychology, 13*, 1–44.

Kurzban, R., & Weeden, J. (2005). HurryDate: Mate preferences in action. *Evolution and Human Behavior, 26*, 227–244.

Kwan, V. S. Y., Bond, M. H., & Singelis, T. M. (1997). Pancultural explanations for life satisfaction: Adding relationship harmony to self-esteem. *Journal of Personality and Social Psychology, 73*, 1038–1051.

Langlois, J. H., Roggman, L. A., & Musselman, L. (1994). What is average and what is not average about attractive faces? *Psychological Science, 5*, 214–220.

Lassek, W. D., & Gaulin, S. J. C. (2009). Costs and benefits of fat-free muscle mass in men: Relationship to mating success, dietary requirements, and native immunity. *Evolution and Human Behavior, 30*, 322–328.

Le, B., Dove, N. L., Agnew, C. R., Korn, M. S., & Mutso, A. A. (2010). Predicting non-marital romantic relationship dissolution: A meta-analytic synthesis. *Personal Relationships, 17,* 377-390.

Leary, M. R., & Baumeister, R. F. (2000). The nature and function of self-esteem: Sociometer theory. In *Advances in experimental social psychology* (Vol. 32, pp. 1-62). San Diego, CA: Academic Press.

Ledlow, S. E., & Linder, D. E. (2003). *Kinship, familiarity and frame in a simulated social dilemma.* Paper presented at the annual meeting of the Western Psychological Association, Vancouver, BC.

Lee, J. A. (1973). *The colours of love: An exploration of the ways of loving.* Don Mills, Ontario: New Press.

Lee, J. A. (1977). A topology of styles of loving. *Personality and Social Psychology Bulletin, 3,* 173-182.

Lee, J. A. (1988). Love styles. In R. J. Sternberg & M. L. Barnes (Eds.), *The psychology of love* (pp. 38-67). New Haven, CT: Yale University Press.

Levine, R., Sato, S., Hashimoto, T., & Verma, J. (1995). Love and marriage in eleven cultures. *Journal of Cross-Cultural Psychology, 26,* 554-571.

Lichter, D. T., Qian, Z., & Mellott, L. (2006). Marriage or dissolution? Union transitions among poor cohabiting women. *Demography, 43*(2), 223-240.

Lim, M. M., Murphy, A. Z., & Young, L. J. (2004). Ventral striatopallidal oxytocin and vasopressin VIa receptors in the monogamous prairie vole (Microtusochrogaster). *Journal of Comparative Neurology, 468,* 555-570.

Lim, M. M., & Young, L. J. (2004). Vasopressin-dependent neural circuits underlying pair bond formation in the monogamous prairie vole. *Neuroscience, 125,* 35-45.

Lindholm, C. (1995). Love as an experience of transcendence. In W. Jankowiak (Ed.), *Romantic love: A universal experience?* (pp. 57-71). New York, NY: Columbia University Press.

Lindholm, C. (1998a). Love and structure. *Theory, Culture, & Society, 15,* 243-263.

Lindholm, C. (1998b). The future of love. In V. DeMunck (Ed.), *Romantic love and sexual behavior* (pp. 17-32). Westport, CT: Praeger.

Lott, A. J., & Lott, B. E. (1961). Group cohesiveness, communication level, and conformity. *Journal of Abnormal and Social Psychology, 62,* 408-412.

Lott, A. J. & Lott, B. E. (1974). The role of reward in the formation of positive interpersonal attitudes. In T. L. Huston (Ed.), *Foundations of interpersonal attraction* (pp. 171–189). New York, NY: Academic Press.

Luo, S., Chen, H., Yue, G., Zhang, G., Zhaoyang, R., & Xu, D. (2008). Predicting marital satisfaction from self, partner, and couple characteristics: Is it me, you, or us? *Journal of Personality, 76,* 1231–1266.

Luo, S., & Zhang, G. (2009). What leads to romantic attraction: Similarity, reciprocity, security, or beauty? Evidence from a speed-dating study. *Journal of Personality, 77,* 933–964.

Madey, S. F., & Rodgers, L. (2009). The effect of attachment and Sternberg's triangular theory of love on relationship satisfaction. *Individual Differences Research, 7*(2), 76–84.

Manning, W. D., & Smock, P. J. (2002). First comes cohabitation and then comes marriage? A research note. *Journal of Family Issues, 23,* 1065–1087.

Marazziti, D., Akiskal, H. S., Rossi, A., & Cassano, G. B. (1999). Alteration of the platelet serotonin transporter in romantic love. *Psychological Medicine, 29,* 741–745.

Markey, P. M., & Markey, C. N. (2007). Romantic ideals, romantic obtainment, and relationship experiences: The complementarity of interpersonal traits among romantic partners. *Journal of Social and Personal Relationships, 24*(4), 517–533.

Maslow, A. J. (1954). *Motivation and personality.* New York, NY: Harper & Row.

Mazur, E., & Richards, L. (2011). Emerging adults' social networking online: Homophily or diversity? *Journal of Applied Developmental Psychology, 32,* 180–188.

McKnight, J., & Malcolm, J. (2000). Is male homosexuality maternally linked? *Psychology, Evolution and Gender, 2,* 229–239.

Miller, R. S. (2012). *Intimate relationships.* New York, NY: McGraw-Hill.

Mita, T. H., Dermer, M., & Knight, J. (1977). Reversed facial images and the mere-exposure hypothesis. *Journal of Personality and Social Psychology, 35*(8), 597–601.

Moreland, R. L., & Beach, S. R. (1992). Exposure effects in the classroom: The development of affinity among students. *Journal of Experimental Social Psychology, 28,* 255–276.

Morry, M. M. (2007). The attraction-similarity hypothesis among cross-sex friends: Relationship satisfaction, perceived similarities, and self-serving perceptions. *Journal of Social and Personal Relationships, 24*, 117–138.

Murdock, G. P., & White, D. (1969). Standard cross-cultural sample. *Ethology, 8*, 329–369.

Mustanski, B. S., & Bailey, J. M. (2003). A therapist's guide to the genetics of human sexual orientation. *Sexual and Relationship Therapy, 18*(4), 429–436.

Mustanski, B. S., Chivers, M. L., & Bailey, J. M. (2002). A critical review of recent biological research on human sexual orientation. *Annual Review of Sex Research, 12*, 89–140.

Myers, S. A., & Berscheid, E. (1997). The language of love: The difference a preposition makes. *Personality and Social Psychology Bulletin, 23*, 347–362.

Nakonezny, P. A., Reddick, R., & Rodgers, J. L. (2004). Did divorces decline after the Oklahoma City bombing? *Journal of Marriage and the Family, 66*, 90–100.

National Fraud Authority. (2012). *National Fraud Report 2012.* London.

Neff, L. A., & Karney, B. R. (2003). The dynamic structure of relationship perceptions: Differential importance as a strategy of relationship maintenance. *Personality and Social Psychology Bulletin, 29*, 1433–1446.

Newcomb, M. D., & Bentler, P. M. (1981). Marital breakdown. In S. Duck & R. Gilmour (Eds.), *Personal relationships 3: Personal relationships in disorder* (pp. 57–94). New York, NY: Academic Press.

Nisbett, R. E., & Wilson, T. D. (1977). The halo effect: Evidence for unconscious alteration of judgments. *Journal of Personality and Social Psychology, 35*, 250–256.

Novak, D. W., & Lerner, M. J. (1968). Rejection as a consequence of perceived similarity. *Journal of Personality and Social Psychology, 9*, 147–152.

Owen, P. R., & Laurel-Seller, E. (2000). Weight and shape ideals: Thin is dangerously in. *Journal of Applied Social Psychology, 30*(5), 979–990.

Pines, A. M. (1999). *Falling in love: Why we choose the lovers we choose.* New York, NY: Routledge.

Pines, A. M. (2001). The role of gender and culture in romantic attraction. *European Psychologist, 6*, 96–102.

Pines, A. M. (2005). *Falling in love: Why we choose the lovers we choose* (2nd ed.). New York, NY: Routledge.

PlentyofFish.com (2012, August 26). Retrieved from http://www .plentyoffish.com

Prokosch, M. D., Coss, R. G., Scheib, J. E., & Blozis, S. A. (2009). Intelligence and mate choice: Intelligent men are always appealing. *Evolution and Human Behavior, 30*, 11-20.

Pyke, K. (1999). The micropolis of care in relationships between aging parents and adult children: Individualism, collectivism, and power. *Journal of Marriage and the Family, 61*, 661-672.

Pyke, K., & Bengtson, V. L. (1996). Caring more or less: Individualistic and collectivist systems of family eldercare. *Journal of Marriage and the Family, 58*, 379-392.

Regan, P. C. (1998). Of lust and love: Beliefs about the role of sexual desire in romantic relationships. *Personal Relationships, 5*, 139-157.

Reik, T. (1944). *A psychologist looks at love.* New York, NY: Farrar & Rhinehart.

Reis, H. T., Clark, M. S., & Holmes, J. G. (2004). Perceived partner responsiveness as an organizing construct in the study of intimacy and closeness. In D. J. Mashek & P. Aron (Eds.), *Handbook of closeness and intimacy* (pp. 201-225). Mahwah, NJ: Erlbaum.

Reis, H. T., Maniaci, M. R., Caprariello, P. A., Eastwick, P. W., & Finkel, E. J. (2011). Familiarity does indeed promote attraction in live interaction. *Journal of Personality and Social Psychology, 101*, 557-570.

Reis, H. T., Nezlek, J., & Wheeler, L. (1980). Physical attractiveness in social interaction. *Journal of Personality and Social Psychology, 38*, 604-617.

Reis, H. T., & Shaver, P. (1988). Intimacy as an interpersonal process. In S. Duck (Ed.), *Handbook of personal relationships* (pp. 367-389). Chichester, UK: Wiley.

Rhoades, G. K., Kamp Dush, C. M., Atkins, D. C., Stanley, S. M., & Markman, H. J. (2011). Breaking up is hard to do: The impact of unmarried relationship dissolution on mental health and life satisfaction. *Journal of Family Psychology, 25*, 366-374.

Rhodes, G. (2006). The evolutionary psychology of facial beauty. *Annual Review of Psychology, 57*, 199-226.

Rhodes, G., Harwood, K., Yoshikawa, S., Nishitani, M., & McLean, G. (2002). The attractiveness of average facial configurations:

Cross-cultural evidence and the biology of beauty. In G. Rhodes & L. A. Zebrowitz (Eds.), *Advances in visual cognition: Vol. 1. Facial attractiveness: Evolutionary, cognitive, and social perspectives* (pp. 35–58). Westport, CT: Ablex.

Riela, S., Rodriguez, G., Aron, A., Xu, X., & Acevedo, B. P. (2010). Experiences of falling in love: Investigating culture, ethnicity, gender, and speed. *Journal of Social and Personal Relationships, 27*(4), 473–493.

Rosenberg, J., & Tunney, R. J. (2008). Human vocabulary use as display. *Evolutionary Psychology, 6,* 538–549.

Rowatt, W. C., Cunningham, M. R., & Druen, P. B. (1999). Lying to get a date: The effect of facial physical attractiveness on willing to deceive prospective dating partners. *Journal of Social and Personal Relationships, 16,* 211–225.

Ruvolo, A. P., & Ruvolo, C. M. (2000). Creating Mr. Right and Ms. Right: Interpersonal ideals and personal change in newlyweds. *Personal Relationships, 7,* 341–362.

Sampson, E. E. (1977). Psychology and the American ideal. *Journal of Personality and Social Psychology, 35,* 767–782.

Sbarra, D. A., & Emery, R. E. (2005). The emotional sequelae of nonmarital relationship dissolution: Analysis of change and intraindividual variability over time. *Personal Relationships, 12,* 213–232.

Schmitt, D. P. (2005). Is short-term mating the maladaptive result of insecure attachment? A test of competing evolutionary perspectives. *Personality and Social Psychology Bulletin, 31,* 747–768.

Schmitt, D. P. (2006). Evolutionary and cross-cultural perspectives on love: The influence of gender, personality, and local ecology on emotional investment in romantic relationships. In R. J. Sternberg & K. Weis (Eds.), *The new psychology of love* (pp. 249–273). New Haven, CT: Yale University Press.

Schmitt, D. P., Alcalay, L., Allik, J., Angleitner, A., Ault, L., Austers, I., et al. (2004). Patterns and universals of mate poaching across 53 nations: The effects of sex, culture, and personality on romantically attracting another person's partner. *Journal of Personality and Social Psychology, 86,* 560–584.

Schmitt, D. P., Alcalay, L., Allik, J., Ault, L., Austers, I., Bennett, K. L., et al. (2003). Universal sex differences in the desire for sexual variety: Tests from 52 nations, 6 continents, and 13 islands. *Journal of Personality and Social Psychology, 85,* 85–104.

Schmitt, D. P., & Buss, D. M. (2000). Sexual dimensions of person description: Beyond or subsumed by the Big Five? *Journal of Research in Personality, 34*, 141-177.

Schmitt, D. P., Youn, G., Bond, B., Brooks, S., Frye, H., Johnson, S., ... Stoka, C. (2009). When will I feel love? The effects of culture, personality, and gender on the psychological tendency to love. *Journal of Research in Personality, 43*, 830-846.

Schneider, B. H. (2000). *Friends and enemies: Peer relations in childhood.* London: Arnold.

Selfhout, M., Denissen, J., Brantje, S., & Meeus, W. (2009). In the eye of the beholder: Perceived, actual, and peer-rated similarity in personality, communication, and friendship intensity during the acquaintanceship process. *Journal of Personality and Social Psychology, 96*, 1152-1165.

Shanteau, J., & Nagy, G. (1979). Probability of acceptance in dating choice. *Journal of Personality and Social Psychology, 37*, 522-533.

Shaver, P. R., & Brennan, K. A. (1992). Attachment styles and the "Big Five" personality traits: Their connections with each other and with romantic relationship outcomes. *Personality and Social Psychology Bulletin, 18*, 536-545.

Shaver, P. R., Hazan, C., & Bradshaw, D. (1988). Love as attachment: The integration of three behavioral systems. In R. J. Sternberg & M. Barnes (Eds.), *The psychology of love* (pp. 68-99). New Haven, CT: Yale University Press.

Shaver, P. R., & Mikulincer, M. (2006). A behavioral systems approach to romantic love relationships: Attachment, caregiving, and sex. In R. J. Sternberg & K. Weis (Eds.), *The new psychology of love* (pp. 35-63). New Haven, CT: Yale University Press.

Shaver, P. R., & Mikulincer, M. (2006). Attachment theory, individual psychodynamics, and relationship functioning. In A. L. Vangelisti & D. Perlman (Eds.), *The Cambridge handbook of personal relationships* (pp. 251-271). Cambridge, UK: Cambridge University Press.

Sherwin, B. B. (1994). Sex hormones and psychological functioning in postmenopausal women. *Experimental Gerontology, 29*(3-4), 423-430.

Simon, R. W., & Barrett, A. E. (2010). Nonmarital romantic relationships and mental health in early adulthood: Does the association differ for women and men? *Journal of Health and Social Behavior, 51*, 168-182.

Simpson, J. A., Ickes, W., & Grich, J. (1999). When accuracy hurts: Reactions of anxious-ambivalent dating partners to a relationship-threatening situation. *Journal of Personality and Social Psychology, 76,* 754-769.

Singer, I. (1984). *The nature of love, Vol. 1: Plato to Luther* (2nd ed.). Chicago, IL: University of Chicago Press.

Singh, D., Dixson, B. J., Jessop, T. S., Morgan, B., & Dixson, A. F. (2010). Cross-cultural consensus for waist-hip ratio and women's attractiveness. *Evolution and Human Behavior, 31,* 176-181.

Singh, D., Yeo, S. E., Lin, P. K., & Tan, L. (2007). Multiple mediators of the attitude similarity-attraction relationship: Dominance of inferred attraction and subtlety of affect. *Basic and Applied Social Psychology, 29,* 61-74.

Snyder, M., Tanke, E. D., & Bersheid, E. (1977). Social perception and interpersonal behavior: On the self-fulfilling nature of social stereotypes. *Journal of Personality and Social Psychology, 35,* 656-666.

Sprecher, S., Aron, A., Hatfield, E., Cortese, A., Potapova, E., & Levitskaya, A. (1994). Love: American style, Russian style, and Japanese style. *Personal Relationships, 1,* 349-369.

Sprecher, S., & Fehr, B. (2011). Dispositional attachment and relationship-specific attachment as predictors of compassionate love for a partner. *Journal of Social and Personal Relationships, 28*(4), 558-574.

Stanley, S., Rhoades, G., & Markman, H. (2006). Sliding versus deciding: Inertia and the premarital cohabitation effect. *Family Relations, 55,* 499-509.

Stanley, S. M., Whitton, S. W., & Markman, H. J. (2004). Maybe I do: Interpersonal commitment and premarital or nonmarital cohabitation. *Journal of Family Issues, 25,* 496-519.

Sternberg, R. J. (1986). A triangular theory of love. *Psychological Review, 93,* 119-135.

Sternberg, R. J. (1987). Liking versus loving: A comparative evaluation of theories. *Psychological Bulletin, 102*(3), 331-345.

Sternberg, R. J. (1997). *Thinking styles.* New York, NY: Cambridge University Press.

Sternberg, R. J. (1998). *Love as a story.* Oxford, UK: Oxford University Press.

Sternberg, R. J. (2006). A duplex theory of love. In R. J. Sternberg & K. Weis (Eds.), *The new psychology of love* (pp. 184-199). New Haven, CT: Yale University Press.

Sternberg, R. J., & Barnes, M. (1985). Real and ideal others in romantic relationships: Is four a crowd? *Journal of Personality and Social Psychology, 49*, 1586–1608.

Sternberg, R. J., & Grajek, S. (1984). The nature of love. *Journal of Personality and Social Psychology, 55*, 345–356.

Sternberg, R. J., Hojjat, M., & Barnes, M. L. (2001). Empirical aspects of a theory of love as a story. *European Journal of Personality, 15*, 1–20.

Stoleru, S., Fonteille, V., Cornelis, C., Joyal, C., & Moulier, V. (2012). Functional neuroimaging studies of sexual arousal and orgasm in healthy men and women: A review and meta-analysis. *Neuroscience and Biobehavioral Reviews, 36*(4), 558–574.

Stone, E. A., Shackelford, T. K., & Buss, D. M. (2008). Socioeconomic development and shifts in mate preferences. *Evolutionary Psychology, 6*(3), 447–455.

Stone, L. (1989). Passionate attachments in the West in historical perspective. In W. Gaylin & E. Person (Eds.), *Passionate attachments: Thinking about love* (pp. 15–26). New York, NY: Touchstone.

Sugiyama, L. (2005). Physical attractiveness in adaptationist perspective. In D. M. Buss (Ed.), *The handbook of evolutionary psychology*. Hoboken, NJ: Wiley.

Swami, V., Frederick, D. A., Aavik, T., Alcalay, L., Allik, J., Anderson, D., . . . (2010). The attractive female body weight and female body dissatisfaction in 26 countries across 10 world regions: Results of the International Body Project I. *Personality and Social Psychology Bulletin, 36*, 309–325.

Tennov, D. (1979). *Love and limerence*. New York, NY: Stein & Day.

Tong, S. T., & Walther, J. B. (2010). Just say "no thanks": Romantic rejection in computer-mediated communication. *Journal of Social and Personal Relationships, 28*(4), 488–506.

Trivers, R. L. (1972). Parental investment and sexual selection. In B. Campbell (Ed.), *Sexual selection and the descent of man: 1871-1971* (pp. 136–179). Chicago, IL: Aldine.

Van Goozen, S., Wiegant, V. M., Endert, E., Helmond, F. A., & Van de Poll, N. E. (1997). Psychoendocrinological assessment of the menstrual cycle: The relationship between hormones, sexuality, and mood. *Archives of Sexual Behavior, 26*(4), 359-382.

Vaughn, D. (1990). *Uncoupling*. New York, NY: Vintage.

Waldron, V. L., & Kelley, D. I. (2008). *Communicating forgiveness.* Thousand Oaks, CA: Sage.

Wall Street Journal Online. (2012, October 1). *Why are we so rude online?* Retrieved from http://online.wsj.com/article/SB10000872 3963904445924045780303517844405148.html

Walster, E. H., & Walster, G. W. (1981). *A new look at love* (2nd ed.). Reading, MA: Addison-Wesley.

Walster, E. H., Walster, G. W., & Berscheid, E. (1978). *Equity: Theory and research.* Boston, MA: Allyn & Bacon.

Wedekind, C., Seebeck, T., Bettens, F., & Paepke, A. J. (1995). MHC-dependent mate preferences in humans. *Proceedings: Biological Sciences, 260*(1359), 245-249.

Weisskirch, R. S., & Delevi, R. (2012). Its ovr b/n u n me: Technology use, attachment styles, and gender roles in relationship dissolution. *Cyberpsychology, Behavior, and Social Networking, 15*(9), 486-490.

Wendorf, C. A., Lucas, T., Imamoglu, E. O., Weisfeld, C. C., & Weisfeld, G. E. (2011). Marital satisfaction across three cultures: Does the number of children have an impact after accounting for other marital demographics? *Journal of Cross-Cultural Psychology, 42*(3), 340-354.

White, J. K., Hendrick, S. S., & Hendrick, C. (2004). Big Five personality variables and relationship constructs. *Personality and Individual Differences, 37*, 1519-1530.

White, S. G., & Hatcher, C. (1984). Couple complementarity and similarity: A review of the literature. *American Journal of Family Therapy, 12*, 15-25.

Whitty, M. T., & Buchanan, T. (2012). The online romance scam: A serious cybercrime. *Cyberpsychology, Behavior, and Social Networking, 15*(3), 181-183.

Whitty, M. T., & Carr, A. (2006). *Cyberspace romance: The psychology of online relationships.* New York, NY: Palgrave Macmillan.

Willis, J. & Todorov, A. (2006). First impressions: Making up your mind after a 100 ms exposure to a face. *Psychological Science, 17*, 592-598.

Woods, L. N., & Emery, R. E. (2002). The cohabitation effects on divorce: Causation or selection? *Journal of Divorce and Remarriage, 37*, 101-119.

Zajonc, R. B. (1968). Attitudinal effects of mere exposures. *Journal of Personality and Social Psychology, 9,* 1-27.

Zajonc, R. B. (2001). Mere exposure: A gateway to the subliminal. *Current Directions in Psychological Science, 10,* 224-228.

Zajonc, R. B., Adelmann, P. K., Murphy, S. T., & Niedenthal, P. M. (1987). Convergence in the physical appearance of spouses: An implication of the vascular theory of emotional efference. *Motivation and Emotion, 11*(4), 335-346.

Zhou, W., & Chen, D. (2009). Sociochemosensory and emotional functions: Behavioral evidence for shared mechanisms. *Psychological Science, 20,* 1118-1124.

Zimmerman, C. (2009). Dissolution of relationships, breakup strategies. In H. T. Reis & S. Sprecher (Eds.), *Encyclopedia of human relationships* (pp. 434-435). Thousand Oaks, CA: Sage.

찾아보기

저자 소개

Karin Sternberg

독일 하이델베르크대학교에서 학부와 대학원을 졸업했다. 하이델베르크의 Manfred Amelang 교수 밑에서 수학했고 박사학위를 수석으로 취득했다. 코네티컷대학교에서는 사회심리학으로 박사 후 과정을 이수했고, MBA 학위를 취득했다. 심리학, 사랑을 말하다(*The New Psychology of Love*, 2006)의 공동 편집자이자 증오의 심리학(*The Psychology of Hate*, 2008)의 공동 저자이다. 또한 21세기 심리학: 참고문헌 핸드북(*21st Century Psychology: A Reference Handbook*, 2008)에 실린 '사랑의 본질' 및 마음의 백과사전(*The Encyclopedia of the Mind*)에 실린 '사랑'의 대표 저자이며, 심리학자의 동반자(*Psychologist's Companion*, 제5판, 2010)와 인지심리학(*Cognitive Psychology*, 제6판, 2012)의 공동 저자이다. 현재 스턴버그 컨설팅 회사의 대표이자 미국 와이오밍대학교의 심리학과 겸임 조교수이다.

역자 소개

이규미 kmee@ajou.ac.kr

이화여자대학교 교육심리학과 졸업

이화여자대학교 대학원 심리학과 석사 · 박사(상담심리학 전공)

상담심리사 1급(한국상담심리학회)

모래놀이심리상담사 수련감독자(한국발달지원학회)

국가자격증 청소년상담사 1급

전 한국심리학회장

   한국상담심리학회장

   한국발달지원학회장

현 아주대학교 교육대학원 교수

손강숙 sks@sangha.ac.kr

한국외국어대학교 독일어교육과 졸업

한국외국어대학교 대학원 상담심리학과 석사

아주대학교 대학원 박사(교육상담 및 심리 전공)

상담심리사 1급(한국상담심리학회)

전 아주대학교 교육대학원 겸임 교수, 교육연구소 연구원

현 중앙승가대학교 불교사회학부 교수

   한국발달지원학회 이사

   한국상담심리학회 사례연구위원회 부위원장